SOUVENIRS

HISTORIQUES

SUR LA

RÉVOLUTION

DE 1830.

SOUVENIRS

HISTORIQUES

SUR LA

RÉVOLUTION

DE 1830,

PAR S. BÉRARD,

DÉPUTÉ DE SEINE-ET-OISE.

PARIS,

PERROTIN, ÉDITEUR,

RUE DES FILLES-SAINT-THOMAS, N° 1, PLACE DE LA BOURSE.

1834.

AVANT-PROPOS.

Rien n'est plus difficile que d'écrire l'histoire contemporaine. La proximité des événements, la connaissance personnelle des individus ont mis chaque spectateur à même de se former une opinion qu'il voudrait voir reproduire; mais ces opinions étant nécessairement fort diverses, il est impossible de les satisfaire toutes. S'il devait se borner à une simple narration, l'historien pourrait peut-être, à force de soin et d'exactitude, arriver à n'avoir pas de contradicteurs; sa mission est plus haute et plus étendue. Il doit non-seulement tracer le tableau fidèle des faits, mais encore il doit les peser, les apprécier et porter, en un mot, un jugement équitable et impartial. L'idée que je me fais du devoir de l'historien, indique assez que je n'ai pas eu la prétention d'écrire une histoire.

Acteur, assez important, des immenses événements qu'a vus naître l'année 1830, j'ai éprouvé le désir de conserver la trace de ce que j'avais fait. Ce désir est devenu un besoin impérieux pour moi, lorsque j'ai vu avec quelle insigne adresse, ou plutôt avec quelle impudente perfidie on falsifiait ce qui s'était passé sous nos yeux. Notre nature est oublieuse, et nous ne prenons guère la peine de réclamer contre les mensonges intéressés dont nous sommes journellement témoins. Il en résulte que ces mensonges finissent par s'établir en quelque sorte comme des vérités, et que les faits les plus évidents sont ainsi complétement dénaturés. C'est contre ces mensonges que j'ai cru devoir protester en disant sans détour, sans ménagement, sans flatterie, ce que je sais être la vérité.

Avec de pareilles dispositions et quelque goût pour le repos, on doit concevoir que je n'ai pas eu l'intention de donner une publicité, surtout immédiate, à ce que j'écrivais. Satisfait d'avoir consigné ce que j'ai vu, de l'avoir exprimé avec franchise et indépendance, j'attendais patiemment, pour qu'il en fût fait un usage quelconque, le calme des passions, qui souvent n'est autre que celui de la mort; mais le pouvoir est envahi par des hommes qui, dès l'origine même de notre révolution, ont tout fait pour qu'elle avortât; mais ces hommes poussent de tous leurs efforts le char de l'état dans une voie rétrograde; mais ils osent hypocritement soutenir qu'ils exécutent ce qu'a voulu la révolution de 1830; il devient donc indispensable de les démasquer, et quelque timide que soit ma voix, elle doit recueillir toutes ses forces pour proclamer que ce sont des ennemis de la liberté qui nous gouvernent en ce moment. Voilà la cause vraie, sincère, unique, de la publicité anticipée donnée à ce que j'ai écrit sur la révolution de 1830; car, je le déclare, je dédaigne de répondre aux écrits calomnieux publiés sur cette époque, de quelque source qu'ils émanent. On me dit que je vais susciter contre moi de puissantes haines; mais, le 6 août 1830, j'en assumais sur moi de puissantes aussi. Je n'ai pas hésité alors, parce qu'il me semblait que je remplissais un devoir. Je n'hésite pas davantage, car aujourd'hui encore j'ai la conscience de remplir un devoir.

Le souvenir des faits passés se perd si vite chez nous, que quelques personnes trouveront sans doute que je joue dans mon récit un rôle beaucoup trop considérable. Je les prie de ne pas perdre de vue que ce sont mes *souvenirs* que j'écris et non pas l'histoire des événements. Si je m'étais cru le talent nécessaire pour en tracer le tableau, j'aurais placé chaque personnage dans son plan, et je me serais trouvé nécessairement fort effacé. Je me suis borné à esquisser un portrait dans lequel tout devient accessoire relativement à la figure principale. C'est là surtout en quoi consiste la différence entre les mémoires et l'histoire.

Quelle que soit l'exactitude à laquelle je me suis astreint, il n'est pas impossible que plusieurs des personnages que je mets en scène cherchent à la contester. Pour rendre ce genre de contestation au moins bien difficile, j'ai fait pour ainsi dire assister des témoins à tous les faits importants que j'ai racontés, et surtout à ceux qui me sont personnels. Presque tous ces témoins existent encore, et on pourra les consulter sur ma véracité. Loin de le redouter, j'appelle leur contrôle. Souvent aussi j'aurais pu produire des preuves bien plus convaincantes que je ne l'ai fait de ce que j'avançais, mais elles étaient de nature à être prises pour des personnalités et elles se seraient écartées de la ligne de modération que je me suis tracée, et dont je désire vivement qu'on ne me force jamais à sortir. Je crois pouvoir affirmer que ceux même qui se loueront le moins de mes paroles, me doivent de la reconnaissance pour la réserve avec laquelle j'ai su m'exprimer, et que j'ai eu quelque mérite à ne pas être plus incisif que je ne l'ai été.

Une circonstance assez singulière pour devoir être rapportée, vient à l'appui de ce que j'ai dit, et fera connaître le degré de confiance que ma relation peut mériter. Au commencement de 1831, un jeune médecin de beaucoup d'esprit, pour qui j'ai de l'estime et de l'amitié, et qui était alors membre du comité de la Société *Aide-toi, le Ciel t'aidera*, vint me prier de lui permettre d'extraire de ma relation des journées de juillet, des notes sur la conduite des députés qui y ont joué un rôle. Ces notes devaient servir à la publication d'une Biographie des Députés de la Chambre de 1830, destinée à éclairer les électeurs sur les droits de leurs représentants à une réélection. J'acquiesçai à cette demande, et permis à mon jeune ami de venir faire, chez moi, les extraits qu'il désirait. Il les fit sans que je vérifiasse son travail, et mon étonnement fut grand, en recevant, quelques mois après, avec un exemplaire de cette Biographie, publiée sous le titre de *Notes et Jugements de la Chambre de* 1830, la lettre suivante :

« Paris, 15 juillet 1831.

« Monsieur,

« Je vous envoie un exemplaire de la Biographie publiée par la Société *Aide-toi, le Ciel t'aidera*; il est probable que vous y trouverez plus d'un fait inexact et plus d'une opinion erronée. Il ne pouvait guère en être autrement. Un ouvrage fort long, fait dans un laps de temps très-court, est rarement irréprochable. A la prochaine session, car chaque année une publication semblable viendra éclairer le jugement des électeurs; à la prochaine session, dis-je, ces défauts auront été réparés. Au reste, comme il n'y a pas une rectification invoquée qui ne soit sur-le-champ accueillie et publiée, nous avons le droit d'espérer que si la critique s'attache aux détails, elle respectera l'esprit qui a présidé à l'ensemble de l'ouvrage. Ses auteurs ont voulu être utiles, ils se sont efforcés d'être vrais, ils sont assurés d'avoir été consciencieux.

« Vous remarquerez sans doute dans la Semaine des députés, qui est en tête de la Biographie, un grand nombre de faits et renseignements qui ne sont pas nouveaux pour vous. C'est qu'en effet j'ai, pour rendre aussi complet que possible l'historique de cette grande semaine, mis à contribution l'intéressant mémoire dont je dois la communication à votre amitié. Je ne me suis pas fait scrupule de lui enlever une partie du prix qu'aurait eu sa publication en le dépouillant de l'un de ses attraits, celui de la nouveauté; il y avait service à rendre au pays en démasquant quelques faux sauveurs, je n'ai pas pu douter de votre assentiment.

« Il ne serait cependant pas impossible de dire qu'en agissant ainsi, je vous ai aussi rendu service; c'est une thèse fort soutenable. Quelque digne de foi que vous soyez, les faits rapportés dans votre notice, sur l'interrègne de la royauté en France, n'étaient cependant, quand vous me les avez livrés, que des assertions sans contrôle et sans garantie. Je vous les rends bien autrement authentiques. Chacun d'eux a été d'abord discuté par huit ou dix témoins oculaires de presque tous les événements de juillet et d'août 1830, et ensuite opposé aux rapports plus ou moins contradictoires d'autres députés témoins et acteurs du grand drame. Ce n'est que lorsque leur authenticité était devenue incontestable qu'ils étaient adoptés. Ainsi, vous le voyez, je pourrais me dire votre créancier, et vous me devriez du retour; mais je ne veux pas user de mes avantages, j'aime mieux rester l'obligé. Il y a le plaisir de la reconnaissance, et elle est douce et légère quand elle s'exerce envers quelqu'un qu'on aime et qu'on estime.

« Je..... etc.

« B****,
« Membre du comité de la Société *Aide-toi, le Ciel t'aidera.* »

Je ne tardai pas à apprendre qu'on avait en effet puisé dans mon manuscrit beaucoup plus que je ne l'avais cru, et qu'il avait servi de base à la relation intitulée: *La Semaine des Députés, du lundi 26 juillet au dimanche* 1er

août 1830, imprimée en tête de la Biographie. Cette relation, avant d'être publiée, donna lieu à une véritable enquête, à une enquête sérieuse et contradictoire, faite par des acteurs de la révolution, et dans laquelle ils entendirent des témoins oculaires de tout ce qui s'était passé. Comme elle ne diffère de la mienne sur aucun point qui ait la moindre gravité, et qu'elle est seulement beaucoup moins complète; comme elle n'a fait naître, que je sache, aucune contestation, il m'est permis de m'en prévaloir pour constater que je n'ai dit que la vérité.

Il est encore une personne qui pourrait au besoin confirmer l'exactitude de la partie la plus importante des faits que je raconte, parce qu'elle a été témoin ou acteur de ces faits. Cette personne, c'est le Roi; j'invoquerais son témoignage sans crainte, si jamais il pouvait me devenir nécessaire.

La confiance que je montre dans le témoignage du Roi suffirait de reste à prouver qu'il ne peut pas entrer dans mon esprit de diriger une attaque même indirecte contre la royauté de 1830. C'est cependant ce que ne manqueront pas de dire de prétendus ou de maladroits amis. Le Roi ne sera pas leur dupe; il sait que le sincère attachement que je lui ai voué est d'autant plus solide qu'il a pour base, des sentiments patriotiques dont il ne se départira jamais. Je serais d'ailleurs bien inconséquent si je me déclarais aujourd'hui l'ennemi d'une royauté que j'ai tout fait, il y a trois ans, pour établir; or je n'ai donné à personne le droit de m'accuser d'une telle inconséquence. On me trouve trop conséquent au contraire. Je veux trop aujourd'hui ce que je voulais il y a trois ans, et voilà mon crime aux yeux de certaines gens.

A défaut d'inimitié, on m'accusera de dépit. Ceux qui me connaissent savent que je suis peu susceptible d'en éprouver. J'ai trop acquis l'habitude de réfléchir, pour me livrer aisément à un premier mouvement. Ce n'est pas d'ailleurs lorsque plus de dix-huit mois se sont écoulés, depuis que la cause supposée d'un dépit a cessé, qu'on peut prétendre voir l'effet s'en produire. J'ai été, il est vrai, destitué d'une des premières fonctions de l'administration; mais osera-t-on soutenir qu'il ne m'eût pas été facile de la conserver? On n'eût pas exigé de moi l'abnégation de mes opinions;

on se fût contenté de l'apparence seule de mon silence. Cette concession m'eût valu des faveurs, auxquelles j'ai préféré ma propre estime. Je n'ai pas même voulu des compensations que l'on me suppliait d'accepter. On remarquera d'ailleurs que les doctrinaires ont été étrangers à ma destitution et qu'ils n'étaient pas au pouvoir lorsque je racontais leur funeste influence sur la révolution de 1830.

Loin que j'aie conservé du dépit de la manière dont on m'a traité, j'ai saisi avec empressement toutes les occasions qui se sont présentées d'être utile au gouvernement, j'ai tort, j'aurais dû dire d'être utile au pays. Dans la session de 1832, j'ai dû au hasard de la combinaison des bureaux, d'être nommé commissaire du budget et de plusieurs lois du plus haut intérêt, et j'ai entendu divers ministres me féliciter de mon impartialité dans de graves discussions auxquelles je prenais une assez grande part. Ces félicitations m'ont donné à penser qu'à ma place, ils se fussent conduits autrement.

Je ne me suis pas borné à remplir ces devoirs que m'imposaient mes fonctions de député. Il m'a semblé, à tort peut-être, que mes anciennes relations avec le Roi me permettaient aussi d'élever ma voix jusqu'à lui, lorsque je croyais avoir d'importantes vérités à lui faire entendre. Deux fois j'ai pris la liberté de lui écrire. Mes lettres n'ayant obtenu ni réponse, ni même la plus légère marque d'attention, je dois croire ou qu'elles n'ont pas été lues, ou qu'elles n'ont pas été jugées dignes de l'être. Il y a donc quelque humilité de ma part à les imprimer. D'un autre côté, j'ai l'opiniâtreté de croire que je donnais de bons avis; le public en jugera; ces lettres sont une nouvelle preuve de l'attachement au Roi, dont j'ai déja parlé.

Si l'on ne peut me reprocher ni de l'inimitié, ni du dépit, peut-être essaiera-t-on de me représenter comme un homme violent, irascible. A cet égard j'en appellerai à mes lecteurs, et en attendant je puis citer une anecdote qui m'a donné quelque confiance dans ma modération. Un de mes anciens amis, qui veut bien l'être encore quoiqu'il soit aujourd'hui ministériel forcené, me témoigna, il y a quelques mois, le vif désir de lire mon manuscrit. J'y consentis d'autant plus volontiers que je désirais connaître l'effet qu'il pourrait produire sur cette classe de lecteurs. Après l'avoir lu avec la plus sérieuse attention, il me dit qu'il était impossible que je le publiasse, et à ce sujet le dialogue suivant, auquel je ne change pas un mot, s'établit entre nous : — Moi. — Quel inconvénient trouvez-vous donc à cette publicité. — M. *** — Vous ferez un tort affreux au gouvernement. — Moi. — Vous m'effrayez ! Est-ce que par hasard j'aurais dit autre chose que la vérité? — M. *** — Non, je dois même avouer qu'il m'a été impossible de découvrir un fait inexact. — Moi. — C'est donc alors la forme de mon écrit que vous blâmez; manquerait-il de modération? — M. *** — Eh! non, de par tous les diables! il n'est que trop modéré, et c'est à cause de cela qu'il est mille fois plus dangereux. — Moi. — Ma foi, mon cher, si votre gouvernement ne peut supporter ni la vérité, ni la modération, quelle opinion voulez-vous donc qu'on en ait?

Lorsqu'un homme n'est pas assez heureux pour devoir à l'éclat de ses talents d'être connu et apprécié de la France entière, il y a un autre moyen pour lui de prouver qu'il mérite que l'on ait confiance en ses écrits; c'est de faire connaître quels sont et quels ont été ses amis, quels sont ceux dont il a su conquérir et conserver l'estime. Je pourrais présenter avec orgueil une assez longue liste, dans laquelle je me bornerai à citer : Manuel, Béranger, Dupont (de l'Eure), Salverte, Lafayette, Laffitte, Odilon-Barrot, Benjamin-Constant. Ce sont là mes amis de cœur à la fois, et mes amis politiques. C'est avec eux que j'ai constamment marché, non pas en m'asservissant à leurs opinions, car il ne serait pas en mon pouvoir de cesser d'être indépendant, mais en éprouvant comme eux une vive sympathie pour les intérêts de la patrie. Comme la plupart des hommes que je viens de nommer, j'ai su préférer la satisfaction de ma conscience à des fonctions élevées, et qui avaient d'autant plus d'attrait pour moi, qu'indépendamment du bien qu'elles me permettaient de faire, elles étaient en rapport avec les études et les travaux de presque toute ma vie.

A l'exception de Manuel, que l'impitoyable mort a trop tôt ravi à la France, tous les hommes que je viens de citer ont puissamment contribué au dénoûment de la révolution de juillet ; mais il en est quatre qui, plus que tous les autres, peuvent être regardés comme les créateurs de la royauté du 9 août.

En tête de ces quatre hommes, je place le général Lafayette, parce qu'il n'avait qu'un mot à dire, ou plutôt parce qu'il n'avait qu'à laisser faire pour que la république fût proclamée le 31 juillet. Or, si cela fût arrivé, quelles qu'en eussent été les conséquences ultérieures, il est évident que le duc d'Orléans ne fût pas monté sur le trône. Je n'ai pas besoin de rappeler l'immense influence que le général Lafayette exerça sur la portion républicaine de la population de Paris, en se ralliant avec un empressement sincère à la nouvelle royauté. Par sa conduite il ôta aux mécontents jusqu'à un prétexte de trouble, et il réduisit au silence les amis immodérés de la liberté.

Laffitte désirait depuis long-temps l'avénement de la branche d'Orléans au trône de France. Il suffisait d'avoir parlé avec lui quelques instants sur la politique pour lui avoir entendu exprimer ce sentiment. Sa conviction était que le bonheur de la France tenait à ce changement de dynastie. Au moment de la révolution, Laffitte seconda de ses vœux, de ses conseils, de ses efforts, un événement auquel il était depuis long-temps préparé. Il avait la confiance d'un grand nombre de députés et de citoyens; il la fit servir à l'accomplissement de ce grand œuvre.

Tous ceux qui ont connu le duc d'Orléans, savent quels étaient ses sentiments à l'égard de Charles X. Jamais il n'eût accepté la royauté tant que son cousin serait resté dans le voisinage de Paris, ou même aurait manifesté l'intention de rester en France. Celui qui a le plus fait pour décider le départ de Charles X de Rambouillet et son embarquement à Cherbourg, a donc efficacement contribué à porter le duc d'Orléans sur le trône, et celui-là c'est Odilon-Barrot. J'ajouterai que les 30 et 31 juillet, il avait usé de toute l'influence qu'il pouvait avoir auprès du général Lafayette pour arrêter les progrès du républicanisme.

Après ces noms fameux, si j'ose me nommer,

je dirai que moi aussi j'ai aidé à l'établissement de la royauté nouvelle. On en trouvera la preuve dans le récit qu'on va lire. Je me bornerai à rappeler ici que peut-être, sans moi, le duc d'Orléans n'acceptait pas la lieutenance générale du royaume le 31 juillet, et que l'urgence de cette acceptation a, depuis, été reconnue par lui-même ; et que le 4 août, lorsque ses courtisans et même ses amis hésitaient encore sur le parti qu'ils devaient prendre, je n'ai pas hésité, moi, à mettre un terme aux dangers de l'anarchie, qui se faisaient entrevoir, en proposant de donner un successeur *national* au *royal* Charles X.

Je crois, je le répète, que personne n'a fait autant que les quatre hommes que je viens de citer, pour établir le gouvernement actuel. Comment donc se fait-il que ces quatre hommes, qui bien certainement sont encore aujourd'hui ce qu'ils étaient en 1830, soient depuis longtemps déja traités comme des ennemis? Je ne me charge pas de résoudre d'une manière complète cette question, à laquelle j'ai été naturellement amené, mais peut-être en indiquerai-je la solution, en faisant remarquer que tous ceux qui ont été choisis pour exercer en ce moment le pouvoir, professent, soit ostensiblement, soit en secret, des opinions politiques opposées à celles de Lafayette, de Laffitte, d'Odilon Barrot, et aux miennes.

Je n'ose pas affirmer que j'écrirais aujourd'hui exactement dans les mêmes termes que je l'ai fait en 1830, et même en 1832. Les événements marchent, et les hommes aussi. Mais, dût-on m'accuser d'inconséquence, je n'ai rien voulu changer à ce que j'avais écrit. J'ai conservé jusqu'à la forme, d'abord parce qu'elle n'est point une fiction, et qu'il était naturel que ma femme, éloignée de moi au moment de la révolution, désirât connaître le rôle que j'y avais joué ; ensuite, parce que cette forme, moins solennelle que toute autre, était par cela même mieux appropriée à mon faible talent. Je ne rougis même pas d'avoir conçu des espérances qui ne se sont pas réalisées. J'ai le droit de dire que je ne me suis pas trompé, mais que j'ai été trompé avec toute la France.

Si nous avons été tous trompés, qui doit-on en accuser? Malgré tout ce qu'elle a de délicat, je ne crains pas d'aborder cette grave question. Ma réponse ne sera pas celle que ferait la presse républicaine. Nous ne partons pas des mêmes prémisses, nous ne pouvons pas arriver aux mêmes conséquences. Je ne crois pas qu'il y ait eu chez le Roi une volonté première, une volonté immuable de se soustraire aux conséquences de la révolution de 1830. S'il y a aujourd'hui tendance vers une telle direction, cette tendance est arrivée graduellement, par suite des mauvais conseils et de l'interception de la vérité.

« Un des traits caractéristiques de la famille
« des Bourbons est de méconnaître ses véritables
« amis, et de repousser les hommes dont les lu-
« mières et le dévouement pourraient lui rendre
« le plus de services, s'ils ne se montrent pas en
« même temps flatteurs serviles. Un autre trait
« non moins remarquable est la confiance de
« cette famille dans l'étranger, et sa défiance
« des sentiments du pays. » Voilà ce que j'écrivais en 1829, en parlant de la branche aînée des Bourbons. Aurais-je eu le malheur de faire une réflexion applicable aussi à la branche cadette? Je ne puis le penser, surtout lorsque je me reporte à ce que j'ai vu en 1830, lorsque je me souviens des sentiments que j'ai entendu exprimer à cette époque.

Dans les premiers mois de 1831, un de mes amis, alors député, repoussé quelque temps après par les électeurs, et depuis, consolé de cet échec par la pairie, me disait, en parlant des doctrinaires avec lesquels il est lié et dont il partage les opinions : « Nous avons plus de
« confiance, pour défendre le trône actuel, dans

2.

« ceux qui ont voulu défendre le dernier, que
« dans ceux qui l'ont renversé. » Cette phrase
significative a été pour moi un trait de lumière, lorsque les doctrinaires sont arrivés au
pouvoir. Elle contient tout un système, et ce
système est en effet celui qui a été mis en
pratique. Malheur au pays si l'on y persiste !

Vainement on viendra faire de la constitutionnalité à la tribune, si à tout moment on
viole la constitution. Vainement on nous dira
qu'il est de principe dans un état constitutionnel que le Roi *règne*, mais ne gouverne pas, si
à chaque instant nous acquérons la preuve
que le Roi *gouverne*. Nous connaissons tout
le prix de la fiction qui veut que le Roi soit
inviolable, et que la responsabilité pèse sur
les seuls ministres, mais nous savons aussi à
quelles conditions cette fiction peut subsister.
Les conditions enfreintes, le principe disparaît. On ne sait au surplus par qui les plus
rudes atteintes sont portées à ce principe, ou
du Roi lorsqu'il parle sans cesse de sa pensée
immuable, ou des ministres lorsqu'ils se retranchent derrière cette pensée. La part de
pouvoir accordée à un Roi franchement constitutionnel n'est-elle donc pas assez large

pour qu'il s'en contente? Faut-il qu'il envahisse des attributions dont l'essence est de faire encourir à ceux qui les exercent, surtout indûment, une responsabilité terrible. L'expérience du passé est-elle donc toujours tellement perdue, que, malgré les exemples les plus récents, un Roi compromette comme à plaisir et sa sûreté personnelle et le repos du pays qui l'a adopté pour chef héréditaire.

Ces dangers que je signale, et qui ne sont que trop réels, n'existeraient pas toutefois si nous étions sortis de l'enfance du régime constitutionnel. Si les représentants du pays comprenaient bien toute l'étendue de leur mission, ou le ministère, en s'appuyant sur eux, préserverait le Roi des séductions, des aberrations mêmes du pouvoir, ou ce ministère serait renversé pour faire place à un ministère vraiment national. Loin qu'il en soit ainsi, le ministère actuel a trouvé de l'appui soit dans de sordides exigences, soit dans de viles passions. Il pervertit tout ce qui l'approche en rabaissant au niveau d'ignobles intérêts matériels les plus nobles sentiments. Bientôt on ne demandera même plus s'il y a de l'honneur à remplir des fonctions gratuites, mais s'il y a quelque profit indirect à en tirer. Aussi le ministère se croit-il tout permis et s'enfonce-t-il chaque jour davantage dans la voie funeste où il est engagé.

Il n'entre pas dans mon plan de me livrer à l'examen de sa conduite, cela me mènerait trop loin, et l'énumération de ses fautes, si toutefois ce mot suffit, serait beaucoup trop longue; mais il m'est impossible de ne pas présenter quelques observations sur l'un de ses derniers actes.

Parmi les mesures prises par le ministère depuis quelques mois, l'une des plus anti-administratives, des plus désorganisatrices, a été l'épuration des sous-préfets. Cette classe de fonctionnaires laborieux avait été, à la suite de la révolution, généralement composée de patriotes sincères. Il fallait du dévouement pour se charger de fonctions si faiblement rétribuées; aussi avaient-elles été abandonnées par les intrigants au mérite dépourvu d'ambition. Eh bien! l'œil investigateur du pouvoir actuel a été découvrir jusque dans ces modestes emplois ce qu'il y restait d'hommes fidèles aux traditions de juillet, et l'obscurité de leur position, la sagesse de leur conduite, la nullité de leur influence politique ne les ont pas défendus contre l'ardeur rétrograde d'un ministre doublement renégat. L'arrondissement que je représente a été l'une des victimes de cette mesure. Un ami de trente ans, un homme qui s'était conservé pur au milieu de toutes les mutations successives du pouvoir, dont la position de fortune est indépendante, dont le patriotisme n'a jamais failli, dont le mérite enfin est supérieur à tous les emplois qu'il consentirait à accepter, Berthier, avait été poussé par moi, en août 1830, vers la sous-préfecture de Corbeil. Il avait su y maintenir la tranquillité, y réorganiser l'administration, y faire aimer le gouvernement en palliant ses fautes. Enfin il avait été adopté par cet arrondissement, dans lequel il était aimé et respecté par toutes les opinions. Une préfecture considérable eût été la juste récompense de sa conduite; une destitution est le salaire dont on l'a payé. Les témoignages de regret et d'estime dont il a été l'universel objet l'ont bien vengé des rigueurs du pouvoir. Ils ont éclaté de manière à retentir jusqu'à l'une des extrémités les plus éloignées de la France, où je me trouvais alors, et ils y ont fait battre de joie mon cœur patriotique; mais le tort fait à mes concitoyens, mais l'injure faite à mon ami, subsistent; et si j'ai pu, pour ce qui m'est personnel, accorder aux détenteurs du pouvoir le pardon du mépris, je ne leur pardonnerai jamais le mal fait à mon pays et à mes amis. On excusera la chaleur avec laquelle je m'exprime sur ce sujet, lorsqu'on saura que je suis la véritable cause de la disgrace de Berthier. S'il eût voulu se montrer parjure à ses opinions et à ses sentiments, on l'eût comblé de faveurs; on a surtout puni en lui sa fidélité à l'amitié (1).

L'épuration sur laquelle je viens d'entrer dans quelques détails a soulevé l'indignation de la France entière, et le ministère a été obligé de reculer devant son propre ouvrage. Il n'a pas osé faire paraître une seconde liste, qui devait être beaucoup plus considérable que la première; mais tous les fonctionnaires patriotes encore en place se tiennent pour avertis que la mesure n'a été qu'ajournée, et

---

(1) Une cause semblable a valu à M. Foye, sous-préfet d'Étampes, une semblable destitution. Les électeurs l'ont déja vengé en le nommant membre du conseil général du département de Seine-et-Oise. J'ose espérer qu'ils ne s'en tiendront pas là.

l'on conçoit combien ils doivent être dévoués à un pouvoir qui leur réserve un pareil traitement.

Le ministère Villèle a été traité de *déplorable* par les hommes mêmes qui l'avaient longtemps soutenu, mais dont les yeux s'étaient enfin ouverts. La France a applaudi à cette qualification, et l'on peut en quelque sorte dire qu'elle a été sanctionnée par la postérité, car la postérité existe pour les ministères de la restauration. Cependant M. de Villèle et ses collègues se vantaient d'avoir répandu sur le pays une bien autre prospérité que celle dont on dit que nous jouissons aujourd'hui. Ils avaient bien autrement élevé le crédit public et excité au développement de l'industrie. Tout ce qui n'a pas pour base l'assentiment national est factice et précaire; aussi cette prétendue prospérité s'est-elle évanouie pour faire place à d'horribles catastrophes. Le même principe produira les mêmes conséquences. Lorsque d'autres yeux s'ouvrant à leur tour rejetteront le ministère actuel dans le néant dont il n'aurait jamais dû sortir, on sera embarrassé sur la qualification qui devra lui être infligée. Je laisse à ses appuis le choix de l'épithète; leur honte sera plus éloquente que notre indignation.

Si, comme beaucoup de personnes le croient, le développement trop rapide des idées républicaines est un malheur pour le pays, le ministère est encore bien coupable sous ce rapport, car ses fautes ont fait plus de prosélytes au républicanisme que n'auraient pu lui en obtenir ses apôtres les plus fervents. Selon moi, un gouvernement républicain ne pourra s'établir en France, sans danger pour le pays, que lorsqu'il s'établira simultanément dans la plupart des autres états de l'Europe. Il ne faut donc pas uniquement songer aux progrès du peuple francais. Il faut que les autres peuples le suivent dans la carrière où il est engagé, et il est nécessaire qu'il les attende, s'ils marchent moins vite que lui. Je conçois qu'une telle temporisation irrite l'impatience de quelques individus qui voudraient voir se réaliser, sans délai, des plans qu'ils croient utiles au bonheur de l'humanité, mais ne perdons pas de vue, que le temps est un élément nécessaire à l'accomplissement de toutes choses ; que, pour l'avoir oublié, les projets les mieux conçus d'ailleurs ont échoué ; qu'enfin, si la vie des hommes dure à peine quelques jours, celle des états dure des siècles, et que par conséquent ils ont le temps d'attendre.

Ceux qui, comme moi, aiment les questions nettement posées, doivent toutefois quelques remercîments au ministère, car il a amené les choses à ce point qu'il n'est plus possible de rester neutre sur le principe gouvernemental. Il faut être ou avec ceux qui veulent le progrès, ou avec ceux qui cherchent à rétrograder. Croire que l'on peut rester stationnaire, c'est se faire la plus funeste des illusions. Une fois le choix fait, la vraie, la seule question à résoudre, est celle de savoir si l'on marchera plus ou moins vite dans la voie que l'on aura adoptée. Il serait à désirer que tous les hommes qui, par position ou par circonstance, se trouvent appelés à peser d'un poids quelconque dans la balance des intérêts du pays, fissent à cet égard leur examen de conscience de la manière la plus sérieuse. Ils ne tarderaient pas à reconnaître qu'une prétendue neutralité, un juste milieu en un mot, est ce qu'il y a de plus fatal au monde.

La question étant ainsi posée, je dois déclarer que je suis de ceux qui veulent le progrès.

Je ne m'inquiète, ni ne m'effraie des noms de républicain, de jacobin même, qui pourront bien m'être prodigués. Je ne suis pas plus jacobin que carliste, et je ne serai républicain, si on veut que je le sois, qu'au moment où la république me paraîtra possible. Or, je l'avoue, avec douleur peut-être, je ne crois pas que nous en soyons arrivés là. Je m'empresse de dire, pour qu'on n'abuse pas de mes paroles, que je repousserais de tous mes efforts une république anarchique, comme l'a été celle de la convention. Je n'ai pas besoin sur ce point de faire de protestation, mes intérêts sont d'accord avec mes sentiments. Je ne puis pas oublier, qu'avec la plus grande partie de ma fortune, la convention m'a ravi le père le plus regrettable; aussi n'est-ce pas sans une pénible surprise que j'ai vu récemment invoquer les noms les plus odieux de cette époque. Ce que je voudrais éviter par-dessus tout, ce serait une révolution nouvelle, car il est à remarquer que le peuple finit presque toujours par y perdre plus qu'il n'y gagne, et moi qui m'honore d'être du peuple, je n'ai que trop appris, par ma propre expérience, que pour les hommes d'honneur, il n'y a jamais profit dans les bouleversements.

Puisque je m'y trouve amené, je ne terminerai pas sans expliquer, d'une manière nette et catégorique, ma façon de penser sur les objets que je viens de traiter. Je crois que si les hommes étaient parfaitement moraux, que s'ils possédaient tous l'exacte appréciation du juste et de l'injuste, que si tous étaient pénétrés de l'utilité de ce précepte à la fois de morale et de politique : *Ne fais pas à autrui ce que tu ne voudrais pas qui te fût fait*, ils pourraient se passer de gouvernement. Je sais malheureusement que ce degré de perfection ne peut pas être atteint; mais ce que je sais aussi, c'est que moins on s'en éloignera, et plus il sera possible de simplifier les formes de notre gouvernement. Donnez-lui le nom que vous voudrez, c'est à cette simplification que j'aspire.

Novembre 1833.

J'ai été destitué des fonctions de Directeur Général des Ponts et Chaussées et des Mines, le 5 juin 1832, ou plutôt M. d'Argout, alors ministre du commerce et des travaux publics, m'annonça ce jour-là que ma destitution venait d'être définitivement arrêtée. *Il avait cru, me dit-il, devoir à l'amitié qu'il me portait, de m'apprendre lui-même cette nouvelle.* Je me hâtai de prendre possession de la liberté qu'on venait de me rendre, et je m'empressai d'autant plus de quitter Paris, que le régime établi à la suite des journées des 5 et 6 juin m'en faisait trouver le séjour odieux. J'allai en Touraine, où le hasard me fit rencontrer d'anciens camarades de jeunesse, qui habitaient ordinairement la Vendée, et prenaient part à tous les mouvements carlistes dont cette malheureuse contrée est depuis si long-temps affligée. Ils ne me dissimulèrent ni leurs projets, ni leurs espérances. Ils se croyaient tellement sûrs du succès, qu'ils s'imaginaient n'avoir rien à cacher; et je m'étonne aujourd'hui de n'avoir pas compris à leur langage que la duchesse de Berry était au milieu d'eux. D'un autre côté, j'avais vu, depuis que je n'étais plus fonctionnaire public, un grand nombre de personnes, soit à Paris, soit dans les départements que j'avais déja parcourus, et cela m'avait mis à même d'apprécier la véritable opinion publique. Je crus que je ferais une chose utile, et de bon goût en même temps, en adressant au Roi le résultat de mes observations et de mes découvertes. Je n'osais pas, je l'avoue, me flatter d'un grand succès; mais je voulais être sûr que la vérité tout entière lui avait été une fois dite. Telle est l'origine de la lettre que l'on va lire, laquelle effectivement eut peu de succès.

Au Petit-Bois, près Tours, le 31 juillet 1832.

« Sire,

« Il y a aujourd'hui deux ans qu'un prince, qui, quelques jours plus tard, devait sur ma proposition être proclamé Roi, me dit ces propres paroles : « M. Bérard, vous connaissiez « bien la vérité ce matin, et vous seul avez osé « me la dire. » Je sais encore la vérité, Sire, et j'ose encore la dire.

« Je demande au Roi la permission de rappeler en peu de mots quelle a été ma conduite depuis l'époque mémorable que je viens de signaler; elle est peut-être de nature à donner quelque poids à mes paroles. Lorsque le pouvoir fut décerné à Votre Majesté, d'abord comme Lieutenant général du royaume, ensuite comme Roi, je ne figurai point dans les rangs de ceux qui aspiraient à en obtenir leur part. La voix publique, la vôtre même, Sire, disaient que j'avais rendu quelques services. Heureux de ce que j'avais fait, on ne me vit jamais en réclamer la récompense. Vous me confiâtes spontanément d'importantes fonctions; je les ai remplies avec honneur, et, j'ai le droit de le dire, avec succès. J'attesterais à cet égard, si cela pouvait être nécessaire, l'opinion générale, dont la voix est celle de la vérité pour les fonctionnaires destitués. Je citerais surtout le maintien de toutes les améliorations que j'ai faites, bien qu'un ignoble charlatanisme ait cherché à les défigurer, comme pour justifier ma destitution. Cette destitution était si peu méritée, que ceux mêmes qui la provoquaient auprès de Votre Majesté, se croyaient obligés de me solliciter d'accepter ce qu'ils osaient appeler des *compensations*. C'est ainsi que le service ordinaire du conseil d'état, une recette générale importante, et la pairie, me furent successivement proposés. La bouche qui m'offrait ces faveurs me les fit repousser avec mépris.

« Quoi qu'il en soit, Sire, j'ai su ne pas rechercher l'objet des vœux de la plupart des hommes, le pouvoir; j'ai su refuser ce que presque tous désirent le plus, l'argent et les honneurs; j'ai donc prouvé que je suis un homme de conscience, et que ma voix mérite d'être écoutée comme une voix consciencieuse.

« Encore un mot, sur ce qui m'est personnel, Sire, et ce sera le dernier. Lorsque j'ai pris l'initiative pour proposer la déchéance de Charles X, et la royauté de Louis-Philippe, j'ai en quelque sorte identifié mon existence avec la vôtre. Il ne peut rien vous arriver de fâcheux, que cela ne soit mille fois plus fâcheux pour moi. L'événement qui vous ébranlerait, me vouerait à la proscription, et peut-être à la mort. Je dois donc, dans mon propre intérêt, avoir les yeux ouverts sur les moindres dangers que vous puissiez courir. Je dois les pressentir avec l'instinct de ma conservation.

« C'est du fond de la solitude, où je jouis des loisirs que vous m'avez faits, Sire, et où je suis heureux d'en jouir ; c'est, le cœur pur de tout ressentiment pour la manière dont on m'a traité ; c'est enfin, après avoir, dans ma position publique et dans ma position privée, profondément observé les hommes et scruté leurs plus intimes pensées, que je me suis déterminé à vous écrire.

« La France vous aime, Sire, comme on aime son ouvrage. Elle a confiance en votre personne, mais elle se défie de la marche de votre gouvernement. Sûr de vous-même, sûr de vos patriotiques intentions, vous êtes blessé d'une défiance que vous trouvez injuste, et qui l'est sans doute à votre égard. Ce n'est pas vous, Sire, qui en êtes l'objet; ce sont les hommes qui vous entourent. La France juge ces hommes par leurs antécédents et par leurs actes. Les uns et les autres, il faut en convenir, sont peu rassurants. Si ces hommes sont semblables à ce qu'ils ont toujours été, ils vous seront fidèles tant qu'ils auront intérêt à l'être; mais le jour où un autre intérêt leur apparaîtra, le moment de la défection arrivera pour eux. Je sais qu'ils abondent en protestations de dévouement; mais, Sire, cette multiplicité de protestations n'est-elle pas une nouvelle preuve du peu de valeur de chacune d'elles?

« Notre révolution de 1830 a été une véritable pierre de touche pour les hommes politiques. A cette époque, la plupart de ceux à qui vous avez confié le pouvoir, attendaient le résultat des événements pour se déclarer. Il en est même qui figuraient dans les rangs opposés. Il est vrai qu'une fois la victoire remportée, ils n'ont pas été longs à venir en aide aux vainqueurs.

« D'un autre côté, tous ceux qui ont repousssé franchement et fermement la dynastie déchue, tous ceux qui l'ont combattue au péril de leur tête, tous ceux enfin qui vous ont fait Roi, Sire, sont écartés de votre personne et traités comme des ennemis. Voilà ce qui inquiète, voilà ce qui donne créance à d'odieuses calomnies; voilà ce qui trouble les esprits et produit la désaffection. Ne vous méprenez pas, Sire, sur la cause qui me fait parler ainsi; elle n'a rien de personnel. Ce n'est pas ma faute, si je me trouve dans la catégorie que j'indique; cela ne doit pas fermer ma bouche lorsqu'elle peut faire entendre d'utiles vérités.

« Ce que j'ai dit, ce qui me reste à dire, a sans doute été déja dit, écrit, ou imprimé. Sous le régime de la publicité il est difficile d'avoir à exprimer une chose entièrement nouvelle. Mais si ce que je dis est vrai, vous devez l'écouter, Sire, car ma voix est une voix amie, dévouée, qui mérite bienveillance, et même encouragement.

« Je ne rappellerai que très-sommairement ce qui est relatif à la position de la France à l'égard du reste de l'Europe. J'aime à ne parler que des choses dont je me suis spécialement occupé. Mais ce que j'en dirai, ce que j'en pense, je le dirai, je le pense avec la presque totalité du pays. Nous souffrons, Sire, nous sommes profondément blessés du rôle que nous jouons vis-à-vis des puissances étrangères. Nous sommes surtout effrayés de l'avenir qu'elles nous préparent.

« La Pologne, dont nous avions annoncé que la nationalité ne périrait pas, détruite, dispersée, anéantie; l'Italie, qui avait compté sur notre appui, plus que jamais asservie sous le joug de plomb, sous le pouvoir léthargique de l'Autriche; la Grèce, pour laquelle nous avons prodigué nos hommes et notre argent, qui, à une autre époque, dut être un royaume pour l'un de vos fils, dont on dispose sans peut-être daigner nous consulter; le Portugal, où nous formons à peine des vœux impuissants pour un prince à qui nous avons cependant témoigné le plus vif intérêt; la Belgique enfin, qui brûlait de redevenir française, dont la royauté nous fut offerte, qui, sous notre protection, se consume dans un provisoire que je ne puis comparer qu'à la fièvre lente, que suit une mort inévitable : voilà, Sire, où en sont réduits nos alliés naturels, ceux que la conformité d'opinions et d'intérêts avait placés sous notre patronage, et qui devaient, pour nous, être des appuis. Ne sommes-nous donc plus cette France de laquelle un monarque du Nord disait : Que s'il avait l'honneur de marcher à sa tête, il ne se tirerait pas un coup de canon en Europe sans sa permission ?

« A ce tableau trop fidèle, si j'ajoute les dispositions hostiles hautement manifestées contre nous par les puissances du droit divin; les mouvements de troupes bien plus effectivement hostiles qu'elles ne cessent d'opérer; l'expression de leurs principes, de leurs sentiments politiques consignés dans les notes de la diète de Francfort; j'avoue que notre effroi ne me semble que trop justifié, et que j'ai peine à comprendre la sécurité du gouvernement.

« L'intérieur du pays offre-t-il du moins des motifs sur lesquels puisse se fonder cette sécurité? La tranquillité, la prospérité publiques sont-elles établies sur des bases solides, rassurantes pour l'avenir? En aucune manière.

« Dans une partie de la France, on a osé lever l'étendard de la révolte. Les hommes qui nous gouvernent ont usé de tels ménagements envers ceux qui cherchent à vous détrôner, que les espérances des révoltés s'accroissent au lieu de diminuer. Si l'on vous dit autrement, Sire, on vous trompe. Le pays que j'habite en ce moment est voisin de celui où l'insurrection s'est développée : j'ai questionné, j'ai recueilli avec le plus grand soin tous les renseignements possibles, et j'ai acquis la certitude que la révolte, que l'on suppose comprimée, est plus que jamais vivace. Tant que l'espoir ne sera pas complétement éteint dans l'ame des révoltés, ils se prépareront à de nouvelles tentatives, et ne cesseront de s'apprêter dans l'ombre à occasioner de nouveaux troubles. Leur désarmement même est une mesure illusoire par la manière dont il s'exécute.

« Une bien plus grande partie de la France renferme aussi des éléments de troubles. Là, vos ennemis, moins audacieux ou plus prudents, attendent, pour éclater, des circonstances qu'ils se flattent de voir prochainement arriver.

« Partout ils affirment que le gouvernement est leur complice, et l'absurdité d'un tel bruit n'en trouve pas moins de crédules et nombreux auditeurs. Là aussi l'insurrection se propagera aussitôt que le moindre danger menacera un point quelconque du pays.

« Je n'ai parlé jusqu'à présent que de l'opinion carliste, de celle avec laquelle aucun traité n'est possible, car elle ne consentira jamais à se départir de ses prétentions, et ses prétentions sont votre renversement.

« Je ne m'occuperai pas de l'opinion républicaine. Erreur d'un esprit généreux chez ceux qui la professent de bonne foi, elle ne me paraît offrir de leur part aucun danger réel. Chez les autres, c'est un masque qu'ils ne tarderaient pas à lever, si elle avait la moindre chance de succès ; car ils ne veulent pas plus que nous de la république. Je dois dire toutefois que si le gouvernement persévère dans la fausse voie où il est engagé, il recrutera lui-même en faveur des républicains.

« Il me reste à m'expliquer sur l'opinion patriotique, sur celle qui repousse d'une manière absolue, irrévocable, le retour de l'ancien ordre de choses. Celle-là n'est pas plus satisfaite que les autres. Elle est peut-être plus mécontente encore, parce qu'elle compare sa situation actuelle aux espérances qu'elle avait conçues, aux droits qu'elle croyait avoir ; mais cette opinion, du moins, ne cherche pas à renverser; elle fera tout, au contraire, pour conserver le gouvernement qu'elle a contribué à établir.

« La base de cette dernière opinion est le maintien de votre dynastie, Sire, et l'accomplissement des promesses que vous avez faites, des engagements que vous avez contractés lors de votre avénement au trône. Je n'entends point parler ici d'un programme sur lequel on a pu chercher à épiloguer et à jeter du ridicule, parce qu'il ne reposait, s'il a existé, que sur des paroles plus ou moins vagues, plus ou moins fugitives ; je parle d'un fait constant, positif, écrit, que vous avez juré d'exécuter, je parle de la Charte de 1830. J'ai le droit d'en parler, Sire, car je suis son premier promoteur. Le premier j'ai formulé, trop imparfaitement sans doute, les principes qui vivaient dans le cœur de tous les amis sincères du pays, les conditions auxquelles ils regardaient le gouvernement monarchique constitutionnel comme le meilleur des gouvernements. La Charte de 1830 et ses conséquences nécessaires, indispensables, voilà ce que l'immense majorité de la France réclame, et voilà ce qu'on lui dénie sous beaucoup de rapports.

« Ce n'est pas ici le lieu d'une discussion de détail destinée à prouver ce que j'avance. Il suffit, pour se convaincre que je dis la vérité, de relire la nomenclature qui termine la Charte du 9 août. Combien de lois n'ont pas même été présentées, qui devaient être discutées *dans le plus bref délai*, et dans quel esprit ont été rédigées celles dont on n'a pas cru pouvoir se dispenser de proposer l'adoption ?

« Votre ministère, Sire, a manqué de bonne foi à l'égard de la nation, et il vous a soustrait la connaissance de la vérité, parce que vous ne l'eussiez pas souffert si elle vous eût été connue. Les conséquences de cette conduite ont été désastreuses. J'ai déja dit quels imminents dangers nous menacent au dehors. Au dedans, les émeutes sont devenues pour ainsi dire périodiques. Le sang des citoyens a, je ne sais combien de fois, souillé la cité depuis le 13 mars 1831. Il semble au pouvoir que toute raison nous ait abandonnés, et que nous ne soyons plus susceptibles d'être régis que par la force. Ah! Sire, combien sont coupables ceux qui font adopter un pareil système. Sa suite immédiate est la destruction de l'ordre social.

« En matière de gouvernement, c'est l'histoire que l'on doit consulter pour savoir comment il faut se conduire. Eh bien! Sire, je vais rappeler quelques faits historiques récents et incontestables.

« En 1820, une atteinte grave fut portée à la Charte de 1814, en ce qui concernait les élections des députés. Les citoyens prévirent les conséquences de cette atteinte. Ils s'émurent, des rassemblements se formèrent aux cris de *Vive la Charte!* Le gouvernement d'alors entrait dans les voies qui ont amené sa chute. Il trouva plus facile de sabrer que de répondre. Les citoyens inoffensifs ne répliquèrent aux coups de sabre que par les cris répétés de *Vive la Charte!* Ils se soumirent, mais la violence dont ils furent alors victimes porta plus tard ses fruits.

« En 1827, le ministère Villèle, dans l'espoir de se perpétuer, osa recourir à de nouvelles élections. Toutes les mesures que peut inventer la fraude avaient été accumulées, et cependant le ministère *déplorable* fut vaincu dans le combat électoral. Les amis du pays se crurent en droit d'illuminer leur triomphe. Le pouvoir qui avait fait des progrès ne voulut pas le souffrir. Il joignit l'infanterie à la cavalerie, les coups de fusil aux coups de sabre. Les citoyens commencèrent à se barricader. Ils se défendirent en jetant des tuiles, des pierres, des bûches par les croisées, mais ils n'osèrent pas encore en venir aux armes.

« Moins de trois ans après, un ministère de contre-révolution, enhardi par le succès de ses prédécesseurs, crut pouvoir abattre, d'un seul coup, nos plus chères libertés. Le peuple entier se leva; cette fois il prit les armes, et en deux jours la tyrannie avait cessé d'exister. Les fautes seules du pouvoir ont appris au peuple à connaître sa force; aujourd'hui qu'il la connaît, cette force est devenue un élément de gouvernement qu'il n'est plus permis de négliger, et auquel il est indispensable de faire sa part.

« Il n'y a pas deux mois, sous un prétexte frivole, une nouvelle lutte s'est engagée. Le nombre des fauteurs de troubles n'était pas considérable, le peuple se séparait d'eux, la garde nationale les combattait, et cependant la victoire a été, non pas douteuse, mais vivement disputée. Que serait-il arrivé si, comme en 1830, les citoyens ne se fussent pas séparés des combattants ? Osera-t-on dire que la victoire serait restée à la force régulière ? Mais, Sire, il faut que vous le sachiez : la troupe n'a consenti à tirer qu'après que la garde nationale a été elle-même engagée. « Toujours avec vous, et jamais contre vous », tel était le mot de ralliement des soldats. Il ne faut pas se le dissimuler, l'armée est devenue citoyenne. On ne peut plus compter sur elle, que lorsqu'on a la justice et les masses pour soi.

« Dans cette dernière circonstance, des cris odieux ont été proférés, des emblèmes révoltants arborés. Cela a suffi pour établir une ligne de démarcation entre les hommes qui ne craignaient pas d'invoquer d'horribles souvenirs, et la partie saine de la population. Mais si ces mêmes hommes, plus adroits ou plus perfides, eussent engagé la lutte aux cris de *A bas les ministres, à bas le système* (il faut bien employer l'expression qui aujourd'hui le caractérise), *à bas le système du juste milieu*, il est difficile d'imaginer ce qui serait arrivé.

« De ces faits, Sire, doivent sortir d'importants enseignements. Si l'on persiste dans le système actuel, les moindres collisions deviendront sanglantes. La force légale n'aura plus de puissance. Il faudra continuellement en appeler à la force matérielle, à laquelle il sera répondu par la force brutale. Nous rétrograderons ainsi jusqu'à la plus affreuse barbarie.

«Lorsque je songe à l'ère d'espérance et de bonheur qui s'ouvrait devant nous, il y a deux ans, je ne puis pas concevoir que nous soyons arrivés au point où nous sommes aujourd'hui. J'invoque vos souvenirs, Sire; cet empressement des citoyens de toutes les parties de la France, ces vœux unanimes, ces acclamations universelles, n'étaient-ils donc pas préférables à l'expression froide et calculée des discours d'étiquette? Les dépositaires du pouvoir ne craignaient pas alors que vous entendissiez les libres paroles des citoyens. Aujourd'hui, ils voudraient enchaîner jusqu'à leurs pensées. Ils redoutent le concert de plaintes qui arriverait jusqu'à vous, si d'immenses barrières, qu'ils cherchent à rétablir, ne sépareraient pas, presque toujours, les rois de ceux que, dans les gouvernements absolus, on nomme encore leurs sujets.

«Les hommes que j'attaque, Sire, sont d'autant plus coupables à mes yeux, qu'ils ont l'audace de vous prendre pour bouclier. Ils exécutent leurs plus funestes mesures, en disant qu'elles sont le résultat de votre volonté. Ils commettent ainsi le plus grand crime que des ministres puissent commettre dans un gouvernement représentatif, en faisant disparaître l'inviolabilité royale pour en créer une à leur profit.

« Le discrédit dans lequel sont tombés ces ministres aux yeux de la nation, est tel, Sire, qu'il suffirait de paraître marcher avec eux pour perdre complétement sa confiance. Des citoyens sages, modérés, dont le dévouement à nos institutions et à votre personne, qui en est la pierre angulaire, n'est pas douteux, m'accusaient d'une connivence coupable, par cela seul que je ne résignais pas mes fonctions, qui cependant n'étaient qu'administratives.

Je voulais tirer une conclusion de ce qui précède, Sire ; mais la plume me tombe des mains en songeant à ce qu'elle devrait contenir de peu consolant. Sans force au dedans, sans dignité au dehors, indécision partout, tel est le résumé de notre position. En pareille circonstance, être embarrassé de conclure, n'est-ce pas déjà le faire ?

« Dans mon rude langage, Sire, je semble avoir pris le paysan du Danube pour modèle, et comme lui j'ai fait entendre d'austères vérités. Comme lui aussi je me prosterne en disant :

« . . . . . . Ce discours un peu fort
« Doit commencer à vous déplaire,
« Je finis. Punissez. . . . .
« Une plainte un peu trop sincère. »

« Et j'ose ajouter : Mais en me punissant, Sire, ne négligez pas ce que j'ai dit d'utile. »

AVANT-PROPOS.

Le 10 juin 1833, une discussion s'éleva dans le sein de la chambre des députés, à l'occasion de la mise en liberté de la duchesse de Berry. Garnier-Pagès interpella les ministres sur la conduite qu'ils avaient tenue à l'égard de cette célèbre accusée, et fit ressortir avec beaucoup d'énergie et de talent la violation des lois les plus sacrées dont elle a été l'objet. Loin de chercher à se justifier, soit en invoquant la nécessité, soit en se fondant sur des considérations politiques, le garde-des-sceaux et le ministre du commerce montèrent successivement à la tribune pour soutenir impudemment que le gouvernement pouvait, lorsqu'il le jugeait utile, se mettre au-dessus des lois. Cette doctrine m'indigna, et je crus rendre service au Roi, en lui faisant connaître le sentiment que les principes de ses ministres faisaient naître dans toute ame patriotique. Je crains qu'il n'y ait eu *folie* à moi de croire que je pourrais être compris.

«Paris, le 11 juin 1833.

«Sire,

« Il y a bientôt un an que j'ai osé adresser à Votre Majesté des observations, trop sévères peut-être pour se voir favorablement accueillies, sur la marche politique de son ministère. Ces observations, j'en ai la confiance au moins, ont dû vous paraître le résultat du plus constant, comme du plus respectueux attachement, et même, quand elles auraient pu vous déplaire, je porterais le défi à la haine la plus envenimée de calomnier le sentiment qui les dictait. Je n'ai pas été assez heureux pour vous persuader, Sire, et votre silence m'a convaincu que le mien vous eût semblé plus convenable que mes paroles. Je me suis donc tu, et, quoique de nombreuses occasions se soient présentées d'exprimer encore des vérités utiles, j'ai fait violence au désir que j'éprouvais de vous donner de nouvelles marques de mon profond dévouement. Mais toute mesure a des limites, Sire; et celles que je m'étais imposées viennent d'être franchies par les principes subversifs de tout gouvernement que deux de vos ministres n'ont pas craint de professer du haut de la tribune nationale.

« Je ne répéterai pas ce que j'écrivais au Roi en juillet 1832, bien que mes prévisions de cette époque n'aient été que trop réalisées. Je crois inutile d'ajouter que le ministère du 11 octobre est moins national, est plus antipathique au pays que tous ceux qui l'ont précédé. Je me bornerai à dire que le ministère Villèle, et même le ministère Polignac, n'ont jamais porté aussi loin, qu'on vient de le faire, le mépris de tout sentiment de justice. Quand ces ministères violaient la loi, ils lui rendaient encore un involontaire hommage, en cherchant à prouver qu'ils ne sortaient pas de la légalité. Il n'était donné qu'aux ministres actuels d'établir en principe que le pouvoir, lorsqu'il le juge convenable, peut se mettre au-dessus des lois.

« Il faut que les lois et les arrêts de la jus-
« tice soient exécutés, mais il est des circon-
« stances extraordinaires où le gouvernement

« peut prendre sur lui, et sous sa responsa-
« bilité, qu'il proclame hautement, des mesures
« éminemment utiles au pays, en faisant con-
« naître les motifs qui l'ont déterminé. » Voilà
textuellement ce que disait hier M. le garde-
des-sceaux. « On ne peut nier qu'il est des
« circonstances où l'on est forcé de se mettre
« au-dessus de la loi commune, » ajoutait bientôt
après M. le ministre du commerce.

« Le 3 août 1830, Votre Majesté signalait à
la législature l'article 14 de la Charte (de
Louis XVIII), que, disiez-vous, l'on avait si
odieusement interprété. Cet article, l'une des
causes les plus imminentes de la révolution, a
été, conformément à votre désir, retranché du
pacte fondamental sur lequel repose votre
royauté. Eh bien! Sire, je le demande, proclamer de tels principes, n'est-ce pas faire bien
plus que rétablir ce funeste article 14?

« Les yeux du pays sont ouverts sur les fautes
du gouvernement. Jusqu'à ce jour, il n'était
pas impossible de les attribuer à l'erreur. A
dater d'hier, elles seront, elles paraîtront du
moins, l'exécution d'un plan *odieusement* com-
biné.

« Ne souffrez pas, Sire, que l'aveuglement,

ou l'impéritie (car je ne sais de quel nom qualifier de telles paroles), viennent détruire l'ouvrage que nous avions si heureusement édifié. Il en est temps encore ; reconnaissez la voix de vos vrais, de vos fidèles amis, de ceux qui vous ont fait roi des Français, et qui veulent d'autant plus sincèrement que vous ne cessiez pas de l'être, que l'intérêt de la France semble à leurs yeux plus impérieusement le réclamer.

« Vous avez trouvé que je savais dire la vérité, Sire; plus que jamais je la dis dans ce moment. Prêt à quitter la capitale, pour long-temps peut-être, j'ai voulu vous la faire entendre une fois encore. Je ne conçois pas l'espoir de porter dans votre ame la conviction qui m'anime ; mais j'ai obéi à ma conscience, et à défaut d'autre satisfaction, je ressentirai celle qui résulte toujours de l'accomplissement d'un devoir. »

RÉVOLUTION
DE 1830.

RÉVOLUTION

DE 1830.

Paris, le 30 octobre 1830.

« On t'a dit, ma bonne amie, que j'avais joué un rôle assez important dans les événements qui ont accompagné notre régénération politique, et tu veux en savoir de moi à cet égard un peu plus que ce que t'en ont appris les journaux ; tu veux surtout avoir des notions plus exactes et plus fidèles. Je vais tâcher de te satisfaire ; et si le temps ne me manquait pas, je le pourrais d'autant mieux, qu'indépendamment de mes souvenirs qui sont encore présents, j'ai conservé quelques notes qui serviraient à les confirmer. Mon récit aura un genre d'intérêt particulier ; il contiendra une espèce de *compte-rendu* des séances de la réunion des députés pendant les premiers instants de notre glorieuse révolution; *compte-rendu* qui n'existe nulle part, puisqu'il n'a pas été tenu procès-verbal de ces premières séances (1).

« Tu connais aussi bien que moi ce qui s'était passé depuis l'avénement du ministère Polignac; la réélection presque totale des 221 députés qui avaient déclaré au roi Charles X ne pas vouloir *concourir* avec ce ministère, l'avait exaspéré au plus haut degré. Il nous faisait continuellement menacer, par les journaux qui lui servaient d'organes, de *coups d'état*; mais tel était le mépris qu'il inspirait, que les hommes les plus sages ne pouvaient pas y croire. Depuis le 15 juillet on me racontait, dans les plus grands détails, ce qui devait arriver, et j'en haussais les épaules de pitié.

« Le lundi 26 juillet, mon gendre arrivant d'Alais par la malle-poste, entra à cinq heures du matin dans ma chambre. Je lui racontai les bruits qui couraient, en lui disant que je n'y ajoutais aucune foi, et je l'engageai à prendre quelque repos; lorsqu'à neuf heures il rentra chez moi, le *Moniteur* était arrivé, et ce que l'on avait annoncé de plus sinistre se trouvait

(1) Les procès-verbaux de la Garde, qui font partie des pièces justificatives, ne commencent que le jeudi 29 juillet.

réalisé. J'engageai Christian à partir sur-le-champ pour Villepinte, afin d'y voir sa femme et d'informer son père, le général Mathieu Dumas, de ce qu'il venait d'apprendre.

« J'étais engagé à déjeuner chez Charles Lefebvre, je lui portai le *Moniteur*, et lui annonçai, ainsi qu'à sa femme et à sa fille, qu'ils étaient venus de Naples pour être témoins d'une *révolution*, car dès ce moment il me fut démontré que nous allions en avoir une. Mais de quelle manière devait-elle s'opérer? C'est ce que, je l'avoue, ma perspicacité était bien loin de découvrir.

« En sortant de chez Lefebvre, je me rendis chez Laffitte; je voulais me réunir à quelques-uns de mes collègues, afin de me concerter avec eux sur ce qu'il nous conviendrait de faire. Laffitte était à Breteuil, dans le département de l'Eure, et on venait de lui expédier un courrier pour l'instruire de ce qui se passait. On supposait qu'il arriverait le lendemain dans la soirée. De chez Laffitte, j'allai chez Bertin de Vaux, mon collègue de députation, que je ne trouvai pas non plus, et de là, je me rendis chez Casimir Périer. Il était chez lui, et avec lui étaient réunis Bertin de Vaux, Bondy, Sébastiani, Auguste de Saint-Aignan. Chacun était plongé dans l'étonnement ou plutôt dans la stupéfaction. On se demandait ce qu'il y avait à faire, et à cette question on ne trouvait pas de réponse. Je me hasardai à prononcer le mot de protestation; mais on pensa que nous n'avions pas qualité pour la faire, puisque le moment où la session devait s'ouvrir, même d'après l'ordonnance de convocation révoquée, n'était pas encore arrivé. Laborde survint, et sa présence ne fit faire aucun pas à la discussion. Comme il insistait pour que les députés prissent une mesure quelconque dans l'intérêt des libertés du pays, on lui répondit, assez ridiculement, que la Chambre n'étant pas légalement assemblée, c'était aux députés de la localité, c'est-à-dire de Paris, à prendre l'initiative. Il est à remarquer que, parmi ceux qui émettaient cette opinion, il n'y avait pas de députés de Paris, et qu'ainsi ils se trouvaient hors de cause. Je réclamai pour les autres députés l'honneur de prendre part à ce qui serait fait, mais cette réclamation ne fut nullement appuyée par nos collègues départementaux. Laborde, loin de repousser l'honneur qu'on voulait lui faire, s'empressa de l'accepter. Nos autres collègues se bornèrent à exprimer l'opinion qu'il faudrait se réunir de nouveau, sans dire quand ni comment.

« Je sortis avec Laborde, et lui offris de l'accompagner chez quelques-uns de nos collègues du département de la Seine que je savais être à Paris. Chemin faisant, je lui proposai d'entrer au *National*, supposant que nous y connaîtrions la disposition de l'esprit public. Presque tous les journalistes constitutionnels y étaient déjà réunis et s'y occupaient à discuter la forme dans laquelle on s'opposerait aux actes que le gouvernement venait de publier. On nous admit avec empressement dans le sein de la réunion, et Laborde fut même prié de la présider. Tout le monde était d'accord qu'une protestation énergique devait être faite, mais on différait beaucoup sur la forme qui devait lui être donnée. Les journalistes les plus ardents voulaient que l'on convînt des bases, sauf à laisser chacun rédiger selon sa nuance ou sa couleur. Je crus devoir faire sentir que ce mode aurait de graves inconvénients; j'expliquai comment le gouvernement, ayant à choisir entre des rédactions diverses, pourrait incriminer les journaux qu'il redouterait le plus, et conserver une apparence de légalité en n'attaquant pas ceux dont l'influence lui semblerait peu à craindre.

« En agissant ainsi, dis-je aux journalistes, « vous introduirez un germe de division parmi

« vous, et si vous êtes divisés, vous serez bien
« tôt vaincus. Il faut que le ministère soi
« forcé de frapper d'un seul coup toute l
« presse libérale; son silence forcé avertir
« bien mieux la France que quelques voi
« isolées, et qui nécessairement n'auront qu
« peu d'échos, car évidemment on arrêter
« l'émission des journaux qui ont le plus d'a
« bonnés. »

« Cet avis fut adopté, et Thiers chargé, con
jointement avec Cauchois-Lemaire et Châte
lain, de la rédaction de la protestation *unique*
qui fut insérée dans les journaux constitution
nels. Cette protestation des journalistes est l
premier acte raisonné et important de la ré
volution de 1830. C'est le point de départ d
l'opposition agissante. En sortant de cette réu
nion, les rédacteurs nombreux qui en faisaien
partie allèrent répandre dans toute la popula
tion l'enthousiasme patriotique dont ils étaien
animés. Le danger qu'ils couraient était im
mense ; leur courage seul pouvait l'égaler

« Une autre inquiétude se manifestait déja
c'était celle de savoir comment on ferait paraî
tre les journaux. Plusieurs imprimeurs avaien
déclaré qu'ils n'entendaient plus se charger d
publications qui compromettaient leur exis
tence. D'autres, plus courageux, offraien

d'imprimer tout ce que l'on voudrait; mais ces offres avaient nécessairement pour terme le lendemain, car, à partir de ce moment, les ordonnances devenaient exécutoires, et les presses pouvaient être saisies, en quelque sorte légalement. Le préfet de police avait même la prétention de faire exécuter les ordonnances avant qu'elles devinssent légales par leur promulgation.

« Nous quittâmes le *National* pour aller chez Odier, chez Jacques Lefebvre et chez Vassal. Nous ne trouvâmes que le dernier, qui nous manifesta le plus vif effroi. Chemin faisant, Laborde avait eu la pensée d'inviter les députés de Paris à se réunir chez lui dans la soirée, et plus tard il songea à y adjoindre tous ceux à qui il pourrait faire parvenir l'invitation. Cette réunion a été le premier noyau autour duquel sont venus se grouper successivement tous les éléments de résistance et d'opposition représentative.

« Je rentrai chez moi, nourrissant toujours la pensée qu'indépendamment de la protestation des journalistes, les membres de la Chambre des Députés, présents à Paris, devaient en faire une à laquelle leurs collègues viendraient adhérer à mesure qu'ils arriveraient. Je crus même devoir jeter quelques idées sur le papier, ne fût-ce que pour servir de canevas et de base à la discussion.

« Voilà ce que j'écrivis, et tu sauras bientôt à quoi cela servit :

« Les soussignés, élus membres de la Cham-
« bre des Députés, en vertu des lois existantes,
« regardent comme leur plus impérieux devoir
« de protester contre les actes illégaux, atten-
« tatoires à la Charte et subversifs du gou-
« vernement représentatif, qui ont été publiés
« dans le *Moniteur* du 26 juillet.

« Ces actes reposent sur des faits faux ou
« frauduleusement altérés dans la vue de trom-
« per le Roi; ces actes ont été inventés ou
« falsifiés par des ministres prévaricateurs,
« dans l'espoir insensé d'éloigner le jour de la
« justice qui allait luire sur eux.

« La liberté de la presse, coupable, à leurs
« yeux, d'avoir éclairé le pays sur leurs odieuses
« trames, a été leur première victime. Les
« droits assurés aux citoyens par la Charte con-
« stitutionnelle, de nommer leurs députés,
« sont travestis indignement, ou plutôt sont
« anéantis.

« Les ministres sacrifient ainsi à leur misé-
« rable intérêt personnel les garanties les plus
« sacrées, les seules garanties de la stabilité
« du trône et de la tranquillité publique.

« Les élus de la nation trahiraient la mission
« qui leur a été donnée s'ils n'employaient
« tous leurs efforts pour faire arriver la vé-
« rité jusqu'au pied du trône. Ils ont été char-
« gés d'y déposer l'hommage du respect pro-
« fond des citoyens pour leur Roi ; mais en
« même temps ils ont eu pour mandat de dire
« au Roi que ses conseillers le trompent.

« Si ce mandat ne peut être qu'imparfaite-
« ment rempli, qu'il le soit du moins autant
« qu'il est en nous de le faire ; et que, du
« milieu des entraves par lesquelles on vou-
« drait l'étouffer, notre voix crie : Oui, le
« peuple français aime et respecte son Roi (1) ;
« oui, les ministres du Roi le trompent, et
« poussent le pays vers un abîme. »

« Je sortais de table lorsque Bérenger vint
me voir. Il arrivait de la campagne aux cris de
détresse de la patrie, afin de lui offrir le secours de son admirable jugement et de ses
excellents conseils. Je lui montrai mon projet
de protestation, qu'il approuva, en me disant

---

(1) Il est inutile de faire remarquer que le lundi 26 juillet il ne pouvait pas encore être question d'une déchéance
dont personne ne prévoyait la possibilité, et qu'alors le
retrait des ordonnances eût été accueilli comme un véritable bienfait.

toutefois qu'il craignait bien que mes collègues ne le trouvassent trop violent.

« Je me rendis à huit heures chez Laborde, où bientôt après se trouvèrent réunis les députés dont les noms suivent : Bavoux, Bérard, Bernard de Rennes, Chardel, Daunou, Laborde, Jacques Lefebvre, Marchal, Mauguin, Persil, Casimir Périer, de Schonen, Vassal, et Villemain.

« On s'entretint d'une manière vague des circonstances dans lesquelles nous nous trouvions; et, comme on ne concluait à rien, j'arrivai à proposer de rédiger une protestation. Je ne présentai pas mon projet, parce que, venant de le communiquer à deux de mes collègues, que je regardais comme d'une opinion très-prononcée, il les avait effrayés. Ma proposition fut combattue par plusieurs personnes comme intempestive, ou tout au moins anticipée. On prétendit que nous étions trop peu nombreux pour prendre une pareille résolution; et sur l'observation que je fis que c'était aux députés qui avaient montré le plus d'empressement dans les circonstances graves où nous nous trouvions à prendre l'initiative, Casimir Périer prétendit que j'accusais injustement nos collègues absents, et qui sans doute n'avaient pas pu se réunir à nous. Je répliquai que j'en connaissais un assez grand nombre actuellement à Paris, et que ceux-là étaient coupables tout au moins de tiédeur pour les intérêts du pays, puisqu'ils restaient passifs et inertes dans un pareil moment. J'insistai sur la rédaction d'une protestation, et demandai qu'une commission de trois membres fût nommée, séance tenante, à l'effet de s'en occuper, et de nous la présenter le lendemain. Villemain et Périer combattirent vivement ma proposition qui, bien que soutenue, surtout par Bernard et de Schonen, ne fut pas adoptée.

« Avant de se séparer, on demanda où, quand et comment on se réunirait de nouveau. Laborde proposa le salon de Laffitte; mais je fis remarquer que, malgré son patriotisme bien connu, nous ne pouvions pas en disposer sans son consentement. J'ajoutai que nous avions parmi nous un homme dont la situation politique n'était pas moins élevée, et qui consentirait sans doute à nous recevoir; et il fut convenu que nous nous réunirions le lendemain à trois heures chez Casimir Périer. Celui-ci n'osa pas refuser son salon; mais son embarras et sa répugnance furent visibles à tous les yeux. Chacun se chargea de recruter le plus grand nombre de collègues possible.

J'avais dès ce moment conçu toute l'imminence de notre position : aussi, pour la faire comprendre à mes collègues, leur disais-je comme Charles-Quint aux conjurés dans Hernani : « *La tête est l'enjeu, messieurs.* »

«Le lendemain mardi, de très-bonne heure, j'eus la visite de beaucoup de personnes qui venaient me demander conseil sur la conduite qu'elles devaient tenir dans l'occurrence présente. Je les conjurai de se préparer à la résistance par tous les moyens qui seraient en leur pouvoir.

«Les imprimeries des journaux constitutionnels étaient dès le matin assaillies par les agents de la police, qui voulaient exécuter à leur égard la nouvelle ordonnance sur ou plutôt contre la liberté de la presse. J'engageai Montaran, ancien écuyer de l'empereur, et quelques autres personnes qui vinrent successivement me voir, à faire assaillir aussi par les ouvriers qui se trouvaient déja sans ouvrage les imprimeries des journaux *Ultra*, afin que, si les nôtres ne pouvaient pas partir, les leurs ne pussent pas induire les départements en erreur, en leur annonçant des faits totalement contraires à la vérité. Cette mesure a produit d'heureux résultats, en empêchant dans les provinces une déception qui eût pu avoir des suites funestes, et nuire à l'unanimité du mouvement.

« L'agitation croissait de moment en moment. Les bons citoyens se recherchaient avec empressement, et les moyens de défense ou même d'agression commençaient à s'organiser sans que l'on sût encore de quelle manière on serait appelé à les mettre en œuvre.

« A trois heures, je me rendis chez Casimir Périer. Une foule assez considérable de citoyens obstruait la porte; je ne pénétrai qu'avec peine et en déclinant au portier, qui d'ailleurs me connaissait depuis long-temps, ma qualité de député. Une trentaine de députés environ se trouvaient réunis sous la présidence de notre vénérable et patriote collègue Labbey de Pompières. Les discussions étaient vives, animées, mais nullement concluantes. Il était aisé de voir qu'un assez grand nombre de nos collègues étaient atteints d'une frayeur que l'on ne prenait pas même la peine de dissimuler. La contenance du maître de la maison était surtout remarquable par un air de gêne et de contrainte extrêmement prononcé. Je renouvelai la proposition, faite la veille chez Laborde, de rédiger une protestation. On convint assez généralement que cela était utile; mais la plus grande partie des membres de la réunion paraissait vouloir gagner du temps. On craignait de se compromettre, et personne ne se souciait d'attacher le grelot.

«Villemain arrivant nous annonça que devant l'hôtel des affaires étrangères, où demeurait M. de Polignac, et sous ses yeux, un gendarme, qui menaçait de son sabre des citoyens paisibles, venait d'être tué d'un coup de pistolet. Cette mort a été le prélude des événements qui, dans la soirée, ont commencé à acquérir une certaine gravité. Je pris Villemain à part pour lui faire sentir combien il avait eu tort la veille de repousser ma proposition, puisque, si notre discussion avait pu s'établir sur un projet préparé d'avance, nous serions sans doute arrivés à un résultat, tandis que probablement nous nous séparerions sans avoir rien fait. «Je ne « m'attendais pas, me dit en propres termes « Villemain, à trouver tant de c..... réunis. »

«J'insistai encore sur la nomination d'une commission chargée de rédiger notre protestation; mais on éluda de nouveau en disant que le lendemain tous ceux qui voudraient apporteraient une rédaction, et qu'ensuite on choisirait. Tu sens que, dans l'état de mollesse où était l'assemblée, je ne fus pas tenté de produire ma rédaction.

« J'ai oublié de te dire qu'hier, pendant que nous étions chez Laborde, Mérilhou et Boulay de la Meurthe fils s'étaient présentés à nous, au nom d'une réunion nombreuse de citoyens recommandables, la plupart électeurs, afin de prendre conseil sur ce qu'ils devaient faire dans l'intérêt de la liberté. Nous les avions ajournés à la séance que nous devions avoir chez Casimir Périer, et ils s'y présentèrent en effet. Là se montra dans tout son jour la pusillanimité de la plupart de nos collègues, qui craignirent de se trouver compromis par cette espèce de fraternisation. On discuta long-temps pour savoir si on les recevrait; et, sans mon insistance et celle de Laborde, ils eussent été certainement éconduits. Leur visite n'eut du reste aucun résultat, si ce n'est probablement de leur donner une assez pauvre idée d'une partie des représentants du pays. On leur tint quelques discours vagues, insignifiants, et ils se retirèrent fort mécontents.

« Au moment de me retirer aussi, je dis à Casimir Périer, comme je l'avais déja dit à Villemain, que, si ma proposition n'eût pas été repoussée par lui la veille, nous n'aurions pas eu une réunion aussi insignifiante. Cette observation était tout amicale et faite à voix basse. Casimir Périer me demanda, d'une voix

tonnante, « si j'entendais le rendre responsa-
« ble des événements terribles qui semblaient
« se préparer, que cela serait épouvantable,
« et qu'il ne pouvait pas le supporter. » Je lui
répliquai fort vivement, en lui demandant s'il
avait perdu l'esprit, ce qui dans ce moment-là
pouvait bien être; et j'ajoutai, à voix aussi
haute que lui, « que s'il le voulait, j'allais faire
« connaître sa conduite de la veille, et qu'alors
« on verrait quelle responsabilité pouvait at-
« teindre chacun de nous. » On se hâta d'intervenir, et Villemain insista particulièrement
pour voir terminer une discussion qui eût pu
le remettre en scène, en rappelant que la
veille il partageait l'opinion de Périer.

« La maison de Casimir Périer a plusieurs
issues, et beaucoup de députés s'en allèrent
par celles qui n'étaient pas connues du public.
Je sortis avec le général Dumas par la rue
Neuve-du-Luxembourg, et nous nous achemi-
nâmes vers le boulevard, où nous trouvâmes
stationnés deux bataillons de la garde royale,
en face de l'hôtel occupé par M. de Polignac.
La cour de cet hôtel était en outre remplie
de gendarmerie à cheval. Les citoyens circu-
laient librement au milieu de cet appareil guer-
rier, et la contenance des soldats ne semblait
pas indiquer de dispositions hostiles. Le soir

des coups de fusil furent échangés, sur différents points de la capitale, entre la garde royale et les citoyens, et, à partir de ce moment, la lutte fut définitivement engagée. On tirailla de part et d'autre pendant presque toute la nuit.

« Dès le mardi soir, les réverbères furent brisés dans un grand nombre de rues. Ce moyen de résistance a beaucoup plus d'efficacité qu'on ne pourrait le supposer, parce que les citoyens qui sont habitués à leur quartier n'ont pour ainsi dire pas besoin d'y voir clair, tandis que les troupes n'osent pas se hasarder, pendant la nuit, dans les lieux qui ne sont pas éclairés. Le brisement des réverbères était l'une des mesures convenues entre les *carbonari* lorsqu'ils cherchaient à organiser le renversement des Bourbons. Ils ne se doutaient guère alors qu'un gouvernement que leurs efforts de plusieurs années n'avaient pas même pu ébranler serait spontanément renversé sans conspiration, sans concert préalable, et cela dans l'espace de trois jours.

« Avant de rentrer chez moi, j'allai passer quelques instants au Journal du Commerce. Pendant que je m'y trouvais, vers les neuf heures du soir, l'horizon parut tout-à-coup éclairé d'une vive lumière. C'était le corps-degarde des gendarmes de la place de la Bourse auquel on venait de mettre le feu après s'en être emparé.

« Avant de nous séparer chez Casimir Périer, nous étions convenus de nous réunir le lendemain, à midi, chez Audry de Puyraveau.

« Nous sommes arrivés au mercredi 28 juillet, ma bonne amie, c'est-à-dire au jour le plus décisif de la crise terrible dans laquelle nous nous trouvons. Parmi les personnes qui vinrent me visiter de très-grand matin, se trouvait Leclerc, ancien capitaine de grenadiers dans la deuxième légion de la garde nationale de Paris. Je l'engageai à réunir le plus d'hommes qu'il pourrait de sa compagnie, et à se rendre avec eux, en uniforme, à la mairie, pour y demander les instructions du maire. « Le maire,
« lui dis-je, se refusera, sans doute, à vous en
« donner, et alors vous serez amenés à établir
« tout naturellement un pouvoir municipal
« destiné à le remplacer et à maintenir l'ordre.
« La force des choses amènera ce résultat et
« fera le reste. »

« La garde royale et plusieurs régiments de ligne avaient bivouaqué sur divers points de la capitale. Des tirailleurs n'avaient cessé de les inquiéter. Dès qu'il fit jour, les troupes voulurent prendre l'offensive. La nuit avait été mise à profit par les citoyens. Dans presque toutes les rues que l'on supposait devoir servir de passage aux troupes on avait improvisé, avec une promptitude sans exemple, de nombreuses barricades. Des soldats citoyens, également improvisés, naissaient à chaque pas, et la ville enfantait sur tous les points de nouveaux défenseurs. Les hommes qui avaient long-temps fait la guerre, fidèles à leur vieille expérience, se présentaient au feu avec d'utiles précautions, et, soit derrière les barricades, soit des croisées ou des embrasures des portes cochères, faisaient pleuvoir sur les troupes un feu meurtrier. Les jeunes gens, moins prudents, plus audacieux, à peine armés, attaquaient de front des troupes exercées, et obtenaient presque toujours une sanglante victoire. Les chasseurs surtout, avec leurs fusils à deux coups et leurs armes perfectionnées, causaient un tort irréparable à la garde royale. Presque tous leurs coups portaient; et, comme ils étaient dirigés en connaissance de cause, c'était surtout aux officiers qu'ils s'adressaient. Mais je ne dois point oublier que je n'écris pas l'histoire de nos mémorables journées, et que je me suis seulement engagé à te raconter le rôle que j'y ai joué.

«De très-bonne heure, j'eus plusieurs visites.

On venait me rendre compte des renseignements recueillis, et me demander ce que l'on devait faire. J'étais un petit centre d'opérations, toutes dirigées dans l'intérêt le plus actif de notre affranchissement. Le conseil que j'avais donné, et qui sans doute avait été donné par bien d'autres aussi, commençait à porter ses fruits. La garde nationale s'organisait avec une sorte de régularité, d'autant plus utile que le danger le plus à craindre, après la victoire, était le désordre, qui en est presque toujours l'inévitable suite.

« Je sortis avant six heures, et me portai sur différents points, pour juger par moi-même de ce qui se passait. Rue Richelieu, rue Saint-Honoré, dans presque toute sa longueur, boulevard Saint-Denis, où j'allai successivement, on se battait avec acharnement. Ce n'est pas sans quelque danger que je satisfis une trop juste curiosité. En rentrant chez moi je trouvai de nouvelles troupes qui débouchaient par la rue Caumartin, et qui ripostaient à des coups de fusil tirés des croisées. Plusieurs soldats tombèrent morts sous mes yeux.

« Par un contraste bizarre, au milieu de cet effroyable fracas, j'étais obligé de donner un déjeuner recherché à plusieurs Anglais que j'avais invités depuis quelques jours. Ces Anglais étaient M. Davies, le fabricant des machines à vapeur des fonderies et forges d'Alais; M. Williams, l'un des principaux maîtres de forges du Staffordshire; et M. Fowler, l'un des plus riches marchands de fer de Londres. Je représentais la compagnie des forges d'Alais, et je voulais leur donner une bonne opinion de notre manière de recevoir. Je ne me doutais guère, lorsque je les invitai le samedi, du concert qui accompagnerait ce singulier repas. La canonnade et la fusillade continuaient avec des redoublements intermittents; et, à tous moments, je recevais des messages qui venaient m'instruire de l'état des choses. Je souffrais de me sentir à table lorsque ma présence pouvait être si nécessaire sur d'autres points. La conversation d'ailleurs était bien peu animée, n'ayant lieu que par interprète, puisque ces Anglais ne savaient pas un mot de français, et que je n'entendais pas leur langue. Je me déterminai à les quitter, en laissant mon secrétaire pour faire les honneurs, et je recommandai, afin de faire excuser mon impolitesse, de ne pas les laisser manquer de vins, dont ils firent d'amples libations. L'un de ces Anglais, arrivé seulement depuis quatre jours, fut tellement épouvanté du spectacle dont il était témoin, qu'il partit le jour même pour retourner dans son pays, renonçant à tous les plaisirs qu'il s'était promis de son voyage en France.

« Quitte de mon dejeuner, je m'empressai de me rendre chez Audry de Puyraveau, où quelques-uns de mes collègues étaient déja réunis. Les événements, comme tu peux le croire, fournissaient une ample matière à la conversation. Laffitte et le général Lafayette, récemment arrivés, figuraient pour la première fois dans nos rangs. Ce qui se passa de plus important dans cette réunion, fut d'abord la nomination d'une commission chargée d'aller trouver le duc de Raguse, commandant-général des troupes royales, afin de lui proposer d'arrêter l'effusion du sang ; ensuite l'adoption d'une protestation assez tardive, rédigée par Guizot. On commença aussi à parler de la formation d'un gouvernement provisoire ; et Mauguin, qui, l'un des premiers, avait apprécié la portée des événements et qui n'a pas cessé de montrer le plus grand courage, insista pour qu'il fût immédiatement établi. Il fut soutenu par Bavoux, par de Schonen, par moi, et par quelques autres. Laborde, qui arrivait des environs de l'Hôtel-de-Ville, nous rendit compte de la fureur avec laquelle ce point était attaqué et défendu. Il nous dit ensuite que le peuple lui avait proposé d'être préfet provisoire de la Seine; et il nous demanda si nous lui conseillions d'accepter cette proposition. Je crois qu'il ne lui fut fait aucne réponse.

« La commission dont je viens de te parler fut choisie par Laffitte, que nous avions investi de la présidence, et composée de MM. Delessert et Casimir Périer et des généraux Gérard et Lobau. On demanda de quelle manière elle rendrait compte de sa mission, et l'on convint d'avoir une nouvelle réunion à quatre heures; mais dans quel lieu? Personne ne s'offrait; et l'on était d'accord qu'il ne fallait par se réunir deux fois de suite dans le même endroit. Je proposai alors mon salon, en faisant observer que je ne l'avais pas fait plus tôt, parce qu'il était situé d'une manière un peu excentrique. Il fut néanmoins adopté avec beaucoup d'empressement.

« Ce point décidé, Guizot, qui était arrivé un peu tard, nous lut son projet de protestation. Je le trouvai bien pâle, et toutefois je me hâtai d'en demander l'adoption, craignant que le résultat d'une discussion ne fût de l'affaiblir encore. Heureusement nous n'avions guère le temps de discuter, et le projet fut adopté dans la forme suivante:

« Les soussignés, régulièrement élus à la

« députation par les colléges d'arrondissements
« et de départements ci-dessous nommés, en
« vertu de l'ordonnance royale du...., et con-
« formément à la Charte constitutionnelle et aux
« lois sur les élections des.... et se trouvant
« actuellement à Paris;

« Se regardent comme absolument obligés,
« par leur devoir envers le Roi et la France, de
« protester contre les mesures que les conseil-
« lers de la couronne, trompant les intentions
« du monarque, ont fait naguère prévaloir pour
« le renversement du système légal des élec-
« tions et la ruine de la liberté de la presse.

« Lesdites mesures, contenues dans les or-
« donnances des.......... sont aux yeux
« des soussignés, directement contraires à la
« Charte constitutionnelle, aux droits constitu-
« tionnels de la chambre des pairs, au droit
« public des Français, aux attributions et aux
« arrêts des tribunaux, et propres à jeter l'état
« dans une confusion qui compromet également
« la paix du présent et la sécurité de l'avenir.

« En conséquence, les soussignés, inviolable-
« ment fidèles à leur serment au Roi et à la Charte
« constitutionnelle, protestent d'un commun ac-
« cord, non seulement contre lesdites mesures,
« mais contre tous les actes qui en pourraient
« être la conséquence.

« Et, attendu, d'une part, que la Chambre des
« Députés n'ayant pas été constituée, n'a pu être
« légalement dissoute; d'autre part, que la ten-
« tative de former une autre chambre des dé-
« putés, d'après un mode nouveau et arbitraire,
« est en contradiction formelle avec la Charte
« constitutionnelle et les droits acquis des élec-
« teurs, les soussignés déclarent qu'ils se consi-
« dèrent toujours comme légalement élus à la dé-
« putation par les colléges d'arrondissements et
« de départements dont ils ont obtenu les suf-
« frages, et comme ne pouvant être remplacés
« qu'en vertu d'élections faites selon les prin-
« cipes et les formes voulues par les lois.

« Et si les soussignés n'exercent pas effecti-
« vement les droits et ne s'acquittent pas de
« tous les devoirs qu'ils tiennent de leur élec-
« tion légale, c'est qu'ils en sont empêchés par
« une violence matérielle contre laquelle ils ne
« cesseront de protester. »

« Aussitôt après la lecture, je demandai que
cette protestation fût signée; mais d'une foule
de côtés on s'écria que cela était inutile, et
qu'il suffisait de mettre : *Suivent les signatures*. J'insistai de la manière la plus forte, en
rappelant qu'on venait de signaler comme
méprisables une quantité de placards *ano-
nymes* qui tapissaient les murs de Paris, et

en faisant remarquer que notre protestation non signée mériterait une aussi fâcheuse qualification. Mes efforts n'obtinrent aucun résultat, et l'on s'empressa de se séparer.

« Pendant que nous étions chez Audry de Puyraveau, la bataille continuait avec plus d'ardeur que jamais, et à chaque instant on nous apprenait des nouvelles plus ou moins sinistres. Les succès étaient fort divers, et les troupes royales se soutenaient avec assez d'avantage. J'eus à peine le temps de m'assurer par moi-même de ce qui se passait sur quelques points, et je m'empressai de rentrer pour me préparer à recevoir la réunion.

« C'est dans la réunion du mercredi matin que l'on put surtout apprécier les opinions des membres de la Chambre des Députés qui eurent le plus d'influence dans la révolution de juillet. Il n'est pas sans intérêt de rappeler ici quelques noms, et la direction suivie à cette époque par quelques députés, ne fût-ce que pour comparer ce qu'ils furent avec ce qu'ils ont été depuis.

Les hommes les plus prononcés, ceux dont l'opinion ne s'est jamais démentie, étaient Audry de Puyraveau, Bavoux, Bérard, Bernard de Rennes, Chardel, Daunou, Duchaffault, Gallot, Labbey de Pompières, Lafayette, Laffitte, Marchal, Mauguin. Ces divers membres avaient fait le sacrifice de leur vie, et ils étaient prêts à tout tenter pour sauver le pays. Laborde et de Schonen montraient une ardeur au moins égale; mais ils ne doivent pas être placés sur la même ligne, parce qu'ils n'y ont pas long-temps persévéré.

« Bertin de Vaux, Dupin aîné, Gérard, Guizot, Louis, Méchin, Persil, Auguste Saint-Aignan, Villemain, etc., ne paraissaient guère moins animés; mais quelques jours s'étaient à peine écoulés que presque tout leur patriotisme était pour ainsi dire évaporé. J'aime à croire que les sentiments qu'ils manifestaient pendant nos grandes journées étaient sincères, et cela est d'autant plus probable, qu'il y avait à se conduire ainsi qu'ils le faisaient, plus de danger que d'intérêt; mais alors comment expliquer leur conduite subséquente?

« Les autres députés présents à nos réunions se divisaient encore en deux catégories. Dans la première se placent les timides, les insignifiants, ceux qui, effrayés de tout ce qui se passait, n'avaient ni le courage de s'y associer franchement, ni l'audace de s'y opposer. Les mesures vigoureuses les épouvantaient. Ils cherchaient à s'y soustraire, et toutefois ils n'osaient pas se séparer de nous et embrasser une opinion qui leur fût personnelle. Je n'ai pas besoin de citer les noms de cette classe nombreuse pour qu'on la reconnaisse. Ce sont les séides du ministère actuel, comme ils l'ont été des ministères passés, et le seront des ministères futurs.

« Dans la dernière catégorie je ne comprendrai guère que deux députés, parce que ceux-là seuls ont exprimé hautement leur opinion. Ces députés sont Casimir Périer et Sébastiani. J'ignore quel était le fond de leur pensée, mais ce que je sais bien, c'est que tous leurs efforts ont été employés à entraver le mouvement révolutionnaire, et qu'ils l'eussent même tout-à-fait arrêté si cela eût été en leur pouvoir. Il y a dans leur conduite, et particulièrement dans celle de Périer, des mystères que le temps seul pourra dévoiler, et que son défaut de courage n'explique même pas suffisamment.

« Un peu avant quatre heures, MM. Laffitte, Gérard et Lobau revinrent de leur mission. Bientôt après arriva un assez grand nombre de nos collègues, et Laffitte nous rendit compte de l'issue malencontreuse de la négociation. Les commissaires avaient trouvé le duc de Raguse, par qui ils avaient été reçus fort poliment. Il leur avait dit que, comme particulier, il désirait arrêter l'effusion du sang, mais que, comme militaire, son seul devoir était l'obéissance. Il demanda toutefois à quelles conditions on croyait que le peuple déposerait les armes. Il lui fut répondu que ces conditions étaient le retrait des ordonnances et le renvoi du ministère; et peut-être en effet cela eût-il encore suffi pour arrêter l'effervescence populaire. Le duc de Raguse offrit alors aux commissaires de voir M. de Polignac, qui était dans une pièce voisine, et il sortit pour aller le prévenir; mais il revint presque aussitôt en disant que jamais de telles conditions ne seraient acceptées, et que par conséquent l'entrevue était inutile. Les commissaires déclarèrent au duc de Raguse qu'ils le regardaient comme personnellement responsable du sang qui allait encore couler, et ils le quittèrent après avoir obtenu de lui la promesse qu'il écrirait à Saint-Cloud, et qu'il ferait parvenir à Laffitte la réponse qu'il en recevrait, si cette réponse était favorable. Aucune réponse ne fut faite, ou du moins n'a été communiquée à Laffitte.

« La protestation, lue dans la réunion du matin, avait été remise à Coste, directeur du journal *le Temps*, qui s'était chargé de la faire imprimer et afficher. Il vint vers cinq heures m'apporter une *épreuve*, en me disant qu'il ne ferait aucune publication si on ne lui remettait pas les signatures qui devaient l'accompagner. Dans cette épreuve il avait fait plusieurs modifications importantes, et entre autres, il en avait fait disparaître le nom du Roi qui, depuis qu'il l'avait fait mitrailler, ne pouvait plus être qu'odieux au peuple. Je renouvelai la discussion du matin au sujet des signatures, et je dois avouer que je la renouvelai avec quelque violence. J'étais véritablement indigné de la lâcheté de ceux qui se refusaient à signer. J'allai jusqu'à offrir de signer seul ou moi troisième, parce que j'étais sûr de deux au moins de mes collègues qui venaient de m'offrir de signer avec moi. On proposa alors un moyen terme qui consistait à ne pas donner de signatures effectives, mais à faire une liste des membres présents, laquelle serait imprimée à la suite de la protestation. Cette liste parut encore trop dangereuse à quelques députés, qui ne consentirent à ce qu'on la fît qu'à condition qu'elle serait augmentée des noms de tous ceux qui, présents à Paris ou dans le voisinage de Paris, pouvaient être censés adhérer à la protestation. Laffitte appuya ironiquement cette proposition, en disant : « De « cette manière, si nous sommes vaincus, per-

« sonne n'aura signé; et si nous sommes vain-
« queurs, nous ne manquerons pas de signa-
« taires. » Je pris sur moi de faire ajouter les
noms de Dupont de l'Eure et de Salverte, qui
étaient chacun à 30 lieues, mais qui, bien certainement, eussent signé s'ils se fussent trouvés
présents. Dupin aîné n'était pas non plus chez
moi dans ce moment, et cependant son nom
avait été porté sur la liste. Mauguin l'effaça,
en faisant remarquer que cette inscription
pourrait donner lieu, de la part de Dupin, à
une réclamation fâcheuse. Coste partit avec
la liste telle qu'elle a été imprimée.

« Pendant qu'on était réuni chez moi, il venait à chaque instant des combattants qui de-
mandaient un chef et une direction. Ils s'in-
dignaient avec raison de ce que, pendant
qu'ils sacrifiaient leur vie, aucun homme considérable ne consentait, non pas à se mettre
à leur tête, mais à prêter son nom pour servir
de signe de ralliement. Je regrettais que le
mien ne fût pas assez connu pour être présenté comme un drapeau, et je le témoignai
hautement. Au moment où ils se retiraient,
Sébastiani, Gérard et Lobau furent traités fort
durement par plusieurs jeunes gens qui se
trouvaient dans ma cour, et qui leur repro-
chèrent de manquer à la fois de courage et de

patriotisme. Il faut convenir qu'en effet l'heure du dévouement n'avait pas encore sonné pour un grand nombre de nos collègues, et que cette heure a, pour quelques-uns, été assez tardive. Ne pouvant pas donner à ceux qui le réclamaient si vivement, et avec tant de raison, la composition d'un gouvernement provisoire, qui n'existait pas et dont personne même n'osait encore faire partie, je les engageai à en supposer un, et à y placer des noms connus et habitués à inspirer de la confiance; par exemple, Lafayette, Gérard, le duc de Choiseul, etc. « Il « s'écoulera plus de vingt-quatre heures, leur « dis-je, avant qu'ils aient pu réclamer, et, pen- « dant ce temps, leurs noms serviront tout au- « tant que s'ils étaient avoués. » Ce conseil qui vint probablement dans la pensée de quelques autres personnes, fut suivi et produisit un excellent effet.

«Au moment de se séparer, on songea à avoir une troisième réunion dans la soirée. L'embarras fut encore de savoir chez qui. Je continuai à offrir mon salon, que l'on trouva, non sans motif, beaucoup trop signalé. Après beaucoup d'hésitation, il fut convenu qu'on irait chez Audry de Puyraveau, où nous nous étions déja réunis le matin, et qui proposa son domicile avec un dévouement patriotique dont il n'a jamais cessé de donner des preuves.

« A peine nous étions-nous séparés, que Champlouis arriva. Il venait du département des Vosges, où il avait été élu député, et en descendant de voiture, il n'avait rien eu de plus pressé que de se réunir à ses collègues. Je lui rendis un compte rapide de ce qui venait de se passer, et il demanda aussitôt que son nom fût placé sur la liste des *protestants*. Emmanuel de las Cases, qui se trouvait en ce moment chez moi, et qui allait à l'imprimerie du *Temps*, se chargea de cette commission. Quelques moments après arriva Dupin aîné, à qui je racontai également le résultat de notre réunion, et qui montra une véritable douleur en apprenant que son nom avait été ôté de la liste. Il me pressa très-vivement de tâcher de le faire immédiatement rétablir; malheureusement je n'avais plus à ma disposition personne qui sût où s'imprimait *le Temps*, et je l'ignorais moi-même, car tu n'auras pas oublié que les imprimeries ordinaires des journaux étaient au pouvoir de l'autorité, et qu'on ne pouvait les publier que d'une manière subreptice. Dupin me quitta en m'annonçant qu'il allait chez le duc de Choiseul pour tâcher de le déterminer à faire partie d'un gouvernement provisoire.

« Il est assez remarquable que le mercredi, 28 juillet, la préfecture de police existait encore à Paris, et administrait au nom de Charles X, à telles enseignes que M. Mangin donna à un officier de gendarmerie l'ordre d'arrêter les députés qui s'étaient réunis chez moi. Cet officier ayant cru devoir demander un ordre écrit, M. Mangin n'osa pas le donner, et nous fûmes ainsi préservés d'un coup de main qui aurait pu avoir des suites funestes.

« Je dînai avec le général Mathieu Dumas, qui, depuis la veille, avait assisté à toutes nos réunions avec un zèle et un courage que son état de cécité rend d'autant plus recommandables. Après dîner je me rendis chez Audry de Puyraveau, où le général Dumas voulut m'accompagner. Il avait manqué déjà de se rompre deux ou trois fois le cou en traversant deux barricades, et nous en avions peut-être vingt à franchir. A son grand désespoir, je le fis reconduire chez lui par son valet de chambre, et je continuai ma route, fort heureux d'être débarrassé d'une responsabilité que le courage même du général rendait plus pesante. J'arrivai enfin chez Audry de Puyraveau; nous étions bien peu nombreux, et l'aspect de notre petite réunion était bien sombre. Alors commençaient à s'agiter les différents partis qui, quelques jours plus tard, devaient nous causer de si graves inquiétudes. Je reçus des confidences de gens qui voulaient faire succéder le Roi de Rome à Charles X, et même de gens qui désiraient la république depuis plus ou moins long-temps, et qui espéraient enfin satisfaire leurs désirs. Chaque parti cherchait à recruter et à accroître ses rangs; et moi, sans en choquer aucun, je conservais mon indépendance, me réservant d'adopter celui que je croirais le plus avantageux à mon pays.

« Des nouvelles fâcheuses nous arrivaient à chaque instant. L'Hôtel-de-Ville, pris et repris plusieurs fois, était de nouveau au pouvoir de la garde royale. On annonçait le découragement des citoyens, justement mécontents de n'avoir ni chefs pour les diriger, ni but à atteindre comme résultat de leur héroïque résistance. Le matin, dans le même lieu, et ensuite chez moi, nous étions de trente à quarante; en ce moment, nous n'étions guère plus de dix. Chacun semblait chercher à s'effacer et à disparaître d'une scène que tout indiquait pouvoir être prochainement sanglante pour ceux qui y auraient figuré, si Charles X remportait la victoire. Combien, dans cet instant, je m'estimais heureux de n'avoir ni toi, ni personne de ma famille auprès de moi. Dans de pareils moments les affections de famille, toujours si douces, deviennent déchirantes. Heureusement les circonstances politiques m'absorbaient tellement qu'il n'y avait presque de place que pour elles.

« Bérenger était venu à notre réunion du soir. Je me retirai avec lui et le général Lafayette, que nous quittâmes bientôt pour n'être pas ralentis par sa marche tardive et par le cortége qui l'accompagnait. Je reconduisis Bérenger jusqu'au pied de la rue des Martyrs. A chaque barricade dont nous approchions se trouvaient des sentinelles vigilantes, dont le service était d'autant plus actif qu'il était volontaire. Je revenais par la rue des Trois-Frères, lorsque mon pied heurta quelque chose de peu résistant qui pensa me faire tomber : c'était un cadavre. J'éprouvai un sentiment de dégoût et d'horreur à la fois. Je m'assurai qu'il était bien mort et que tout secours lui était inutile, et je m'empressai de rentrer chez moi. Il était près de deux heures du matin. Là, dans le silence de la nuit, d'assez tristes pensées vinrent m'assaillir. Les nouvelles de la soirée n'étaient rien moins que tranquillisantes, et l'on nous avait annoncé des renforts de troupes royales pour le lendemain. Je ne voulais pas me laisser arrêter vivant; je préparai donc tout pour une défense désespérée. D'un autre côté, il était possible que je pusse fuir, et j'en disposai les moyens : je dressai une échelle de manière à pouvoir franchir un mur et sauter dans la maison voisine. Je recommandai au portier de n'ouvrir à qui que ce fût sans mon ordre. Je plaçai des pistolets et un sabre sur ma table de nuit, et je m'endormis paisiblement.

« Nous voilà au jeudi 29 juillet. Un plus beau jour se lève pour nous. La défense a fait pendant la soirée d'hier, et particulièrement pendant la nuit, d'immenses progrès sur un grand nombre de points. Toutes les rues sont tellement disposées que les troupes n'osent plus, ne peuvent plus même y pénétrer : elles ont quitté le centre de la ville et se sont échelonnées depuis le Louvre, la place du Palais-Royal et le boulevard des Capucines jusqu'aux Champs-Élysées. Un renfort inespéré était arrivé au peuple : ce sont les élèves de l'École polytechnique, pleins d'ardeur, de courage et déjà habiles dans l'art de la guerre; leur influence sur la soirée du mercredi et la matinée du jeudi a été prodigieuse. Ils étaient de véritables modèles de vaillance et en même temps de sagesse. Ils venaient demander des conseils à ceux à qui ils auraient pu en donner. Combien de fois, dans ces jours de combats, ne me suis-je pas écrié que les épaulettes à graines d'épinard devraient bien plutôt décorer ces jeunes héros que beaucoup de ces hommes que nous avons long-temps regardés comme tels, et qui, dans ces graves circonstances, pour ceux qui les ont vus de près, ont détruit le prestige de gloire qui les environnait !

« Les bonnes nouvelles sont souvent tardives. Elles ne le furent pas ce matin. Avant cinq heures on était venu m'apprendre l'amélioration de nos affaires, et me dire que la cour de Charles X était livrée aux plus vives inquiétudes. Ces renseignements ne pouvaient pas être douteux pour moi, parce que je les tenais de la femme d'un employé subalterne de la maison du Roi, qui venait de quitter son mari à Saint-Cloud. L'effroi de nos ennemis était évidemment un motif de sécurité, ou tout au moins d'espérance pour nous. Je sortis vers six heures et gagnai le boulevard. La garde royale occupait encore la rue de la Paix et la place Vendôme, et échangeait des coups de fusil avec des tirailleurs citoyens placés au coin de la rue de la Chaussée-d'Antin. C'étaient les derniers efforts d'une attaque expirante et qui devait bientôt faire place à une retraite précipitée. Je rentrai pour écrire quelques lettres, et je crois même pour t'écrire à toi. Aussitôt après, je sortis de nouveau pour aller chez Laffitte qui, la veille, en traversant une barricade, s'était donné une espèce d'entorse dont il souffrait beaucoup.

« En arrivant sur le boulevard par la rue de la Chaussée-d'Antin, j'aperçus une foule nombreuse, au milieu de laquelle se trouvait un jeune homme à cheval. Au balcon du pavillon d'Hanovre était aussi un militaire en uniforme de chef de bataillon. L'un et l'autre péroraient le peuple, lui disant que tout était fini, et l'engageant à déposer les armes et à rentrer dans ses foyers. Ils ajoutaient qu'un armistice venait d'être conclu entre Casimir Périer et Charles X, et qu'il allait être immédiatement publié. Je ne sais pourquoi ce langage me parut suspect; mais je m'élançai au milieu de la foule, et m'autorisant de mon titre de député, j'affirmai qu'on voulait la tromper. «On vous en-
« gage à désarmer, dis-je aux citoyens, et l'en-
« nemi va revenir plus nombreux; on vous dit
« qu'on a traité avec Casimir Périer, je le quitte
« à l'instant, et j'atteste que le fait est faux.
« Organisez plus que jamais vos moyens de

« défense, et ne songez au repos que lorsqu'il
« ne vous restera plus d'ennemis à vaincre. » Je
fus reconnu par plusieurs personnes ; mon nom
vola de bouche en bouche, et mes paroles obtinrent tout le crédit que j'avais désiré.

« Je continuai mon chemin, et, un peu plus
loin, je rencontrai Dupin aîné, à qui je dis ce qui
venait de se passer. Il se joignit à moi pour
endoctriner les citoyens que nous rencontrions
et pour stimuler leur zèle patriotique. Dupin, dans ce moment, fut un véritable tribun
populaire ; et lorsque depuis je l'ai entendu
traiter avec une excessive sévérité, j'ai toujours
regretté qu'il n'ait pas eu de plus nombreux
témoins de sa conduite. Dupin m'entraîna au
National, pour demander que son nom fût
ajouté à la liste des *protestants*. Il voulait que
je l'accompagnasse aussi au *Constitutionnel* ;
mais je crus devoir le quitter pour me rendre
chez Laffitte, que je trouvai à peu près seul.
Après y être resté quelques instants, je retournai sur le boulevard pour savoir ce qui
s'y passait. Chemin faisant je rencontrai le général Gérard que j'entraînai avec moi, en lui
disant qu'aucun de nos collègues n'était encore
arrivé. Comme nous approchions de la rue
Taitbout, j'aperçus un attroupement d'hommes
armés, de la plus basse classe et de la plus

mauvaise mine, qui me rappelèrent involontairement les figures les plus sinistres de 1793. Ils tenaient au collet deux hommes que je reconnus aussitôt pour les orateurs que j'avais cru devoir démentir une heure auparavant. Ma harangue n'avait que trop porté ses fruits, car on les avait pris pour des espions, et ils allaient être traités comme tels. J'entraînai Gérard avec promptitude, et, m'interposant entre les exécuteurs de la justice populaire et les victimes qu'ils allaient sans doute immoler, je réclamai, pour nous, *représentants du peuple*, le droit de les faire juger. Mettant ensuite le commandant Roux sous le bras du général Gérard, et prenant M. Durand sous le mien (ce sont les noms de ces deux personnes), j'invitai les hommes en armes à nous accompagner jusque chez Laffitte, où la conduite des deux prisonniers serait sévèrement examinée, et où justice serait faite. Je sauvai ainsi deux hommes dont la conduite pouvait n'être pas coupable, et que j'avais exposés aux plus grands dangers. On m'a assuré depuis qu'ils n'avaient été que maladroits, et qu'aucune mauvaise intention ne pouvait leur être imputée. Je m'en suis d'autant plus félicité de leur avoir conservé la vie. L'un et l'autre sont depuis venus me remercier, et m'ont hautement proclamé leur sauveur.

« Pendant que j'étais chez Laffitte, on vint nous annoncer que le Louvre et les Tuileries venaient de tomber au pouvoir du peuple. Un moment après, on nous dit que le 53ᵉ régiment de ligne, stationné sur la place Vendôme, commençait à fraterniser avec les citoyens, et paraissait disposé à passer de notre côté. Le général Gérard se déclara alors, et dit que, si ce régiment s'unissait à nous, il revêtirait son uniforme et prendrait le commandement des troupes *nationales*. Il sortit un moment après pour aller jusqu'à la place Vendôme, et ne tarda pas à revenir, en nous disant qu'il avait laissé au colonel Heymès, qu'il venait de rencontrer, le soin d'enlever le régiment et de nous l'amener. Effectivement il ne s'était pas écoulé une demi-heure, que le régiment, ayant en tête tous ses officiers, ainsi que Heymès, était dans la cour de Laffitte. Les officiers ne mirent d'autres conditions à leur union avec nous que de n'être pas forcés de tirer sur leurs camarades. Pendant qu'ils étaient dans le salon, quelques coups de fusil furent tirés dans la rue, et le bruit se répandit que c'était la garde royale qui venait nous attaquer. Cela occasiona un tumulte qui fut bientôt dissipé. Les coups de fusil avaient été tirés par des hommes du peuple à qui on venait de distribuer des armes, et qui en prenaient possession.

« Un second régiment, le 5ᵉ de ligne, suivit quelques instants après l'exemple du 53ᵉ, et vint se ranger dans la rue d'Artois. Ces deux régiments furent dirigés sur les casernes Popincourt et Poissonnière, où j'aurai bientôt occasion de rendre visite à l'un d'eux.

« Rien ne me retenant plus chez Laffitte, je proposai à mon collègue le général Duchaffault, homme intrépide et excellent patriote, de venir avec moi parcourir quelques parties de la ville. Nos pas se dirigèrent vers les Tuileries, que nous trouvâmes envahies par une masse immense de peuple. Ce peuple parcourait assez paisiblement les diverses parties du palais ; et, excepté l'usage intempérant qui fut fait de liqueurs trouvées dans un magasin que l'on força, tout se passa avec une grande modération. Je quittai le général Duchaffault, et je traversai le jardin des Tuileries pour me rendre chez moi. Je rencontrai de Jouy et M. de Pontécoulant auprès de la grille de la rue de Castiglione ; et, pendant que j'étais à causer avec eux de la révolution qui s'accomplissait, je vis sous les arcades de la rue de Rivoli un homme en chemise que l'on entraînait en criant: *Mort aux Suisses !* Je m'élançai au milieu du groupe d'hommes en armes

qui le conduisait, et demandai avec un air d'autorité ce que l'on voulait faire. Ces hommes me répondirent qu'ils conduisaient un *Suisse,* un *assassin,* à la mort. « Vous seriez vous-mê-
« mes des assassins, m'écriai-je, si vous l'égor-
« giez sans jugement. Cela est indigne de Fran-
« çais, surtout après qu'ils ont remporté la
« victoire. » Pendant ce colloque cet homme s'adressa à moi pour me supplier de le sauver. Je reconnus à son accent qu'il n'était pas Suisse, et je m'empressai de le dire ; mais on me répondit : « Alors il est de la garde royale, et c'est la
« même chose. » Je commençais à invoquer la pitié en faveur de ce malheureux, lorsqu'une patrouille de garde nationale, régulièrement équipée, quoique non encore habillée, vint à passer : je lui remis le prisonnier, qu'elle se chargea de conduire au prochain poste. Je sauvai ainsi pour la seconde fois dans un même jour la vie d'un citoyen.

« Je continuais ma route par l'une des galeries de Castiglione, lorsque je rencontrai Réal, que je n'avais pas vu depuis quelque temps, et qui me parut dans un état de complète préoccupation. Il était fort alarmé ; je le rassurai. Il craignait de nouvelles attaques du côté de Saint-Cloud. Je lui annonçai qu'au lieu de songer à se battre, on allait demander à négocier.

Il me quitta dans une disposition d'esprit beaucoup meilleure, et, lorsque je le revis depuis, il me remercia de l'avoir tiré de l'espèce de marasme dans lequel il était tombé.

«Après être entré chez moi, je retournai chez Laffitte, où je restai à dîner. Avant le dîner, ayant acquis la certitude que la ville était totalement évacuée par les troupes royales, la réunion des députés crut devoir s'occuper des intérêts municipaux de la ville de Paris, et nommer des commissaires pour remplacer l'administration absente. Plus tard la mission de ces commissaires s'agrandit, et ils furent momentanément chargés du gouvernement de toute la France. Un scrutin fut ouvert pour la nomination de la commission, et son résultat présenta, comme ayant réuni la majorité des suffrages, MM. Laffitte, Casimir Périer, Gérard, Lobau et Odier. Gérard refusa, parce qu'il était chargé du commandement des troupes. Odier refusa sans qu'on sût trop pourquoi; et ces deux membres furent remplacés par MM. de Schonen et Audry de Puyraveau, qui avaient eu le plus de voix après eux. Enfin Mauguin fut adjoint à la commission, dans laquelle il joua bientôt un des principaux rôles. Le général Lafayette avait été déja désigné pour le commandement général des gardes nationales. Nous nous trouvâmes donc avoir un commencement d'organisation qui nous permit de marcher avec quelque sorte de régularité. La commission municipale et Lafayette se rendirent à l'Hôtel-de-Ville aussitôt après avoir été désignés.

« Il était huit heures et demie lorsque le colonel Heymès vint chez Laffitte pour annoncer qu'aucune distribution n'avait encore été faite au 5ᵉ régiment de ligne, caserné rue du Faubourg-Poissonnière ; ce qui donnait beaucoup d'humeur tant aux chefs qu'aux soldats, et pouvait faire craindre un changement de dispositions de leur part. Il était trop tard pour s'adresser à la commission municipale : il fallait de l'argent à l'instant même ; et, comme personne n'en offrait, afin d'éviter d'aller jusque chez moi, je proposai à Laffitte un bon de 1000 francs sur moi, payable à vue, c'est-à-dire le lendemain matin, contre pareille somme que j'emploierais à la subsistance des troupes. Laffitte n'aurait pas attendu ma demande, mais sa caisse était fermée, et il n'avait aucun argent chez lui. Je sortis avec Heymès dans l'intention d'aller chez moi chercher l'argent dont nous avions besoin, lorsqu'il me dit qu'avec 200 fr. nous aurions ce qu'il nous fallait pour le moment et me proposa, afin d'éviter une course assez longue, de tâcher de les emprunter sur notre bonne mine chez quelque marchand du voisinage. Aucun marchand n'avait 200 fr. chez lui; ce que les alertes du matin et la proximité du chef-lieu de l'insurrection rendaient fort croyable; et alors seulement je pensai à m'adresser à Julien, maître-d'hôtel de Laffitte. Ici je rencontrai un autre obstacle, Julien n'avait que des billets de caisse. Néanmoins il trouva bientôt les 200 francs en argent, pour lesquels je lui donnai un bon de pareille somme, qui lui a été depuis remboursé par le gouvernement.

« Munis de cet argent, Heymès et moi nous nous rendîmes à la caserne, où l'on nous reçut comme des libérateurs. Nous fûmes forcés d'aller nous-mêmes chez cinq boulangers, afin d'obtenir la quantité de pain nécessaire pour nourrir le régiment, quantité qu'on était peu disposé à livrer directement aux troupes, tant le peuple était exaspéré contre elles. Nous ne nous retirâmes qu'après avoir acquis la certitude que le régiment recevrait une nourriture suffisante. De retour chez Laffitte, je rendis compte de ce que je venais de faire, et des bonnes dispositions où j'avais laissé les soldats, graces aux soins que nous avions pris d'assurer leur subsistance.

«Pendant que je m'étais absenté, un message important était arrivé chez Laffitte. D'Argout, pair de France, était venu, au nom de Charles X, demander à capituler. Il offrait le retrait des ordonnances, le renvoi du ministère, un autre ministère formé par le duc de Mortemart et le général Gérard, et plus encore que tout cela, si on l'exigeait. D'Argout demandait que la réunion des députés reçût M. de Mortemart, et entrât en négociations avec lui. On ne s'y refusa pas; mais en même temps on ne lui laissa pas ignorer que, selon toute apparence, la proposition était tardive. Je pris d'Argout à part, et, m'ouvrant franchement à lui, je lui tins ce langage : « Trois partis se disputent en ce mo-
« ment la France. Charles X, qui vient de la
« perdre et qui cherche à la ressaisir; le duc
« d'Orléans, à qui on voudrait la donner, et
« qui peut-être ne s'en soucie guère; et la ré-
« publique, qui est le désir et l'espoir de la
« jeunesse qui vient de faire la révolution. Je
« ne veux pas de la république, parce que je
« la crois impraticable dans l'état actuel de
« l'Europe, parce que j'ai la conviction qu'une
« grande partie de la nation n'en veut pas, et
« parce que conséquemment elle serait pour
« nous une source de dissensions intérieures et
« de guerres étrangères. Je me soucie médiocre-

« ment du duc d'Orléans, parce que je suppose
« qu'en acceptant le trône il voudra nous faire
« des conditions au lieu de les recevoir, et que
« trop de gens s'estimeront heureux de le
« voir régner sur la France pour qu'il n'y
« règne pas de la manière qu'il voudra, et non
« pas de celle qui conviendra le mieux au pays.
« Je me soucie encore bien moins de Charles X;
« mais nous l'avons, et un changement, quel
« qu'il soit, entraîne toujours après lui des
« dangers plus ou moins graves. Ensuite nous
« venons de le vaincre, et il se rend à merci:
« nous pouvons lui faire des conditions telles
« qu'il ne lui soit plus possible de les en-
« freindre. En un mot, quelque mauvais qu'il
« soit, j'aime encore mieux un roi à qui l'on
« peut dicter des lois qu'un roi, même beau-
« coup meilleur, de qui l'on est forcé de les
« subir. Vous voyez que, si ma politique est
« peu flatteuse pour Charles X, du moins elle
« ne l'exclut pas. »

« D'Argout se retira à dix heures, après avoir
insisté avec beaucoup de force sur la prétendue nécessité qu'il y avait de conserver Charles X, si nous ne voulions pas attirer sur nous
toute l'Europe, et en nous promettant de faire
tous ses efforts pour amener le duc de Mortemart le soir même. Nous promîmes de l'attendre

jusqu'à une heure. Presque aussitôt après le départ de d'Argout, M. de Forbin-Janson, beau-frère du duc de Mortemart, vint, en son nom, nous faire des propositions toutes semblables à celles que nous venions de recevoir. On lui apprit où en était la négociation, et il partit pour rejoindre son beau-frère et nous l'amener. Le duc de Broglie passa une partie de cette soirée avec nous. Il était silencieux, et paraissait nous observer avec beaucoup d'attention. Cette visite est la part la plus active, la seule part peut-être qu'il ait prise à la révolution de juillet; et deux jours après il était ministre! L'influence du duc de Broglie sur les conséquences de la révolution a été extrêmement fâcheuse, ainsi que j'aurai occasion de le prouver plus tard. C'est un honnête homme, et même un homme fort instruit; mais en même temps c'est un homme entêté des idées aristocratiques, et qui ne connaît bien ni les événements ni les hommes d'aujourd'hui.

« Je restai jusqu'à une heure et demie chez Laffitte, et, aucun négociateur ne se présentant, j'allai me livrer à un repos que certainement j'avais bien gagné.

« En rentrant chez moi, je trouvai toutes les rues illuminées. On fut assez long-temps avant de pouvoir réparer les réverbères qui avaient été brisés dans la nuit du mardi au mercredi, et jusqu'à ce qu'ils le fussent, la ville continua à être éclairée par les citoyens. Il régnait alors dans tous les esprits un besoin d'ordre et de régularité qui n'est pas une des circonstances les moins remarquables de la révolution. Si tous les sentiments bons, nobles et utiles auxquels elle donnait naissance eussent été convenablement exploités, nous aurions été trop heureux.

« Nous voici arrivés au vendredi matin 30 juillet. Le champ de bataille nous est resté, nous venons de remporter la victoire; il s'agit actuellement de l'organiser et de la rendre fructueuse. L'ennemi demande à capituler; mais il est à nos portes, et il peut vouloir, d'un moment à l'autre, essayer de reprendre l'offensive. Ce qu'il y a de plus important dans une révolution, c'est de ne pas perdre de temps, et de marcher droit vers le but que l'on se propose d'atteindre. Ce qui ne l'est guère moins, c'est de savoir modifier rapidement ses idées en raison des obstacles que l'on rencontre et des circonstances qui se présentent. La révolution, dans laquelle nous marchons à si grands pas, s'opère avec une telle promptitude, qu'elle trompe toutes les prévisions. Elle est l'œuvre des idées, le résultat de la nature des choses, et non l'accomplissement d'un plan tracé d'avance. Elle admet donc toutes les combinaisons, elle donne ouverture à toutes les prétentions. Au milieu de ce conflit, l'habileté consiste à savoir bien choisir.

« Tu n'as pas oublié que trois partis principaux sont en présence : la république, le duc d'Orléans et Charles X. La république me semble toujours inadmissible ; hier je croyais qu'on pouvait encore traiter avec Charles X, aujourd'hui je ne le pense plus. Une puissance invincible le repousse. La voix du peuple s'est fait entendre : *Plus de Bourbons! mort aux Bourbons!* tel est le cri de guerre du lion déchaîné. Trop de sang a coulé, une victoire trop complète a été la conséquence d'une lutte trop acharnée, pour qu'un traité soit encore possible entre les combattants. Il nous reste donc le duc d'Orléans. Telle est notre ancre de salut ; mais, pendant que nous sommes maîtres du terrain, et avant qu'il puisse nous échapper, hâtons-nous de dicter nos conditions. Nous allons recevoir un roi, mais c'est nous qui lui donnons la couronne.

« Telles sont en partie les pensées qui roulaient dans ma tête vendredi matin. Elles étaient le produit et de mes réflexions et des faits nombreux qui arrivaient à ma connaissance. Les idées républicaines surgissaient avec une vitesse effrayante. Elles avaient l'avantage de donner ouverture à toutes les ambitions et de ne repousser aucune espérance.

«Une réunion avait été indiquée chez Laffitte à huit heures du matin. Je m'y rendis d'avance, et j'y trouvai Bérenger, qui me confirma dans les sentiments que je viens d'exprimer, et me démontra l'impossibilité de songer encore à la famille vaincue. Il pensait aussi au duc d'Orléans, mais avec sa sagesse ordinaire, et à condition que les bases du traité seraient convenues à l'avance. La proclamation immédiate de la république ne l'effrayait pas moins que moi. Les députés arrivant successivement, nous nous trouvâmes près de quarante. Plusieurs de nos collègues se présentaient pour la première fois, les uns parce qu'ils venaient seulement d'arriver à Paris, les autres, qui n'avaient pas quitté Paris, ou qui s'y trouvaient depuis plusieurs jours, parce que les événements commençaient à prendre une tournure décisive et cessaient de présenter les mêmes dangers. Laffitte nous présidait comme à l'ordinaire. Il souffrait toujours de sa foulure, et, son chirurgien venant pour le panser, il nous quitta quelque temps, en me priant de le remplacer.

« Plusieurs députés, entre autres B. Delessert, Odier, J. Lefebvre, Vassal, etc., venaient d'entrer, tenant à la main la pièce suivante, que l'on avait affichée, et dont ils donnèrent lecture :

« Charles X ne peut plus rentrer dans Paris ; « il a fait couler le sang du peuple. La ré- « publique nous exposerait à d'affreuses divi- « sions ; elle nous brouillerait avec l'Europe. « Le duc d'Orléans est un prince dévoué à la « cause de la révolution. Le duc d'Orléans ne « s'est jamais battu contre nous. Le duc d'Or- « léans était à Jemmapes. Le duc d'Orléans est « un roi citoyen. Le duc d'Orléans a porté au « feu les couleurs tricolores ; le duc d'Orléans « peut seul les porter encore. Nous n'en vou- « lons pas d'autres. Le duc d'Orléans ne se pro- « nonce pas, il attend notre vœu. Proclamons « ce vœu, et il acceptera la Charte comme « nous l'avons toujours entendue et voulue. « C'est du peuple français qu'il tiendra sa « couronne. » Cette pièce, dirent-ils, exprime les vœux de la majorité des Français et de tous les amis du pays ; il n'y a qu'à la mettre aux voix, et à proclamer en même temps la déchéance de Charles X et l'avénement du duc d'Orléans.

« En ma qualité de président, je m'opposai for-

mellement à ce genre de délibération. « C'est avec
« examen et maturité, dis-je, que de pareilles
« matières doivent être traitées, et la moindre
« précipitation pourrait être funeste. Défen-
« dons-nous surtout d'un enthousiasme irréflé-
« chi et sujet au repentir. J'incline à penser que
« le choix proposé est celui qui nous convient le
« mieux ; mais il ne peut être adopté qu'après
« une discussion approfondie qui permette d'en
« apprécier les avantages et les inconvénients. »

« Ces raisons touchèrent la réunion, et on
n'insista pas sur une mesure immédiatement décisive. Quelques membres proposèrent alors de
nommer provisoirement le duc d'Orléans lieutenant-général du royaume, sauf à statuer plus
tard ce qu'il appartiendrait. Cette proposition
réunit beaucoup de suffrages ; mais je crus encore devoir me refuser à la mettre aux voix, jusqu'à ce qu'elle eût été délibérée dans une réunion
convoquée *ad hoc*. Pendant que le cours de nos
discussions se poursuivait, un homme revêtu
d'un habit de général, et tenant une cravache
à la main, se présenta dans l'assemblée. On me
dit que c'était le général Dubourg. Je lui fis remarquer que les députés seuls avaient le droit
d'entrer dans notre réunion, et je l'invitai
à se retirer. Il voulut insister, mais, à défaut de sonnette, ma voix ne cessa pas de

couvrir la sienne et de l'empêcher de parler. Voyant qu'il ne se retirait pas, je lui demandai s'il voulait m'obliger à requérir l'assistance de la garde nationale pour le faire sortir. Dubourg essaya de faire entendre encore quelques paroles, dans lesquelles le nom de Sébastiani se trouvait mêlé. Il lui donna une accolade, à laquelle celui-ci se prêta d'assez mauvaise grace, et enfin il sortit.

« Je venais d'apprendre par Bondy que le local de la Chambre des députés était à notre disposition. Il me sembla que le moment était venu de donner à nos discussions une solennité qu'excluait, jusqu'à un certain point, notre réunion dans une maison particulière. Je proposai donc à mes collègues de se réunir à l'avenir dans le local ordinaire de nos séances, ce qui fut adopté. Je demandai ensuite quand la première réunion devrait avoir lieu, et il fut convenu que ce serait le jour même, entre onze heures et midi.

« Je rentrais chez moi sur les dix heures avec le général Dumas, lorsqu'en face de ma porte je rencontrai MM. le duc de Mortemart, d'Argout et Forbin-Janson. Ils se rendaient à notre réunion pour y apporter des propositions d'accommodement de la part de Charles X. Je leur dis que la réu-

nion s'était séparée et ajournée à midi, à la Chambre, que, par conséquent, ils ne trouveraient personne chez Laffitte. Je les engageai à entrer chez moi pour se rafraîchir ; ce qu'ils acceptèrent d'autant plus volontiers, qu'ils venaient à pied de Saint-Cloud; et je m'empressai de leur faire connaître quel était le véritable état des choses. « Pour que vous ne me pre-
« niez pas pour un ennemi personnel du Roi,
« dis-je au duc de Mortemart, je prie d'Argout
« de vous faire connaître quelles étaient hier
« au soir mes dispositions relativement à Char-
« les X. » D'Argout répéta fidèlement ce que je lui avais dit, et que je t'ai déjà fait connaître, sur la convenance qu'il pouvait y avoir à traiter avec un ennemi vaincu. « Eh bien ! ajoutai-je, ce que
« je regardais comme difficile hier est impos-
« sible aujourd'hui. Charles X a cessé de régner.
« Aucune puissance humaine ne peut faire
« rentrer ni lui, ni personne de sa branche, dans
« Paris. Le sang qu'il a fait verser a établi une
« barrière qu'il ne pourra jamais franchir. — Mais je venais, dit M. de Mortemart, avec de complètes satisfactions pour le peuple, » et il me montra diverses ordonnances, dont l'une rapportait celles du 25 juillet, et une autre révoquait le ministère du 8 août; trois autres nommaient, lui Mortemart, ministre des af-

faires étrangères, Gérard ministre de la guerre, et Casimir Périer ministre des finances. Enfin il était porteur d'un blanc-seing de Charles X destiné à inscrire les autres conditions qu'il plairait à ceux qui stipulaient dans l'intérêt du peuple de lui imposer, et qu'il déclarait accepter d'avance. « Il est trop tard, lui dis-je; le « moment où un traité était possible est passé, « il ne reviendra jamais. » D'Argout, prenant la parole, insista de nouveau sur les droits de Charles X ; il menaça encore des étrangers. Je ne pris pas même la peine de lui répondre. M. de Mortemart était confondu. Il ne comprenait pas qu'avec des concessions aussi étendues que celles dont il était porteur il n'y eût pas moyen de s'entendre. Je lui expliquai alors que la question n'était plus, ainsi qu'il semblait le croire, de savoir qui serait roi de Charles X ou du duc d'Orléans, mais bien de savoir qui aurait l'assentiment du peuple, de ce dernier ou de la république. Je lui montrai la république grandissant d'heure en heure, et prête à nous envahir, malgré tous nos efforts pour nous y soustraire. Le seul moyen pour nous, ajoutai-je en terminant, d'échapper à la république est d'adopter le duc d'Orléans pour roi; et pour lui, de même que pour Charles X, je crains bien qu'il ne soit déja trop tard. En quittant le duc de Mortemart, je l'engageai à accomplir sa mission auprès de la réunion des députés, et à se rendre à cet effet à la Chambre entre midi et une heure, ce qu'il promit de faire.

« Les craintes que je manifestais, relativement à l'établissement de la république, n'étaient que trop fondées. Environné de gens qui la désiraient, je connaissais et leurs projets et les moyens qu'ils employaient pour les faire réussir. Sur un grand nombre de points de la capitale des assemblées républicaines étaient déja organisées, et toutes correspondaient avec une assemblée centrale, dont le siége était rue Richelieu, chez Lointier. Béranger, l'idole du peuple et de la jeunesse, avait cherché à faire comprendre à cette dernière assemblée que la république était, en ce moment, impossible ou tout au moins fort dangereuse; et telle était l'exaspération des esprits, qu'il avait été presque maltraité. Avec la conviction profonde dans laquelle je suis, et que je t'ai déja exprimée, que la république ne peut, quant à présent, être pour nous qu'une cause d'anarchie intérieure et de guerre étrangère, tu dois concevoir quel était mon effroi en la voyant prête à être proclamée.

« Je me rendis à la Chambre à midi; près de

cinquante membres s'y trouvaient déja. On s'entretenait avec beaucoup de vivacité des événements qui venaient de se passer et de ce qui restait à faire pour les mettre à profit. Ceux de nos collègues qui venaient seulement d'arriver n'avaient aucune idée juste de notre situation, et paraissaient croire qu'il n'y avait pas de mesures extraordinaires à prendre. Cette différence dans les positions entraînait une extrême divergence dans les opinions. Les uns voulaient avoir immédiatement le duc d'Orléans pour roi; d'autres voulaient en faire seulement un lieutenant-général; d'autres donnaient à entendre qu'on pourrait instituer un gouvernement républicain, mais ceux-là étaient en bien petit nombre; d'autres enfin s'étonnaient de ce qu'on ne parlait plus de Charles X. Hyde de Neuville réclama en faveur de la légitimité et du droit divin, auxquels il ne supposait pas qu'on voulût porter atteinte. Je le combattis avec force, et lui demandai s'il ignorait ce qui s'était passé depuis quatre jours. « La légitimité, lui dis-je, s'est noyée
« dans le sang. Elle ne peut plus exister pour
« nous. Les événements dont nous venons d'ê-
« tre témoins sont tellement immenses, qu'il
« semble que plusieurs siècles nous séparent
« de la royauté de Charles X. »

« Cette discussion terminée, je fais connaître à la Chambre ma conférence du matin avec M. de Mortemart. Après en avoir rendu un compte succinct, je termine en annonçant qu'il doit se rendre dans le sein de l'assemblée. Une discussion s'élève alors sur la question de savoir s'il devra être admis. Mauguin propose et j'appuie l'ajournement de cette discussion jusqu'au moment où il se présentera, afin de pouvoir s'occuper en l'attendant d'objets plus pressants. J'appelle l'attention de mes collègues sur les administrations publiques, qui sont toutes abandonnées par leurs chefs, et je demande qu'il soit pris immédiatement des mesures pour pourvoir à leur remplacement, afin que la marche générale de l'administration ne soit pas entravée ou même tout-à-fait arrêtée. Ma proposition conduit à étendre et à régulariser les pouvoirs donnés à la Commission municipale instituée la veille.

« On nous fait connaître qu'une réunion de pairs s'est formée au Luxembourg, et on nous propose d'y envoyer cinq commissaires. Plusieurs de mes collègues et moi nous combattons cette proposition, qui semble nous placer, à l'égard des pairs, dans un état d'infériorité peu convenable. La proposition est néanmoins adoptée, et MM. Augustin Périer, Sébastiani,

Guizot, B. Delessert, Hyde de Neuville sont nommés commissaires. Ces choix font suffisamment connaître quelle était en ce moment l'opinion de la majorité de l'assemblée. Les candidats de l'opinion libérale pour cette Commission étaient Constant, Salverte, Lafayette, Marchal et moi. Nous ne pûmes réunir que neuf voix; les commissaires nommés en obtinrent vingt-huit à trente. Ils partent pour le Luxembourg, et comme beaucoup d'autres députés se disposent à sortir, je m'oppose à la levée de la séance, et je demande que nous ne nous séparions pas avant d'avoir adopté une résolution propre à calmer la multitude et à rassurer l'esprit public, trop justement alarmé du vague dans lequel on le laisse.

« M. de Sussy, pair de France, se présente comme porteur des ordonnances que M. de Mortemart devait nous communiquer. Il en donne lecture; mais, après l'avoir entendue, la réunion se refuse à les recevoir, et renvoie M. de Sussy à la Commission municipale.

« MM. Benjamin Constant, Guizot, Villemain et Bérard, sont désignés comme secrétaires, et, en cette qualité, chargés de la rédaction des divers actes qui pourraient émaner de la réunion.

« En attendant le retour des commissaires

envoyés à la Chambre des pairs, je rédige un projet de proposition à adopter par la réunion pour charger le duc d'Orléans de la lieutenance-générale du royaume. Benjamin Constant en rédige un aussi de son côté; et, comme, après nous les être mutuellement communiqués, il se trouve que le mien est plus vigoureux, nous convenons que je commencerai par le présenter, sauf à revenir à celui de Constant, si le mien n'est pas adopté, comme cela ne paraît que trop probable. Avant de le développer, je le communique à plusieurs de nos collègues, et entre autres au président, et je les vois si peu disposés à l'appuyer, je dirais presque si disposés à le combattre, que j'y renonce. La situation des esprits est telle que Constant n'ose pas même risquer sa rédaction. Je rapporte mon projet ici, afin de faire connaître le diapason de l'opinion des députés à cette époque, la disposition particulière dans laquelle j'étais, et la ligne politique que j'entendais suivre.

« Les citoyens, légalement élus, en vertu
« des lois existantes, membres de la Chambre
« des députés, actuellement présents à Paris,
« obligés par la nécessité des circonstances, et
« en l'absence du gouvernement établi, de se

« réunir pour aviser aux moyens de sauver le
« pays, ont pris les résolutions suivantes :

« La violation flagrante des lois fondamen-
« tales du gouvernement représentatif par la
« publication des ordonnances du 25 juillet,
« et les crimes de toute nature qui en ont été
« l'inévitable conséquence, ont rompu le lien
« qui existait entre le peuple et le souverain.

« Dans cet état de choses, voulant pourvoir
« aux besoins immédiats du pays, et ne laisser
« aucun service administratif ou autre en souf-
« france, le duc d'Orléans est nommé, pour trois
« mois, lieutenant-général du royaume.

« D'ici à l'expiration de ces trois mois, les
« pouvoirs légaux de l'état, c'est-à-dire la
« Chambre des pairs et la Chambre des dépu-
« tés, détermineront les conditions auxquelles
« la royauté constitutionnelle devra exister à
« l'avenir en France.

« Le pacte rédigé par ces pouvoirs sera res-
« pectivement soumis à l'acceptation de la
« nation et du monarque dont elle aura fait
« choix.

« La Chambre des pairs et celle des députés
« des départements sont immédiatement con-
« voquées. »

« Je dois dire que, si ce projet effraya la plupart des députés qui en eurent connaissance,

il eut l'approbation de quelques-uns. Bernard de Rennes, par exemple, voulait à toute force que je le produisisse à la tribune. Je m'y refusai, parce que je crois qu'il faut éviter avec soin de présenter aux esprits des vues qu'ils ne sont pas préparés à admettre, et qu'il est nécessaire, surtout avec les assemblées nombreuses, de savoir saisir l'à-propos, et de s'abstenir de ce qui peut leur causer de la répugnance ou de l'effroi.

Le résultat de la discussion flasque qui eut lieu au sujet de la lieutenance-générale, par suite du rapport de la Commisson envoyée à la Chambre des pairs, fut la déclaration suivante que Benjamin Constant et Sébastiani furent chargés de rédiger.

« La réunion des députés actuellement à
« Paris a pensé qu'il était urgent de prier
« S. A. R. Monseigneur le duc d'Orléans de se
« rendre dans la capitale pour y exercer les
« fonctions de lieutenant-général du royaume,
« et de lui exprimer le vœu de conserver les
« couleurs nationales. Elle a de plus senti la
« nécessité de s'occuper sans relâche d'assurer
« à la France, dans la prochaine session des
« Chambres, toutes les garanties indispensa-
« bles pour la pleine et entière exécution de la
« Charte. »

« Cette espèce de lettre d'invitation (car cet acte, si peu digne des circonstances, n'est guère autre chose) fut signée de presque tous les membres présents. Quelques-uns néanmoins craignirent encore de le signer, malgré l'art avec lequel on avait adouci les termes et évité les expressions qui pouvaient compromettre. Lorsque cet acte de la Chambre fut mis aux voix, cinquante députés étaient présents : quarante-sept votèrent pour son adoption ; Hély-d'Oissel, Lepelletier-d'Aulnay et Villemain votèrent contre. Sept autres, qui cependant avaient voté l'adoption, se retirèrent sans le signer. Le lendemain, Laffitte qui avait trouvé mon projet trop fort et celui-là suffisant, en fut tellement honteux pour la Chambre, qu'il ne le laissa pas publier. Il est à remarquer, en effet, qu'il ne parut alors imprimé nulle part.

« Un fait bien singulier, c'est que cette pièce si importante, malgré sa faiblesse, ne fût-ce que pour signaler la conduite de ceux qui avaient refusé de la souscrire, a disparu, probablement pour cacher leur honte, des archives du duc d'Orléans. Elle n'existe donc plus en original ; et lorsque, depuis l'avénement du nouveau Roi, on a voulu la remplacer par un duplicata, des députés ont prétendu l'avoir signée, qui n'étaient pas même à Paris lors de sa rédaction. A force de recherches, Bondy est cependant parvenu à former une liste exacte des signatures, et je la joindrai avec quelques autres documents comme pièces justificatives de mon sincère et fidèle récit.

« Une Commission de douze membres fut tirée au sort pour porter au Palais-Royal l'expression du vœu de la Chambre. Cette Commission fut ainsi composée : Auguste Saint-Aignan, Bérard, B. Delessert, Duchaffault, Dugas-Montbel, Mathieu Dumas, Charles Dupin, André Gallot, Kératry, Augustin Périer, Sébastiani....

« Elle partit sur-le-champ; et nous remarquions assez singulièrement, en arrivant au palais du duc d'Orléans, que nous avions bien plus l'air de gens qui venaient solliciter sa commisération que d'hommes qui lui apportaient une couronne dans leur poche. Notre costume, un peu négligé, en raison des circonstances, ne ressemblait guère en effet à celui d'ambassadeurs qui vont faire un roi. Telle était cependant la conséquence inévitable de cette première démarche.

« Le Prince n'était pas au Palais-Royal. Nous dîmes aux gens de sa maison de quelle mission nous étions chargés, et nous demandâmes à l'aller trouver à Neuilly. On nous répondit

mystérieusement qu'il était possible qu'il n'y fût pas, parce qu'il avait été forcé de prendre des précautions pour sa sûreté personnelle, et que nous risquerions nous-mêmes, en y allant, d'être enlevés par les troupes de Saint-Cloud, dont les gardes avancées s'étendaient jusqu'au pont de Neuilly, et poussaient des reconnaissance plus loin. Sébastiani écrivit alors au Prince une lettre en notre nom, que nous signâmes tous, et dans laquelle il renferma notre message. Un jeune homme de la maison s'offrit à porter cette lettre, et à nous rapporter la réponse deux heures après. Il lui fut dit de se rendre chez Laffitte, qui était toujours notre président, et chez qui nous étions convenus de nous réunir le soir. Nous nous séparâmes. Je me retirai avec le général Duchaffault, chez qui je trouvais une grande conformité d'opinion, et qui, dans toutes les circonstances, avait été d'une netteté et d'une fermeté parfaites, et je lui offris de venir dîner chez Véry. Chemin faisant : « Vous voyez, mon
« cher général, lui disais-je, quels sont ceux qui
« supportent en ce moment le poids du jour,
« et quels sont ceux qui se ménagent et se tien-
« nent à l'écart. Eh bien, si, comme je n'en
« doute pas, dans deux jours la question est
« résolue en notre faveur, ces derniers auront
« tout fait, et on ne pensera plus à nous. » Cela

n'a pas manqué de se réaliser, du moins pour presque tous; et en effet, deux jours après, des hommes qui n'avaient pas figuré un seul instant dans nos rangs lorsqu'il y avait danger, étaient pourvus d'emplois importants.

« Il y avait foule chez Véry, et il n'y avait pas de quoi manger.

« Le messager du Palais-Royal revint d'assez bonne heure chez Laffitte. Le duc d'Orléans faisait dire qu'il viendrait à Paris le lendemain dans la matinée. « Ce n'est pas demain, répon-
« dit sur-le-champ Laffitte, c'est à l'instant
« même qu'il faut venir. Il n'y a pas un mo-
« ment à perdre. » Le messager repartit, et à onze heures et demie le Prince arriva au Palais-royal. Il vint de Neuilly à pied, accompagné de Berthois, l'un de ses aides-de-camp, et du colonel Heymès. Heymès était depuis quelque temps surnuméraire dans la conservation de la forêt de Villers-Cotterets. Les événements l'avaient ramené à Paris, où tu te souviens qu'il nous a été utile; il était tout naturel qu'il offrît ses services au Prince à qui il était déja attaché. Heymès n'a pas médiocrement influé sur la détermination qu'a prise le duc d'Orléans de se rendre sans retard à Paris. C'est un homme de cœur et de résolution, et de

tels hommes exercent toujours une grande influence dans les moments décisifs.

« Il était minuit, lorsque mon collègue Gallot vint m'annoncer de la part de Laffitte l'arrivée du duc d'Orléans. Nous convînmes que la Commission se rendrait auprès de lui le samedi matin à huit heures, afin de connaître sa détermination relativement à la lieutenance-générale. Cette détermination importante allait décider du sort de notre révolution. Si le duc d'Orléans refusait, tout restait en question, et une effroyable anarchie nous menaçait. Nous avions déja beaucoup fait, mais grand Dieu! qu'il nous restait encore à faire!

« Le samedi, 31 juillet, je me levai de très-bonne heure; avant cinq heures, j'étais chez Laffitte, et je faisais convoquer les membres de la Commission, ou du moins ceux de ces membres dont je savais les adresses. La difficulté des communications, occasionée par les barricades, rendait ces sortes de convocations très-difficiles, et beaucoup de députés d'ailleurs avaient trouvé prudent de ne pas coucher chez eux. Aussi la Commission se trouvait-elle fort incomplète, lorsqu'elle aborda le Prince.

« Avant de sortir, j'avais déja reçu plusieurs visites, dans lesquelles on m'avait rendu compte des progrès du républicanisme. Des hommes, que leur âge et leur position sociale auraient dû rendre calmes, étaient saisis d'une fièvre d'indépendance et de liberté, et leur présence semblait légitimer aux yeux des jeunes gens les prétentions les plus excessives et les mesures les plus exagérées. Il avait été d'abord convenu, dans les assemblées populaires, qu'on proclamerait la république sur la place de Grève, le samedi à midi; mais cette mesure avait été retardée par la nécessité d'organiser le gouvernement républicain, avant de le faire connaître à la nation. D'un moment à l'autre, cette proclamation pouvait avoir lieu. Odilon-Barrot arriva à six heures chez Laffitte. Il venait faire connaître ce qui s'était passé à l'Hôtel-de-Ville. Plusieurs milliers de jeunes gens s'y étaient rendus dans la soirée du vendredi pour supplier le général Lafayette d'accepter la présidence du gouvernement républicain provisoire. L'exaspération de ces jeunes gens était portée au plus haut degré; ils éprouvaient une sorte de délire qui, chez beaucoup d'entre eux, ressemblait à de la fureur. Le général Lafayette, vivement ému par ce spectacle, sollicité d'ailleurs par ses propres sentiments politiques, hésitait sur ce qu'il devait faire, trouvait la tentation bien forte; et touchait peut-être au moment d'y accéder, lorsque Odilon-Barrot obtint de lui de ne prendre une détermination que le lendemain matin. Il y eut de la part du général Lafayette un véritable héroïsme à adopter ce parti, car il pouvait, en cet instant, réaliser la combinaison politique qui, dans l'intérêt du pays, avait été le rêve de sa vie entière. Odilon-Barrot s'empara du général, au moment de son réveil, et, lui faisant entendre le langage d'une raison sévère, il lui montra dans quel abîme son acceptation pouvait nous plonger. Le général Lafayette promit, non sans quelque regret peut-être, de refuser, et cependant il a rigoureusement tenu sa parole. Je tremblais toutefois qu'on ne lui fît violence, et qu'on ne l'obligeât de consentir à une ovation qu'il n'était pas impossible qu'il regardât comme utile au pays, et à laquelle par conséquent il crût pouvoir se prêter. Honneur au général Lafayette, qui dans cette circonstance a fait le sacrifice de ses vœux les plus chers! Honneur à Odilon-Barrot, qui a obtenu de lui un pareil sacrifice!

« Je venais d'être rassuré sur les dispositions du général Lafayette, mais j'étais bien loin de l'être sur ce que les clubs partiels pourraient produire. Il suffisait du succès momentané d'une ambition subalterne pour nous plonger dans un torrent sans bords et sans fond.

« Le mal qui nous tourmentait depuis plusieurs jours, l'absence d'un chef, sur lequel on pût se reposer du salut de tous, subsistait plus intense que jamais. Le choix de ce chef, et sa proclamation immédiate et universelle, étaient les seules choses qui pussent nous sauver. Telle était la substance de mon entretien avec Gallot en arrivant au Palais-Royal. Il n'était pas encore huit heures lorsque nous y entrâmes. Aucun autre député ne paraissait nous avoir prévenus.

« Nous étions là depuis quelques minutes, lorsque nous vîmes entrer Méchin, qui, n'étant pas membre de la Commission, venait sans doute pour adorer le soleil levant. Il était plus excusable qu'un autre, car, ainsi que je l'ai appris depuis, il était dès long-temps un des habitués de la maison d'Orléans. Quelques autres personnes venaient plus ou moins timidement faire acte de présence, afin d'avoir le droit de s'en prévaloir dans la suite. Nos collègues Duchaffault, Delessert, Dumas et Sébastiani, membres, ainsi que Gallot et moi, de la Commission, arrivèrent enfin. Le Prince était dans ses appartements particuliers et n'avait pas encore paru. Sébastiani y entra sans se faire annoncer, et comme un homme admis dans la plus secrète intimité. Dupin sortit des appartements du Prince bientôt après, ce qui ne m'étonna pas, sachant qu'il était membre de son conseil privé, et faisait pour ainsi dire partie de sa maison.

« Nous étions là depuis près d'une demi-heure, lorsqu'on nous fit entrer dans un salon où nous fûmes reçus par le duc d'Orléans. Son accueil fut plein de franchise et de cordialité. Gallot lui demanda s'il avait pris connaissance de l'adresse que nous avions eu mission de lui remettre, et quelle réponse il nous chargeait de porter à la réunion des députés.

« J'ai été sensible, nous dit le Prince, aux
« sentiments exprimés dans cette adresse, et je
« n'ai pas hésité à venir au milieu de vous pour
« partager vos dangers; mais vous me deman-
« dez une chose sur laquelle je ne puis pas me
« prononcer avec la même promptitude. Je veux
« parler de la lieutenance-générale du royau-
« me. J'ai avec Charles X des liens de famille
« qui m'imposent des devoirs personnels et
« d'une nature étroite. J'ai besoin de réfléchir
« mûrement avant de briser de tels liens.
« Je veux d'ailleurs consulter des personnes
« en qui j'ai confiance, et qui ne sont pas
« encore ici. Le danger n'est pas imminent.

« J'ai des renseignements sur Saint-Cloud, qui
« me prouvent qu'on ne songe pas à repren-
« dre les hostilités. Je vous ferai connaître plus
« tard la détermination à laquelle je me serai
« arrêté.

« Monseigneur, m'écriai-je, vous n'êtes donc
« pas informé de ce qui se passe à Paris? Per-
« sonne n'a donc encore fait arriver la vérité
« jusqu'à vous? Vous croyez avoir le temps de
« la réflexion, mais vous êtes sur un volcan
« qui, d'un instant à l'autre, peut tout englou-
« tir. Le terrain brûle sous vos pas, et vous
« paraissez vous croire dans un temps ordi-
« naire. »

« A ces mots, prononcés avec véhémence,
le duc d'Orléans, qui était prêt à nous congé-
dier, nous engagea à rester et à nous asseoir. Je repris : « Il faut agir, Monseigneur,
« non pas sans réflexion, mais en réfléchis-
« sant vite. Dans les circonstances où nous
« sommes, les moments perdus ne se retrouvent
« pas. Vous ne songez qu'aux craintes que peut
« inspirer la cour de Saint-Cloud, mais ces
« craintes, nous ne les éprouvons pas. De-
« puis trente-six heures, Saint-Cloud de-
« mande à capituler, offre, pour ainsi dire, de se
« rendre à discrétion, et nous dédaignons même
« de lui répondre. Charles X et sa famille ont

« à jamais cessé de régner; voilà la seule ré-
« ponse que nous ayons à faire. Mais il est un
« danger que vous paraissez ignorer, danger
« imminent, dont les conséquences sont im-
« possibles à calculer, qui menace et vous et
« le pays tout entier. C'est la république, que
« peut-être on proclame en cet instant sur la
« place de l'Hôtel-de-Ville. Je sais bien que la
« république ne peut pas s'établir d'une manière
« stable, qu'elle durera à peine quelques mois,
« peut-être quelques jours ; mais qui peut pré-
« voir, pendant cette courte durée, l'étendue des
« maux qu'elle causera? Le besoin seul de sa
« conservation peut la porter à commettre
« des crimes. La lutte une fois engagée, de
« quelle manière finira-t-elle, si ce n'est au pro-
« fit de l'absolutisme?

« Votre tête, Monseigneur, est aussi com-
« promise que la nôtre. Votre seule présence
« dans nos rangs a rompu les derniers liens
« qui vous unissaient à Charles X ; aujour-
« d'hui tout vous est commun avec nous, suc-
« cès et revers. »

« Sébastiani m'interrompant : « Mon cher
« Bérard, vous exagérez les dangers; il suffira
« que le Prince se présente pour rallier tous
« les partis et rattacher à lui tous les cœurs :
« il ne faut rien précipiter. »

« Mon cher Sébastiani, je n'exagère rien,
« repris-je avec une nouvelle force; les dangers
« que je signale sont réels, et je puis le dé-
« montrer. Du fond de vos fastueux salons,
« vous dédaignez le peuple, et ne le connais-
« sez pas. Moi, je connais ses besoins et ses
« désirs; je passe ma vie au milieu de lui, je
« suis peuple moi-même.

« On vous dit, Monseigneur, qu'il suffira de
« vous présenter pour attirer à vous tous les suf-
« frages. On vous trompe. La partie la plus
« nombreuse et la moins éclairée de la popu-
« lation vous repousse en ce moment, parce
« que vous êtes un Bourbon. Une autre partie
« de cette population, la jeunesse, aussi vous
« repousse. C'est cette jeunesse qui, pleine
« d'ardeur, d'instruction, d'entraînement et
« de courage, a le plus contribué aux événe-
« ments qui viennent de s'accomplir. Elle se
« croit le droit d'en obtenir le prix, et ce prix,
« pour elle, c'est la république. Les hommes
« sages, modérés, pour qui l'expérience n'est
« jamais perdue, sont les seuls qui vous dési-
« rent, parce qu'ils voient en vous un moyen
« de salut. Mais la voix de ces hommes, bien
« qu'elle domine à la longue, n'est pas assez
« forte pour se faire entendre au milieu de
« l'effervescence révolutionnaire : ils vous

« soutiendront de tous leurs efforts, et ils se
« perdront avec vous. Profitez, Monseigneur,
« d'un moment d'hésitation, qui permet encore
« de rallier beaucoup de personnes incertaines.
« Profitez-en, pour nous sauver et vous avec
« nous. Dans une heure, il peut n'être plus
« temps. Décidez-vous, et que votre décision
« soit rendue publique à l'instant même. »

« A l'appui de cette rapide allocution, je citai
tout ce que je t'ai déjà dit des clubs républicains, et de la démarche faite auprès du
général Lafayette. Mes collègues, excepté Sébastiani, m'appuyèrent de tous leurs efforts.
Benjamin Delessert, lui-même, sortant de sa
réserve accoutumée, dit au Prince : « Monsei-
« gneur, non seulement tout ce que M. Bérard
« vous a dit est la vérité, mais il ne vous a pas
« encore dit toute la vérité. »

« Le duc d'Orléans, vaincu par l'évidence des
faits, nous pria de l'attendre, et passa dans
son cabinet avec Sébastiani, qui, bientôt
après, fut rejoint par Dupin aîné. Pendant ce
moment d'attente, Delessert proposa de rédiger, de notre côté, un projet de proclamation : « Je crains bien, me dit-il, qu'il ne
« sorte quelque chose de trop faible de la
« réunion voisine. » Je pris la plume et
commençai par recueillir les idées de mes col-

lègues, sauf à leur donner ensuite une forme convenable. J'en étais à la dernière partie de mon travail lorsque le Prince reparut.

« Il apportait le projet qu'il venait de rédiger avec Dupin et Sébastiani, et il le soumit à notre discussion. Je le trouvai trop faible pour la circonstance, et m'en expliquai franchement. J'insistai pour que la réunion des Chambres eût lieu sur-le-champ, et surtout pour qu'elles ne fussent pas convoquées le 3 août, jour indiqué par la première ordonnance de Charles X. Il me semblait que, dans la forme comme au fond, on devait s'éloigner le plus possible de l'ancien ordre de choses. Je fus presque seul de mon avis. On fit valoir des considérations étroites et mesquines de convenance, de légalité. On crut trouver dans le maintien du jour de la convocation un moyen de ramener des dissidents. Cela me parut bien pauvre, bien pitoyable; mais n'ayant pu amener les autres à mon avis, je fus obligé de me conformer au leur. Après avoir fortement soutenu mon opinion, je la vis repoussée, et l'influence du pouvoir se fit déjà sentir. Le futur Roi commençait à avoir des courtisans. Quelques mots cependant furent changés, et la proclamation suivante sortit de cette élaboration :

« Habitants de Paris !

« Les députés de la France, en ce moment
« réunis à Paris, ont exprimé le désir que je me
« rendisse dans cette capitale pour y exercer les
« fonctions de lieutenant-général du royaume.

« Je n'ai pas balancé à venir partager vos
« dangers, à me placer au milieu de votre hé-
« roïque population, et à faire tous mes efforts
« pour vous préserver de la guerre civile et de
« l'anarchie.

« En rentrant dans la ville de Paris, je por-
« tais avec orgueil ces couleurs glorieuses que
« vous avez reprises, et que j'avais moi-même
« long-temps portées.

« Les Chambres vont se réunir ; elles avise-
« ront aux moyens d'assurer le régime des lois
« et le maintien des droits de la nation.

« Une Charte sera désormais une vérité.

« Louis-Philippe d'Orléans. »

« Cette proclamation nous ayant été remise, nous nous empressâmes de la porter à la réunion des députés, qui l'attendait avec impatience. Elle fut généralement reçue avec enthousiasme, et l'on chargea les quatre secrétaires, c'est-à-dire Benjamin Constant, Guizot, Villemain et moi, d'y faire un projet de réponse. Nous nous retirâmes sur-le-champ dans un bureau, et là nous discutâmes les garanties dont nous devions faire mention. Nous étions d'accord sur les principaux points. Mais il en est deux auxquels mes collègues ne songeaient pas, et dont je revendique l'insertion dans notre proclamation, parce qu'ils ont eu une assez grande importance politique : le premier de ces points est la réélection des députés promus à des fonctions publiques; le second est l'assurance donnée aux militaires qu'ils ne seront plus arbitrairement privés de leur état. Ce n'est pas sans beaucoup de peine que nous obtînmes, Constant et moi, l'insertion de ce passage : *Il* (le duc d'Orléans) *respectera nos droits, car il tiendra de nous les siens.* Lorsque nous fûmes d'accord sur le fond, Guizot tira de sa poche une espèce de cadre qu'il avait préparé et que nous adoptâmes, après de nombreuses modifications, et en y insérant les dispositions qui venaient d'être arrêtées. Voici cette proclamation que tu as déja vue dans les journaux, mais qui est nécessaire à la suite de ce récit :

« Français !

« La France est libre. Le pouvoir absolu
« levait son drapeau, l'héroïque population
« de Paris l'a abattu. Paris attaqué a fait triom-
« pher par les armes la cause sacrée qui

« venait de triompher en vain dans les élec-
« tions. Un pouvoir usurpateur de nos droits,
« perturbateur de notre repos, menaçait à la
« fois la liberté et l'ordre; nous rentrons en
« possession de l'ordre et de la liberté. Plus de
« crainte pour les droits acquis, plus de bar-
« rières entre nous et les droits qui nous
« manquent encore.

« Un gouvernement qui, sans délai, nous
« garantisse ces biens est aujourd'hui le pre-
« mier besoin de la patrie. Français ! ceux de
« vos députés qui se trouvent déjà à Paris se
« sont réunis, et, en attendant l'intervention
« régulière des Chambres, ils ont invité un
« Français qui n'a jamais combattu que pour
« la France, M. le duc d'Orléans, à exercer
« les fonctions de lieutenant-général du royau-
« me. C'est à leurs yeux le moyen d'accomplir
« promptement, par la paix, le succès de la
« plus légitime défense.

« Le duc d'Orléans est dévoué à la cause
« nationale et constitutionnelle. Il en a tou-
« jours défendu les intérêts et professé les
« principes. Il respectera nos droits, car il
« tiendra de nous les siens. Nous nous assure-
« rons par des lois toutes les garanties néces-
« saires pour rendre la liberté forte et durable :

« Le rétablissement de la garde nationale

« avec l'intervention des gardes nationaux dans
« le choix des officiers ;

« L'intervention des citoyens dans la for-
« mation des administrations départementales
« et municipales;

« Le jury pour les délits de la presse;

« La responsabilité légalement organisée
« des ministres et des agents secondaires de
« l'administration ;

« L'état des militaires légalement assuré ;

« La réélection des députés promus à des
« fonctions publiques.

« Nous donnerons à nos institutions, de
« concert avec le chef de l'État, les dévelop-
« pements dont elles ont besoin.

« Français, le duc d'Orléans lui-même a déja
« parlé, et son langage est celui qui convient
« à un pays libre : Les Chambres vont se ré-
« unir, vous dit-il; elles aviseront au moyen
« d'assurer le règne des lois et le maintien
« des droits de la nation.

« La Charte sera désormais une vérité. »

« Quatre-vingt-onze députés signèrent cette
proclamation que Bernard proposa de porter
en corps au duc d'Orléans.

« Pendant que nous nous occupions de sa
rédaction, des nouvelles inquiétantes étaient

parvenues à la Chambre. Elles démontraient la nécessité de faire promptement quelque chose qui pût calmer l'opinion. Cette disposition des esprits nous servit merveilleusement ; car, dans l'état d'indécision où se trouvait la Chambre, si on eût discuté notre projet, il eût certainement été cruellement amoindri.

« La copie de notre proclamation s'expédiait et allait se couvrir de nos signatures, lorsqu'on vint me prévenir que le Prince allait se rendre à l'Hôtel-de-Ville pour y déjouer, par sa présence, des projets qu'il croyait redoutables pour la tranquillité publique. Je m'empressai d'en faire part à la réunion, et j'engageai mes collègues à décider que du Palais-Royal ils se rendraient, avec le Prince, à l'Hôtel-de-Ville. Cela fut adopté sur-le-champ ; et craignant que, faute d'être prévenu, le Prince ne nous attendît pas, je me fis autoriser, par le président, à l'aller avertir.

« Je me rendis en toute hâte au Palais-Royal, où je m'acquittai de ma mission. Le duc d'Orléans se disposait à partir; mais il sentit la convenance qu'il y avait à ce qu'il attendît la Chambre. Il me fit l'accueil le plus aimable, et je dois même le dire, le plus amical. « Vous « saviez bien la vérité, me dit-il, et vous seul « avez osé me la dire ce matin ; je comprends

« à présent qu'en effet il n'y avait pas un
« moment à perdre. »

« Les membres de la Chambre furent plus d'une heure avant d'arriver au Palais-Royal, et je passai ce temps, en quelque sorte, en tête à tête avec le Prince. De temps à autre seulement, des aides-de-camp ou des gens de la maison venaient demander des ordres. Nous causions avec le plus grand abandon et la plus complète familiarité. Pendant cette heure, j'ai appris à connaître et à estimer le caractère du duc d'Orléans. La circonstance dans laquelle nous nous trouvions est de celles qui permettent de lire jusqu'au fond des cœurs, et d'apprécier, en connaissance entière de cause, ceux qui s'y trouvent soumis. Loyauté, conscience et courage, telles me parurent être les qualités dominantes du Prince. L'estime, et j'ose ajouter, l'affection sincère qu'il m'inspirait, ne fermèrent pas toutefois mes yeux sur ce qui lui manquait. Il ne me parut pas être à tous égards au niveau des événements. Il me sembla qu'il avait plus de courage personnel que de fermeté de caractère, et plus de finesse que d'étendue d'esprit.

« Le désarroi était tel au Palais-Royal, que le Prince n'avait auprès de lui personne pour l'habiller. Je l'aidai à faire sa toilette; je décorai sa boutonnière d'un ruban tricolore, et nous substituâmes ensemble une cocarde nationale à la cocarde blanche qui se trouvait encore à son chapeau d'uniforme. Je me conduisais avec lui exactement comme si j'eusse été son ami, et il me traitait de la même manière. Je puis dire qu'en effet je l'étais devenu.

« La conversation fut intéressante et variée. Nous fîmes à plusieurs reprises des rapprochements entre la révolution anglaise et celle qui s'opérait sous nos yeux. « Charles X res-
« semble beaucoup, me dit le Prince, au mal-
« heureux Stuart, et moi je crains d'avoir bien-
« tôt plus d'un rapport avec Guillaume ». « Vous
« aurez, lui répondis-je, un grand avantage
« sur lui : c'est de ne pas venir accompagné
« des étrangers. Vous serez l'élu libre de la
« France, à qui vous n'aurez pas été imposé. »

« Si je parviens au trône, me dit-il quelques
« moments après, et je ne puis me dissimuler
« que j'en suis menacé, vous ne sauriez croire,
« M. Bérard, à quels regrets je serai condamné.
« Ma vie de famille est si douce, nos goûts sont
« si simples, qu'en conscience je dois croire
« que ma famille et moi ne sommes pas faits
« pour la royauté. Je l'accepterai comme un
« devoir et non comme un plaisir. Et puis,
« faut-il vous l'avouer? j'ai toujours conservé

« dans le fond de mon cœur un vieux senti-
« ment républicain dont je sens que je ne me
« séparerai jamais. » « Ce que nous désirons
« par-dessus tout, lui répliquai-je, c'est d'avoir
« à notre tête un Roi-citoyen ; vous serez donc
« encore notre fait sous ce rapport. »

«J'annonce au Prince que notre proclamation contient l'énonciation de plusieurs garanties, et que nous en demanderons dans la suite de plus amples encore. « Vous ne m'en deman-
« derez jamais autant, répond-il, que je suis
« disposé à en accorder, ou même à en of-
« frir. »

«Nous parlons de l'esprit républicain qui nous inquiète, et contre lequel nous cherchons à nous prémunir, et j'ajoute qu'il ne faut cependant pas se faire illusion, que la tendance générale des esprits les porte vers les idées républicaines, et que, dans quelques générations peut-être, il n'y aura plus de rois. « Cela n'est pas impossible, me dit le duc
« d'Orléans, mais d'ici là, faisons ce qu'il faut
« pour en avoir de bons ; et ce qu'il faut, c'est
« de bien définir les droits et les devoirs ré-
« ciproques du roi et du peuple, et de se
« renfermer chacun dans les limites tracées
« par la loi. » Un roi qui prend de tels principes pour règle de conduite ne fait pas sou-

haiter un autre gouvernement, et a toutes les chances désirables de conservation.

« Cette conversation, tout intime, est remplie d'épanchements, de sentiments patriotiques, d'expressions d'un amour sincère du pays. Le duc d'Orléans se montre à mes yeux comme un prince honnête homme et comme un excellent citoyen, et j'avoue que, malgré mon ancienne répugnance pour les dépositaires du pouvoir, il me fait comprendre qu'il n'est pas impossible que les rois méritent et obtiennent de vrais amis.

« Les députés arrivent; Laffitte lit notre proclamation, et nous nous mettons en route pour l'Hôtel-de-Ville. Le trajet est long, pénible, à cause de l'excessive chaleur, et difficile en raison des nombreuses barricades qu'il faut à tout moment franchir. Le Prince fraternise, un peu trop même à mon avis, avec une foule d'individus des dernières classes du peuple. Il reçoit et donne de fréquentes poignées de main. J'ai peine à repousser pendant ce temps une inquiétude qui m'assiége. La foule est immense et presque tout armée. D'une fenêtre, d'une porte, d'un groupe, un coup de fusil peut être si tôt tiré.... Le cœur ne cesse de me battre jusqu'à l'arrivée du Lieutenant-général à l'Hôtel-de-Ville; et lorsque nous pénétrons dans la grande salle, où se trouvent le général Lafayette et de nombreux gardes nationaux, je me sens délivré d'une pénible angoisse.

« Les cris de *vive le duc d'Orléans* s'étaient fait entendre tout le long de la route, mais toujours ils étaient mêlés aux cris de *vive la Charte*. Quelquefois même ceux-ci dominaient les autres. En approchant de l'Hôtel-de-Ville, nous entendîmes, assez souvent, des cris de *vive la liberté*.

« L'aspect de l'Hôtel-de-Ville était remarquable. Là se trouvait le foyer du républicanisme. Là aussi l'on remarque sur beaucoup de figures l'expression du mécontentement que leur cause une visite qui détruit leurs projets. La foule me porte tout près du groupe formé par le duc d'Orléans, le général Lafayette et Laffitte. Le général reçoit le Prince avec une gracieuse cordialité. La proclamation est lue par Viennet et accueillie par de nombreuses acclamations. La réponse du Prince n'est pas moins bien reçue. Au moment où il avait cessé de parler, le général Dubourg s'approche de lui. Il est en uniforme, sa figure est pâle et sa barbe longue. Il dit au Prince, du ton le plus sévère, à peu près ces paroles : « On dit que vous êtes « un honnête homme et comme tel incapable

« de manquer à vos serments, j'aime à le
« croire; mais il est bon que vous soyez pré-
« venu que si vous ne les teniez pas, on sau-
« rait vous les faire tenir. » Cette apostrophe
cause un pénible étonnement à tous ceux qui
l'entendent. Plus rapproché que personne de
Dubourg, pendant que le Prince lui répond
avec dignité, je lui reproche vivement son in-
convenance. Les rangs s'ouvrent pour laisser
reculer Dubourg, ils se referment aussitôt,
et ce général improvisé disparaît.

« Le duc d'Orléans retourne au Palais-Royal
par le même chemin qu'il avait pris en venant.
Comme aucun danger ne me semble plus à
craindre pour lui, je crois pouvoir me dispenser de l'accompagner, et je reviens avec le
général Dumas par la rue du Temple et les
boulevards jusque chez moi, où je crois avoir
acquis le droit de me reposer, après ce que
j'ai fait depuis six jours.

« Le dimanche 1er août, je reste à réfléchir
sur le chemin immense que nous avons parcouru depuis le commencement de la semaine.
Je jette quelques notes rapides sur le papier
pour ne pas perdre entièrement le souvenir
de mes travaux, et c'est à l'aide de ces notes
que je viens d'écrire ce qui précède.

« On m'annonce que la foule des courtisans

se presse déja au Palais-Royal et en inonde les salons. On m'engage même à y aller pour réclamer le prix de mes services. Je repousse cette proposition avec indignation. Je n'ai jamais entendu servir un homme ni une famille, je n'ai donc pas droit à leur reconnaissance. C'est dans l'intérêt seul de mon pays que j'ai agi, et si j'ai pu lui être utile, je suis assez récompensé. Je ne vois pas cependant sans quelque colère les hommes qui viennent assaillir le pouvoir, et faire parade d'un dévouement qui n'eût pas été moins bien acquis au parti contraire, s'il eût triomphé. Je suis tenté parfois de faire comme *Alceste* du Misanthrope, et de paraître à la cour pour y dire à chacun de dures vérités. Ce serait encore servir mon pays que de démasquer les intrigants, et d'empêcher qu'ils ne s'emparent des fonctions qui ne devraient être le partage que des hommes de bien et des véritables amis de la patrie. Malheureusement ceux-là se cachent et sont difficiles à découvrir, tandis que les autres se placent incessamment sous les yeux du pouvoir, et affectent un zèle auquel on peut souvent se méprendre.

« Voilà, ma chère amie, la part que j'ai prise aux premiers événements de notre immortelle régénération. Je n'ai pas dit autre chose que la vérité ; et si tu trouves que je parle un peu souvent de moi, n'oublie pas que c'est mon histoire que j'écris, bien plus que celle des événements. J'aurais dû procéder autrement, si j'avais eu la prétention de travailler pour le public ; mais je me suis borné à recueillir et à conserver quelques souvenirs, destinés seulement pour ma famille et pour un bien petit nombre d'amis.

« Quelques jours s'étaient à peine écoulés que je me trouvais appelé à jouer un rôle, sinon plus utile, du moins plus brillant. Si je parviens à dérober quelques instants à mes nombreuses occupations, j'en ferai la matière d'une seconde lettre qui, pour toi, ne sera pas non plus sans quelque intérêt. »

Alais, le 1ᵉʳ octobre 1832.

« Un temps bien long s'est écoulé, ma bonne amie, depuis que, dans une première lettre, je t'ai rendu compte de la part que j'avais prise à notre glorieuse révolution. Alors je venais d'être investi par la confiance du Roi, d'une des fonctions les plus importantes de l'administration, et les suffrages des électeurs avaient attesté que cette confiance ne faisait qu'accroître la leur.

« Je ne dirai pas qu'à cette époque tout était espoir. J'avais trop d'expérience pour ne pas reconnaître que, dès les premiers jours d'août, une guerre sourde et cachée était faite aux principes qui avaient prévalu en juillet, par une portion même des hommes que l'on avait appelés à l'exercice du pouvoir. Mais le Roi était avec nous; ses yeux étaient ouverts sur nos intérêts comme sur les siens; il ne pouvait pas songer à renier son origine; la victoire ne devait donc pas être douteuse. Telle était ma croyance, et elle n'est pas changée. Le Roi, je n'en puis douter, est aujourd'hui consciencieux comme il l'était alors ; mais il ne prend plus la peine de voir par ses propres yeux, et l'on est parvenu à lui dérober la vérité. J'avais dans ma première lettre signalé quelques défauts, qu'au milieu de l'entraînement général, et malgré l'affection sincère qu'il m'inspirait, j'avais cru découvrir en lui. Les courtisans, les hommes intéressés à pervertir les conséquences de notre révolution, se sont emparés de ces défauts, et en ont fait la base de notre système politique. Les qualités subsistent encore ; mais elles sont tellement obscurcies aux yeux de ceux qui n'ont pas été à même de connaître le Roi, comme je l'ai connu, qu'ils ont peine à les distinguer. Le jugement qu'ils portent est injuste à son égard, sans qu'on puisse leur reprocher autre chose que de la sévérité, car ils jugent d'après ce qu'ils voient.

« On est parvenu à éloigner le Roi de ses véritables, de ses plus fidèles amis ; de ceux à qui il doit la couronne, et qui seuls peuvent la maintenir sur sa tête. On a dédaigné les solides appuis que l'on trouvait dans l'intérieur du pays, pour en chercher d'illusoires et de funestes chez l'étranger..... Mais je m'arrête, ce n'est pas un tableau de notre situation actuelle que j'entreprends de tracer. J'ai promis de te raconter mes souvenirs de la première semaine d'août 1830. Je vais m'acquitter de ma tâche, et je profite pour cela du moment où j'ai le chagrin d'être éloigné de toi.

«Le point de vue d'où j'envisage les événements n'est plus pour moi le même que lorsque je t'écrivais il y a deux ans. Alors j'appartenais au pouvoir, aujourd'hui je suis un simple citoyen; mais si, en 1830, j'ai su me défendre des séductions d'une position élevée, je ne serai pas moins indépendant en 1832; et ma nouvelle position n'aura pas plus d'influence sur moi que la précédente. Dans l'une comme dans l'autre, je chercherai, je montrerai la vérité, aux risques de qui il appartiendra.

«Tu connais à présent, presque aussi bien que moi, les événements, dans lesquels j'ai joué un rôle pendant la dernière semaine de juillet 1830. La fidélité du tableau que j'ai fait passer sous tes yeux est attestée par plusieurs témoins oculaires, acteurs comme moi du grand drame de juillet. Après en avoir pris connaissance, ils en ont reconnu la complète exactitude, et ils m'ont témoigné leur regret de ce qu'un écrit aussi véridique n'était pas publié; mais tu sais qu'à moins de circonstances extraordinaires, il n'est pas destiné à voir le jour, du moins de long-temps, et que toi et un petit nombre d'amis, vous devez être mon seul public.

« La première semaine d'août a été marquée par des événements d'un autre ordre que ceux de la semaine précédente. Ils sont moins dramatiques, mais leur importance historique est peut-être plus grande. Le rôle que j'y ai rempli est encore considérable, et le souvenir s'en effaçant de jour en jour, il est bien juste d'en conserver la trace. S'il y a eu quelque courage et quelque patriotisme dans ma conduite, il m'est permis de le rappeler au petit auditoire que je me suis choisi. Mon amour pour la vérité m'encourage aussi à écrire. Trop de personnes ont intérêt à dénaturer les faits que je vais te raconter, pour qu'il n'y ait pas une utilité réelle à les consigner ici.

« Je t'ai conduite jusqu'au dimanche, premier août, et tu m'as vu me reposant des fatigues et des émotions des six jours précédents, pendant que la foule des solliciteurs, des courtisans et même des simples curieux, envahissait le Palais-Royal et se rapprochait du nouveau pouvoir. Je jouissais de la conduite que j'avais été assez heureux pour tenir. J'entrevoyais bien que dans un avenir prochain, il n'était pas impossible que je fusse élevé à une fonction publique, peut-être même assez importante; mais je n'étais pas déterminé à l'accepter. Avoir rendu des services à mon pays, et n'en recueillir aucun fruit, me semblait le beau idéal du patriotisme. Un amour-propre, peut-être excusable, me persuadait qu'en restant simple député, j'aurais le droit de me croire un plus grand citoyen qu'en acceptant ce que l'on regarde comme des faveurs.

« Tu sens qu'une pareille disposition d'esprit ne me portait nullement à prendre part à la curée des places. J'ai quelquefois depuis regretté mon désintéressement. Si je fusse alors arrivé au pouvoir, je ne sais pas si ma ligne de conduite eût mieux valu que celle qui a été adoptée par le premier ministère de la révolution; ce que je sais bien, c'est qu'elle eût été différente. Au lieu de montrer de la défiance au peuple et de chercher à le faire rétrograder, je serais entré franchement dans le mouvement révolutionnaire, et j'ai la conviction qu'en paraissant alors accorder beaucoup, on eût, en réalité, fait bien moins de concessions qu'en définitive on ne sera forcé d'en faire. J'aurais surtout pris pour point de départ les événements qui venaient de se passer, et toutes mes mesures auraient été présentées comme des conséquences de la révolution. On a, au contraire, cru devoir regarder l'ordre de choses ancien comme n'ayant éprouvé qu'une perturbation momentanée, et par suite une amélioration; et cette manière d'envisager la révolution et de ne vouloir la considérer que comme une circonstance passagère, a occasioné de graves mécontentements dont le contre-coup se fait encore sentir chaque jour. Je ne terminerai pas ces réflexions sans te faire remarquer qu'elles ne sont pas le résultat des circonstances, et que je ne suis pas prophète après l'événement. Ce que je dis que j'aurais fait, j'ai jusqu'à satiété conseillé de le faire, et de nombreux témoins se rappellent l'insistance, souvent importune, de mes conseils.

« Charles X était resté à Saint-Cloud jusqu'au vendredi 30 juillet. Craignant alors, sans doute, le voisinage trop immédiat de Paris, il songea à se retirer sur Versailles. Les portes de cette ville lui furent refusées, et il se rendit à Trianon. Au moment du départ, le duc d'Angoulême releva lui-même un piquet de cavalerie qui défendait le passage du pont de Sèvres. Une population nombreuse et sans armes était à l'autre extrémité de ce pont. On eut la barbarie d'ordonner sur elle une décharge de mousqueterie qui blessa plusieurs femmes et un enfant. C'est ainsi que les Bourbons faisaient leurs adieux à ce qu'ils appelaient leur peuple.

« La cour dîna samedi à Trianon. Les dîners, comme on sait, ont toujours joué un grand rôle dans l'histoire des Bourbons. Charles X affectait beaucoup de gaîté : il disait aux maréchaux et généraux qui étaient encore auprès de lui, et qui n'y furent pas long-temps, que ses *cent jours* ne seraient pas aussi longs que ceux de son frère, parce qu'il n'avait pas affaire à un Napoléon. Dans la nuit du samedi au dimanche, les débris de la cour firent leur retraite sur Rambouillet. Malgré l'assurance qu'elle cherchait à feindre, et les troupes considérables qui l'environnaient encore, la famille royale commençait à éprouver une profonde terreur. Elle n'osa pas confier son voyage à la clarté du jour. Plusieurs convives du dîner de Trianon partirent, en sortant de table, pour Paris, afin de savoir s'ils devaient ou non rester fidèles à leur ancien *maître*. Leur fidélité était subordonnée aux chances qu'il avait de conserver la couronne.

« Pendant que Charles X rêvait un reste de royauté qui allait lui échapper, MM. Pastoret, chancelier de France, de Sémonville, grand-référendaire de la Chambre des pairs, et Barbé-Marbois, premier président de la Cour de cassation, venaient offrir leurs respects, et en quelque sorte leur soumission au Prince lieutenant-général. A la suite de cette démarche, M. Pastoret fut tellement honteux de son ingratitude envers son roi légitime, qu'il donna sa démission.

« Le *Moniteur* faisait connaître la manière dont la Commission municipale avait, sous le nom des commissaires provisoires, composé le ministère de la révolution. Elle avait placé Dupont à la justice, Louis aux finances, Gérard à la guerre, Rigny à la marine, Bignon aux affaires étrangères, Guizot à l'instruction publique, Broglie à l'intérieur. On a peine à comprendre tous ces choix, surtout lorsque l'arrêté qui les consacre est signé d'Audry de Puyraveau, de Schonen, de Mauguin et de Lobau. Ils sont loin d'offrir une majorité d'amis de la révolution, et ne peuvent s'expliquer qu'en supposant qu'ils ont été faits sous l'influence de Casimir Périer, qui, par prudence, n'aura pas voulu les sanctionner de sa signature.

« Une mesure adoptée par la même Commission municipale d'accord avec Lafayette a été vivement blâmée. C'est celle qui créait une garde nationale mobile composée de vingt régiments, et lui accordait une haute paie de trente sous par jour. Cette mesure a pu être onéreuse sous le rapport financier, pendant le peu de temps qu'elle a duré, mais politiquement elle a rendu un véritable service en purgeant la capitale d'un grand nombre d'hommes que leur défaut de moyens d'existence aurait pu rendre très-nuisibles à la tranquillité publique.

« La Commission municipale nomma aussi les maires et adjoints des douze arrondissements de Paris. Ses choix se portèrent sur ceux que, dans le moment du danger, les citoyens avaient désignés pour leurs chefs : aussi furent-ils en général excellents. Enfin, elle plaça Laborde à la préfecture de la Seine, et Bavoux à la préfecture de police. Tous ces actes sont du 31 juillet, et précèdent ceux du Lieutenant-général, qui n'entra réellement en fonctions que le 1er août.

« Le duc d'Orléans n'adopta pas le ministère exactement comme l'avait formé la Commission municipale. Il conserva Dupont à la justice, Gérard à la guerre, et Louis aux finances; mais il donna l'intérieur à Guizot, et attendit que des intrigues, qui s'agitaient déjà à l'occasion des autres ministères, fussent dénouées pour en disposer. Il remplaça aussi Bavoux par Girod de l'Ain. Cette nomination causa un pro-

fond étonnement à tous les amis de la révolution. Girod de l'Ain, bien qu'il fût à Paris, où il faisait partie des assises, ainsi que de Schonen, n'avait pas une seule fois paru dans nos rangs jusqu'au vendredi 30 juillet au soir. Alors seulement il s'y était montré derrière le bouclier de la lieutenance-générale. Girod n'avait pas plus l'habitude de l'administration que Bavoux, et du moins ce dernier n'avait jamais cessé de montrer du courage et du patriotisme. Girod est un homme dont le talent, les opinions et le caractère sont médiocres. La manière dont il a rempli ses fonctions de préfet de police n'a que trop justifié ce jugement, qui devrait être bien plus sévère, si je parlais d'une époque postérieure à sa présidence de la Chambre. La nomination de Girod me rappela que, lorsque nous portions au duc d'Orléans le vœu de la Chambre pour qu'il acceptât la lieutenance-générale, j'avais dit à Duchaffault : « Vous voyez, mon cher
« général, quels sont ceux qui supportent en
« ce moment le poids du jour, et quels sont
« ceux qui se ménagent et se tiennent à l'é-
« cart. Eh bien! si, comme je n'en doute pas,
« dans deux jours la question est résolue en
« notre faveur, ces derniers auront tout fait...»
Ma prévision se trouvait ainsi justifiée. Il me

semble, au surplus, que c'est une erreur que de croire un magistrat convenablement placé à la préfecture de police, surtout dans des circonstances difficiles. L'habitude de se renfermer dans le texte précis de la loi le rend nécessairement timide et irrésolu lorsqu'il faut savoir prendre un parti décisif, ce qui peut souvent arriver. Il y a dans les fonctions du préfet de police deux parties distinctes : l'une qui se compose d'attributions municipales, et pour lesquelles une connaissance approfondie de l'administration est nécessaire; l'autre qui a rapport à la police de sûreté, à la police politique, en un mot à la police proprement dite. Pour cette dernière, il n'existe pas de règles fixes, de lois positives, et le fonctionnaire est presque toujours forcé d'agir arbitrairement. Il doit être absous par le succès et l'utilité de ses mesures.

«Le 1er août, la Commission municipale vint déposer ses pouvoirs entre les mains du Lieutenant-général, qui la pria de rester provisoirement chargée de tout ce qui concernait la sûreté de Paris. Le même jour, le général Lafayette prit, en sa qualité de commandant général, des mesures pour hâter l'organisation de la garde nationale, dans toutes les parties de la France, et le général Mathieu Dumas lui fut adjoint pour concourir à ce travail sous le titre d'inspecteur général. Ainsi, par un singulier rapprochement, les deux hommes qui avaient, pour ainsi dire, créé la garde nationale en France lors de la révolution de 1789, se trouvaient appelés à la recréer lors de celle de 1830.

« Une ordonnance déclare que la nation française reprend ses couleurs, et qu'il ne sera plus porté d'autre cocarde que la cocarde tricolore. Une autre annonce que la Chambre des pairs et la Chambre des députés se réuniront le 3 août dans le local accoutumé. Par la date de cette convocation, on se traînait dans l'ornière de l'ancien ordre de choses. Tu te rappelleras avec quelle force j'avais combattu cette mesure, le 31 juillet.

« Le *Moniteur* ajoute à la liste des signataires de notre proclamation d'avant-hier, en réponse à celle du Lieutenant-général, Marchal, Bertin de Vaux, général Minot, Le Pelletier d'Aulnay, général Baillod et Béraud. Le premier était au télégraphe, dont il a pris la direction lorsque le canon grondait encore; ainsi son absence s'explique tout naturellement. Quant aux autres, peut-être s'explique-t-elle par un excès de prudence qui n'est surpassée que par celle de Pavée de Vandœuvre, dont la signature arriva encore un jour plus tard.

« En sortant le lundi matin, l'une des choses qui me frappa le plus, ce fut de voir tous les ouvriers occupés à leurs travaux, comme si rien d'extraordinaire ne s'était passé la semaine précédente. Ils avaient été les maîtres de la capitale pendant plusieurs jours, et n'avaient certainement pas abusé de leur puissance. Ils venaient de l'abdiquer et de retourner à leurs habitudes d'ordre et de travail. Ce fait est certainement l'un des plus étonnants d'une époque où nous avons vu tant de choses étonnantes. Il doit donner la plus haute idée d'un peuple qui sait unir la sagesse à la force, et il doit aussi faire comprendre qu'il est temps que ce peuple ait une large part dans notre organisation sociale. A l'exception de quelques barricades dont les restes s'apercevaient de loin à loin, et de places fréquentes où l'on voyait que le pavé avait été bouleversé, on aurait pu se croire dans une ville dont la tranquillité n'avait jamais été troublée.

« Pendant nos fameuses journées, la chaleur avait été véritablement effrayante, et elle continuait encore à l'être. Il était temps que l'on pût détruire les barricades, car sur une foule de points elles interrompaient le cours des ruisseaux et transformaient la plupart des rues en mares infectes. Il est extrêmement heureux que des maladies épidémiques ou même pestilentielles n'aient pas été le résultat de pareils foyers d'infection. Si le choléra se fût déclaré à cette époque, il est impossible de calculer les ravages qu'il eût pu faire dans la population. Il est à remarquer, au contraire, que jamais il n'y eut moins de malades. On n'avait pas le temps de l'être. Les barricades élevées sur les différents points de la ville excédaient le nombre de 4000. La remise en place des pavés a seule coûté plus de 200 mille francs.

« Je vais dîner chez le nouveau ministre de la justice. Il est déja fatigué de sa grandeur récente. Il est vrai que, dans le secret de l'intimité, il se plaint de ne trouver presque aucune sympathie chez la plupart de ses collègues. « Mon ami, me dit-il, ces gens-là n'aiment « ni ne comprennent la liberté. Ils voudraient « nous ramener à ce que nous étions sous le « ministère Martignac. C'est là pour eux le « beau idéal du gouvernement représentatif : « heureusement le Prince est plus patriote « qu'eux, et je ne doute pas qu'il ne veuille sin- « cèrement les conséquences de la révolu- « tion. »

« Mérilhou et Isambert dînaient aussi chez Dupont, dont ils étaient alors les conseillers intimes. Ils avaient montré l'un et l'autre du courage et du dévouement pendant la révolution; c'étaient des patriotes de vieille roche. Avant et après le dîner, nous nous amusâmes à faire l'inventaire du cabinet de M. de Chantelauze, dans lequel rien n'avait encore été changé. Un portefeuille de ministre frappe mes yeux, et je demande ce qu'il contient, parce qu'il est fermé à clef. La clef ne se trouvait pas. Je propose de le faire ouvrir par un serrurier, mais Dupont, par un louable scrupule de probité, hésite à en faire donner l'ordre. Nous le rassurons, et nous lui démontrons que tous les papiers du ministère sont en sa possession au même titre qu'ils étaient en la possession de M. de Chantelauze. Le portefeuille est ouvert, et nous y trouvons les originaux des funestes ou plutôt des heureuses ordonnances du 25 juillet, signées par tous les ministres de Charles X. Ces ordonnances étaient accompagnées du rapport qui les motivait, écrit d'une main autre que celle des ministres signataires, mais qui ne paraissait pas pourtant être celle d'un commis. Le portefeuille contenait aussi quelques lettres de famille insignifiantes. Il fut dressé procès-verbal de tout son contenu, et ces pièces originales ont depuis joué un grand rôle dans le procès des ministres. Si on les eût soustraites, ils auraient pu soutenir avec quelque apparence de vérité, que les ordonnances n'avaient jamais été signées par eux.

«Charles X était toujours à Rambouillet, d'où il avait écrit pour demander des commissaires, afin de lui servir de sauvegarde et l'accompagner jusqu'à Cherbourg. Il avait en même temps adressé la lettre suivante au duc d'Orléans:

« Rambouillet, ce 2 août 1830.

« Mon cousin, je suis trop profondément
« peiné des maux qui affligent ou pourraient
« menacer mes peuples, pour n'avoir pas cher-
« ché un moyen de les prévenir. J'ai donc pris la
« résolution d'abdiquer la couronne en faveur
« de mon petit-fils le duc de Bordeaux.

« Le Dauphin, qui partage mes sentiments,
« renonce aussi à ses droits en faveur de son
« neveu.

« Vous avez donc, en votre qualité de Lieu-
« tenant-général du royaume, à faire proclamer
« l'avénement de Henri V à la couronne. Vous
« prendrez d'ailleurs toutes les mesures qui
« vous concernent pour régler les formes du
« gouvernement pendant la minorité du nou-
« veau Roi. Ici je me borne à faire connaître
« ces dispositions; c'est un moyen d'éviter en-

« core bien des maux. Vous communiquerez
« mes intentions au corps diplomatique, et vous
« me ferez connaître le plus tôt possible la pro-
« clamation par laquelle mon petit-fils sera
« reconnu Roi sous le nom de Henri V.

« Je charge le lieutenant-général comte de
« Foissac-Latour de vous remettre cette lettre.
« Il a ordre de s'entendre avec vous pour les
« arrangements à prendre en faveur des per-
« sonnes qui m'ont accompagné, ainsi que pour
« les arrangements convenables en ce qui me
« concerne et le reste de ma famille.

« Nous réglerons ensuite les autres mesures qui
« seront la conséquence du changement de règne.

« Je vous renouvelle, mon cousin, l'assu-
« rance des sentiments avec lesquels je suis
« votre affectionné cousin

« CHARLES.

« LOUIS-ANTOINE. »

« Cette abdication, comme on le voit, est conditionnelle, et la condition à laquelle elle est soumise, est l'avénement de Henri V au trône de France. Elle est donc évidemment nulle, si le duc de Bordeaux n'est pas proclamé Roi, et surtout elle ne peut profiter à aucun autre qu'à lui. Voilà ce que disent la logique et le bon sens. Nous verrons bientôt que l'une et l'autre ne sont pas toujours à l'usage des doctrinaires. On attachait à cette abdication une si grande importance, que pour en bien constater l'authenticité, on en fit faire sur-le-champ le dépôt à la Chambre des pairs.

« Une autre pièce qui nécessairement devait avoir précédé celle qu'on vient de lire, et qui était datée de la veille, commençait aussi à se répandre dans le public, où elle causait de l'agitation et de l'inquiétude, parce qu'il y avait beaucoup de gens à qui l'on avait persuadé que le duc d'Orléans ne s'était interposé entre le pays et la famille royale, que pour conserver les droits de cette dernière. Le *Moniteur* l'annonça dans sa partie *non-officielle*. Voici ce qu'on y lit : « On parle d'une pièce
« conçue en ces termes :

« Le Roi, voulant mettre fin aux troubles qui
« existent dans la capitale et dans une partie de
« la France, comptant d'ailleurs sur le sincère
« attachement de son cousin le duc d'Orléans,
« le nomme Lieutenant - général du royaume.

« Le Roi, ayant jugé convenable de retirer
« ses ordonnances du 25 juillet, approuve que
« les Chambres se réunissent le 3 août, et il
« veut espérer qu'elles rétabliront la tranquil-
« lité en France.

« Le Roi attendra ici le retour de la personne

« chargée de porter à Paris cette déclaration.

« Si on cherchait à attenter à la vie du Roi
« ou de sa famille, ou à leur liberté, il se dé-
« fendra jusqu'à la mort.

« Fait à Rambouillet le 1er août 1830.

« Charles. »

On voit que dans ces graves circonstances rien ne se faisait avec une entière franchise. Les prétentions de Charles X à conserver un reste de pouvoir ou même à le déléguer, avaient été proscrites les 28 et 29 juillet par le peuple de Paris. C'était un fait accompli qu'il fallait loyalement accepter, en livrant au ridicule de la publicité les actes sans valeur d'une puissance déchue. Au lieu de cette marche si naturelle, les ministres doctrinaires cherchaient à tirer parti de ces actes pour y puiser des droits que le peuple seul pouvait consacrer, mais dont ils ne voulaient pas reconnaître la véritable, l'unique origine. J'ai même la certitude que, parmi les personnes qui environnaient le duc d'Orléans, il en est plusieurs qui désiraient vivement que l'on acceptât les conditions dictées par Charles X, sauf à laisser croire au pays qu'on gouvernerait à un autre titre. De cette manière on aurait eu la royauté de *fait* du duc d'Orléans, car la régence n'eût pas été autre chose; on aurait conservé la chance de lui voir arriver la royauté de *droit* par les voies naturelles, c'est-à-dire par la mort du duc de Bordeaux; et enfin on se serait trouvé en bonne position, à l'égard du successeur *légitime*, dans le cas où il serait monté sur le trône. On voit que la conduite de nos hommes politiques ne manque pas d'*habileté*, et qu'elle justifie leur dédain pour ceux dont la conduite n'a de base que la franchise et la loyauté. On a été jusqu'à affirmer que des lettres avaient été écrites dans le sens de cette combinaison à diverses puissances étrangères, et qu'elles ont été depuis l'une des causes les plus directes de nos embarras diplomatiques et de la situation fausse dans laquelle nous sommes placés à l'égard du reste de l'Europe.

« Le 2 août au soir, le bruit se répandit que Charles X refusait de quitter Rambouillet jusqu'à ce que son petit-fils fût reconnu. Ce bruit exaspéra au plus haut degré la population parisienne. Par un mouvement spontané, et avant aucune initiative du pouvoir, les citoyens se réunirent, le 3 au matin, aux Champs-Élysées, et annoncèrent l'intention de se porter sur Rambouillet pour, disaient-ils, en finir une bonne fois avec les Bourbons. On aurait tort de croire que cette réunion de citoyens armés se composait uniquement de ce qu'on appelle habituellement le peuple, c'est-à-dire de la classe la moins riche de la société ; des citoyens de toutes les classes en faisaient partie, et j'ai entendu des hommes fort riches exprimer la pensée que ne justifiaient pas même les circonstances, *qu'il ne fallait pas qu'un seul Bourbon en réchappât.* Ces hommes-là sont aujourd'hui du *juste-milieu.* On sentit cependant le besoin de régulariser un pareil mouvement qui, après avoir été utile au dehors, pouvait, lors du retour, devenir dangereux au dedans. On lui donna pour chef le général Pajol, qui prit Jacqueminot pour son chef d'état-major. On ne se dissimulait pas qu'on n'avait encore rien fait pour tranquilliser le pays sur son avenir, et l'on craignait son mécontentement ; mais on était fort embarrassé, parce qu'on ne se souciait pas de faire ce qu'il aurait fallu pour que le peuple fût satisfait. Ce vague, cette indécision dans lesquels on laissait les esprits, permettaient aux factions de ne pas perdre tout espoir, et les républicains, déconcertés par la proclamation de la Lieutenance-générale, commençaient à ressaisir leurs premières espérances.

« Le nombre des hommes dirigés sur Rambouillet s'accrut dans une énorme proportion. Il ne devait être d'abord que de 6,000. Plus de 20,000 partirent de Paris, et un plus grand nombre encore arriva à Coignières, village situé à environ trois lieues de Rambouillet, où l'on établit le quartier-général de cette armée improvisée. Il est vrai que les populations des campagnes s'étaient réunies à celle de la capitale, et qu'on avait recruté en route des gardes nationaux du Havre, de Rouen et de divers autres points, qui venaient offrir le secours de leurs bras à leurs frères de Paris. Les fiacres, les voitures des environs, les omnibus, les voitures particulières même que l'on rencontrait sur la voie publique, en un mot, tout ce qu'on avait trouvé propre à servir de moyens de transport avait été mis en réquisition pour accélérer les mouvements de l'armée citoyenne. Toute la population valide eût fini par se porter sur Rambouillet, si l'on ne se fût empressé de faire connaître que cela devenait sans objet, et que d'ailleurs il était utile que des citoyens restassent dans la ville pour y maintenir la tranquillité.

«La spontanéité et l'unanimité de ce mouvement firent trembler Charles X. Il sentit que, quel que fût le dévouement des troupes qui l'environnaient, elles ne tarderaient pas à être entourées et massacrées. Il avait conçu le projet de se retirer dans la Vendée; mais le soulèvement de tout le pays intermédiaire l'en dissuada. Ce parti était le seul qui lui restât, et s'il l'eût pris, il nous eût créé les plus graves embarras. Il est évident qu'avec ce qu'il avait de troupes, et un peu de courage personnel, il eût pu facilement arriver dans un pays déjà façonné pour la guerre civile. Nous sommes réduits à nous féliciter de la lâcheté de ceux qui ont régné sur nous pendant seize ans. Charles X prêta enfin l'oreille aux propositions des commissaires, et consentit à partir pour Cherbourg, mais à condition qu'il s'y rendrait à petites journées. Il voulait abandonner le plus tard possible ses chances de retour. Il se faisait illusion, car depuis huit jours il n'en existait plus pour lui. Quoi qu'il en soit, Odilon-Barrot, qui a exercé la plus grande influence sur la détermination royale, a rendu un immense service. Si, dans un accès de désespoir, Charles X eût été capable de tenter la chance des armes, bien qu'elle n'eût pas été long-temps douteuse, les troupes régulières et dévouées qui l'environnaient eussent fait un effroyable carnage des citoyens indisciplinés, qui n'avaient pour eux que leur courage et leur patriotisme.

« Le 3 août, à dix heures du soir, la lettre suivante fut adressée, de Rambouillet, au lieutenant-général :

« Monseigneur,

« C'est avec bonheur que nous vous annon-
« çons le succès de notre mission. Le Roi se
« détermine à partir avec toute sa famille.
« Nous vous apporterons avec la plus grande
« exactitude tous les détails, tous les incidents
« de ce voyage. Puisse-t-il se terminer heu-
« reusement ! Nous suivons la route de Cher-
« bourg; nous partons dans une demi-heure;
« toutes les troupes sont dirigées sur Épernon,
« et demain matin, on déterminera quelles
« sont celles qui suivront définitivement le Roi.

« Nous sommes avec dévouement, etc.

« De Schonen, le maréchal Maison,
Odilon-Barrot. »

« L'assurance du départ du Roi calma l'effervescence, et permit de s'occuper d'autres intérêts. Je n'ai pas voulu interrompre le récit de cet incident, afin de le présenter avec plus de clarté. Je reviens à ce qui se passa à Paris pendant la matinée du 3 août.

« Le matin de très-bonne heure, je me rendis

au ministère de la justice. Dupont m'entretint longuement de tous les embarras qui existaient relativement à la formation définitive du ministère. Les intrigues s'agitaient dans tous les sens, et au milieu de leurs feux croisés, l'imperturbable loyauté du ministre, si bien placé à la justice, ne savait à qui entendre. Sébastiani, qui a toujours eu la prétention d'être habile diplomate, aspirait au portefeuille des affaires étrangères, mais comme il avait le sentiment de son impopularité, il n'osait pas encore s'en saisir. Il se bornait à écarter les hommes capables, afin de trouver un peu plus tard la place libre. C'est ainsi qu'il fit repousser Bignon, sous le prétexte que son Histoire de la diplomatie française le constituait dans un état d'hostilité permanent avec la diplomatie étrangère. Dupont fut chargé de faire entendre à Bignon, qui était déjà installé au ministère que lui avait attribué la Commission municipale, que de hauts intérêts politiques s'opposaient à ce qu'il le conservât, et qu'on désirait qu'il l'échangeât contre le ministère de l'instruction publique. Dupont ne savait comment s'y prendre. Il trouvait que c'était un mauvais compliment à faire à son collègue, et d'ailleurs il désapprouvait la mesure. D'un autre côté, il sentait la nécessité d'organiser définitivement le ministère, et de lever les obstacles qui s'y opposaient. Tout cela le rendait fort perplexe. Je le tirai d'embarras en me chargeant de la négociation, et Bignon, quoique très-surpris de ce qu'on l'ôtait d'un ministère auquel les travaux et les habitudes de toute sa vie le rendaient parfaitement propre, pour lui en offrir un auquel il était entièrement étranger, se rendit d'assez bonne grace. Je le menai chez Dupont, où la mutation fut convenue. Bignon ne resta pas plus long-temps à l'instruction publique qu'il n'était resté aux affaires étrangères, et peu de jours après, le duc de Broglie l'évinça de ses nouvelles fonctions. Il devint alors ministre sans portefeuille. C'était une fonction qu'avaient imaginée quelques personnes qui ne voulaient ou plutôt n'osaient pas encore être ministres, et qui cependant désiraient exercer une action directe sur notre réorganisation politique, et la pétrir, en quelque sorte, à leur guise. Ces espèces de ministres *in partibus* étaient Laffitte, Casimir Périer, Dupin, et le duc de Broglie, avec qui Bignon se trouva faire un échange. Cette institution, si l'on peut donner ce nom à une organisation essentiellement provisoire et momentanée, était l'une des plus vicieuses que l'on pût imaginer. Les ministres sans portefeuille, et par conséquent, sans responsabilité, de quelque nature qu'elle fût, votaient dans le conseil tout aussi bien que les autres, et peut-être y exerçaient une plus grande influence; mais les conséquences des mesures qu'ils faisaient adopter les touchaient peu, parce que ce n'était pas à eux qu'on pouvait les reprocher. Les ministres titulaires supportaient impatiemment le joug de leurs collègues irresponsables, mais ils n'avaient pas le courage de s'en affranchir. On sent, dans un conseil ainsi composé, combien il devait y avoir de tiraillements. Les propositions inconsidérées, les mesures incohérentes y abondaient, et ceux qu'elles auraient pu rendre accusables, ne pouvaient pas toujours s'y soustraire. Là se trouve encore l'une des causes principales des fautes si nombreuses commises à la suite de notre révolution.

« Sébastiani, en attendant les affaires étrangères, s'empara de la marine, qui avait été destinée à Rigny; mais celui-ci était absent, et l'on sait qu'en politique surtout, les absents ont tort. En remplissant ce premier ministère, Sébastiani espérait habituer l'opinion publique à lui, et rendre plus facile son entrée dans celui qui faisait l'objet de toute son ambition, et que nous lui avons vu remplir depuis. L'éloignement de Bignon rendait fort difficile le choix d'un successeur. On imagina de nommer le maréchal Jourdan ministre des affaires étrangères. Le vieux maréchal est l'une des plus anciennes et des plus illustres gloires de la première révolution. C'est un excellent citoyen et même un homme d'esprit, mais il est accablé par l'âge et par les infirmités, et d'ailleurs ce n'est pas à près de soixante et quinze ans que l'on peut commencer un apprentissage politique. Quelque honorable que fût le maréchal, le choix était donc ridicule, et c'est ce qu'avait voulu celui par qui il était dicté.

« Dupont travaillait de son mieux à organiser son ministère ; il venait de faire nommer Mérilhou, secrétaire-général du ministère de la justice ; Bernard de Rennes, procureur-général près la cour royale de Paris, en remplacement de Jacquinot-Pampelune, qui fût sans doute resté volontiers, et n'eût pas été moins dévoué au nouveau régime qu'aux précédents; et Barthe, procureur du Roi près le tribunal de première instance de la Seine. Ce dernier remplaçait M. Billot, de qui l'on avait dit énergiquement, que c'était un véritable meuble de bourreau.

« En lisant le *Moniteur*, je fus frappé d'un *erratum* qu'il contenait, et qui était ainsi

conçu : « C'est par erreur que la dernière
« phrase de la proclamation de son Altesse
« Royale, Monseigneur le Lieutenant-général
« du royaume, a été imprimée en ces mots :
« *Une* Charte sera désormais une vérité. Cette
« phrase est ainsi conçue : *La* Charte sera
« désormais une vérité ; et c'est ainsi qu'elle se
« trouve dans la première édition publiée et
« affichée sur tous les murs de Paris. »

« Cet *erratum* est un mensonge qui dénote
et fait pressentir dans quel esprit les ministres doctrinaires ont compris la révolution de juillet. Pour eux, c'était *la* Charte et rien que *la* Charte, c'est-à-dire la restauration qu'il s'agissait de maintenir. Telle a été et telle est encore leur prétention, leur désir, leur volonté. Aussi le *Journal des Débats*, leur plus fidèle organe, avait-il eu soin, en publiant, le 1ᵉʳ août, la proclamation du Lieutenant-général, de mettre *la* Charte, lorsque tous les autres journaux, sans exception, copiant exactement l'acte original, avaient imprimé *une* Charte. J'affirme, au surplus, malgré l'*erratum*, que la proclamation signée par le duc d'Orléans, et qu'il nous remit pour être portée, par nous, à la Chambre des Députés, contenait le mot *une*, ainsi que le placard affiché sur les murs de Paris. Cette

circonstance ne m'aurait pas paru mériter la moindre attention sans l'insistance avec laquelle on a cherché à démentir un fait dont la ville de Paris entière avait été témoin. Cette insistance est d'ailleurs une indication précieuse à recueillir de la ligne que dès lors on se proposait de suivre, ligne dans laquelle on a persisté, et qui, si l'on n'y prend garde, pourra conduire aux plus fâcheuses conséquences (1).

« La session a été ouverte aujourd'hui à une heure. Le Lieutenant-général s'est rendu à la Chambre des députés, où un assez petit nombre de pairs s'était réuni. Le duc de Nemours accompagnait seul son père, le duc de Chartres n'étant pas encore arrivé à Paris, où il est attendu à la tête de son régiment. La cérémonie a été simple et modeste, ainsi qu'il convient au gouvernement qui s'établit, ou plutôt il n'y a pas eu de cérémonie. Le duc d'Orléans, après nous avoir invités à nous asseoir, a lu le discours suivant :

(1) Je voulais ajouter une preuve à celles qui précèdent en me procurant une copie *certifiée conforme* de l'original de la proclamation que je supposais conservé dans les archives de la Chambre des députés. Par une fatalité singulière, la réponse du Prince a disparu des archives de la Chambre comme l'invitation de celle-ci avait disparu des archives de la maison d'Orléans.

« Messieurs les Pairs et Messieurs les Dépu-
« tés, Paris, troublé dans son repos par une
« déplorable violation de la Charte et des lois,
« les défendait avec un courage héroïque.

« Au milieu de cette lutte sanglante, aucune
« des garanties de l'ordre social n'existait plus :
« les personnes, les propriétés, les droits,
« tout ce qui est précieux et cher à des hommes
« et à des citoyens, couraient les plus graves
« dangers.

« Dans cette absence de tout pouvoir pu-
« blic, le vœu de mes concitoyens s'est tourné
« vers moi; ils m'ont jugé digne de concourir
« avec eux au salut de la patrie; ils m'ont in-
« vité à exercer les fonctions de Lieutenant-
« général du royaume.

« Leur cause m'a paru juste, le péril im-
« mense, la nécessité impérieuse, mon devoir
« sacré. Je suis accouru au milieu de ce vaillant
« peuple, suivi de ma famille, et portant ces
« couleurs qui, pour la seconde fois, ont mar-
« qué parmi nous le triomphe de la liberté.

« Je suis accouru fermement résolu à me
« dévouer à tout ce que les circonstances exi-
« geraient de moi, dans la situation où elles
« m'ont placé, pour rétablir l'empire des lois,
« sauver la liberté menacée, et rendre impos-
« sible le retour de si grands maux, en assu-
« rant à jamais le pouvoir de cette Charte dont

« le nom invoqué pendant le combat l'était
« encore après la victoire.

« Dans l'accomplissement de cette noble
« tâche, c'est aux Chambres qu'il appartient
« de me guider.

« Tous les droits doivent être solidement
« garantis ; toutes les institutions nécessaires
« à leur plein et entier exercice doivent rece-
« voir les développements dont elles ont be-
« soin.

« Attaché de cœur et de conviction aux
« principes d'un gouvernement libre, j'en ac-
« cepte d'avance toutes les conséquences. Je
« crois devoir appeler dès aujourd'hui votre
« attention sur l'organisation des gardes na-
« tionales, l'application du jury aux délits de
« la presse, la formation des administrations
« départementales et municipales, et avant
« tout, sur cet article 14 de la Charte, qu'on
« a si odieusement interprété.

« C'est dans ces sentiments, Messieurs, que
« je viens ouvrir cette session.

« Le passé m'est douloureux; je déplore des
« infortunes que j'aurais voulu prévenir; mais
« au milieu de ce magnanime élan de la ca-
« pitale et de toutes les cités françaises, à l'as-
« pect de l'ordre renaissant avec une merveil-
« leuse promptitude, après une résistance pure
« de tout excès, un juste orgueil national émeut

« mon cœur, et j'entrevois avec confiance l'a-
« venir de la patrie.

« Oui, Messieurs, elle sera heureuse et libre
« cette France qui m'est si chère; elle montrera
« à l'Europe, qu'uniquement occupée de sa
« prospérité intérieure, elle chérit la paix aussi
« bien que les libertés, et ne veut que le bon-
« heur et le repos de ses voisins.

« Le respect de tous les droits, le soin de
« tous les intérêts, la bonne foi dans le gou-
« vernement, sont les meilleurs moyens de
« désarmer les partis et de ramener dans les
« esprits cette confiance dans les institutions,
« cette stabilité, seuls gages assurés du bon-
« heur des peuples et de la force des états.

« MM. les Pairs, et MM. les Députés, aussitôt
« que les chambres seront constituées, je ferai
« porter à leur connaissance l'acte d'abdication
« de S. M. le Roi Charles X; par le même acte
« S. A. R. Louis-Antoine de France, dauphin,
« renonce également à ses droits; cet acte a
« été remis entre mes mains, hier 2 août à
« onze heures du soir. J'en ordonne ce matin
« le dépôt dans les archives de la Chambre des
« pairs, et je le fais insérer dans la partie of-
« ficielle du *Moniteur*. »

« Ce discours est écrit avec une négligence
remarquable, et malheureusement il n'est pas
mieux pensé. Il n'annonce aucune connais-

sance, aucune idée juste de la situation du pays. Ce que l'on attendait avec le plus d'impatience, c'était l'indication précise de la marche que devait suivre le gouvernement pour nous soustraire à l'anarchie qui nous menace. Le discours n'en dit pas un mot; et ce à quoi l'on paraît attacher le plus d'importance, c'est à cet acte d'abdication que j'ai déja fait connaître. Tout cela est pauvre, mesquin, maladroit. Il serait injuste de faire peser sur le duc d'Orléans le blâme de ce qu'il y a d'insuffisant dans sa conduite. Mais il est environné d'hommes dont le devoir est de lui donner de bons conseils; s'il se conduit mal, ceux-là sont les vrais coupables.

« Après le départ du Lieutenant-général, plusieurs députés proposent de commencer immédiatement l'examen et la vérification des pouvoirs, mais les autres repoussent cette proposition, et nous sommes ajournés à demain matin. Il semble à une foule de nos collègues que nous soyons dans un état ordinaire et que rien ne doive être changé à la lenteur de nos habitudes de discussion. Le public qui en juge mieux, et qui aspire après quelque chose de définitif, est mécontent du temps que nous perdons, et la presse nous gourmande avec raison.

« Il y a quatre jours que nous avons un

Lieutenant-général; il y en a trois que des ministres ont été nommés; que s'est-il passé depuis cette époque? Le ministère n'est pas encore définitivement constitué, aucune mesure importante n'a été, je ne dirai pas prise, mais ébauchée. Les hommes qui environnent le Lieutenant-général et qui paraissent avoir sa confiance sont d'opinions fort diverses, je pourrais même dire opposées. Une imperceptible minorité voudrait marcher selon les principes de la révolution, c'est-à-dire, en évitant les fautes par lesquelles elle a été produite. La majorité, ou s'est opposée à cette révolution, ou l'a vue arriver avec peine, ou tout au moins veut la restreindre à un simple changement de dynastie. De là naît l'indécision, l'incertitude; et lorsqu'il faudrait marcher d'un pas assuré dans les voies nouvelles, une stagnation désolante, une apathie funeste...

« A peine quelques nominations de fonctionnaires publics signalent que nous avons un gouvernement, et qu'il s'occupe de nos intérêts. A côté de ce fantôme de gouvernement, qui ne sait ce qu'il veut, le peuple a une volonté ferme et arrêtée. Il sait ce qu'il lui faut; et ce qu'il lui faut, c'est d'être gouverné d'après les principes d'une saine et large liberté. Si les hommes que le hasard a placés à sa tête ne savent pas lui donner ce qu'il desire, ce dont il a besoin, il ira le demander n'importe à qui, à la république peut-être, s'il croit qu'avec elle sa tranquillité puisse être définitivement assurée.

« Les hommes sages comprennent toutes les difficultés que doit éprouver un gouvernement qui s'établit, mais ils ne lui pardonnent pas de rester dans un *statu quo* qui les expose à de nouveaux troubles. Le besoin d'un chef unique et définitif commence à se faire sentir, et le choix même en semble indiqué; mais il faut bien que celui que nous porterons au pouvoir sache qu'il n'est pas indispensable, et que s'il ne répondait pas à l'attente du peuple, en assurant son bonheur, rien ne pourrait le lui faire conserver. L'admirable révolution qui vient de se faire en trois jours, prouve avec quelle facilité on peut changer un gouvernement qui ne convient plus au pays. Que celui que l'on choisira ait toujours cette leçon présente à sa pensée. Désormais le peuple fera lui-même ses affaires toutes les fois qu'il ne les trouvera pas bien faites par ceux qu'il en aura chargés.

« Le 3 août au soir, j'étais chez Laffitte à causer avec quelques députés de la situation incertaine dans laquelle nous nous trouvions. Deux actes de la journée excitaient, l'un la désapprobation, l'autre la moquerie. Le premier était la nomination de Pasquier à la présidence de la Chambre des Pairs; et le second, la faculté accordée aux ducs de Chartres et de Nemours d'assister aux séances de cette Chambre. Le choix de l'*inévitable* ministre de Louis XVIII, de celui qui avait trouvé moyen de surgir dans un si grand nombre de combinaisons politiques sous le régime déchu, annonçait une tendance rétrograde que l'on ne pouvait trop blâmer. C'était une nomination de coterie à la fois doctrinaire et légitimiste.

« L'espèce d'état politique conféré à deux princes, dont l'un était encore enfant, et dont l'autre échappait à peine à l'enfance, ne serait, dans des circonstances ordinaires, qu'un enfantillage ridicule. Dans les circonstances actuelles, lorsque les mesures les plus importantes sont négligées, l'absurdité de celle-là devient criante. Elle l'est bien plus encore lorsque l'on songe que d'autres ordonnances, rendues en même temps et sous la même date, créaient aussi les deux princes grand'croix de la légion d'honneur. Il est difficile de deviner quel esprit quintessencié de courtisan a pu, dans la situation où nous sommes, trouver le loisir de s'occuper de pareilles choses (1).

(1) La grande jeunesse du duc de Nemours et l'absence du duc de Chartres prouvent que les princes furent étrangers à ces actes bizarres.

« Notre conversation était l'image fidèle de l'état du pays. On se félicitait d'avoir pu échapper à la tyrannie contre-révolutionnaire, mais on était mécontent du présent, et l'on ne savait pas ce que l'on devait espérer de l'avenir. Les factions, qui s'agitaient autour d'un gouvernement sans force, ajoutaient encore à l'inquiétude que l'on éprouvait.

« Alors me vint la pensée de faire ce que le gouvernement ne faisait pas, et ce qu'il eût été de son devoir de faire. Je me proposai d'en finir avec l'ancienne dynastie, d'en créer une nouvelle, d'établir les conditions constitutionnelles auxquelles elle devrait son existence, en un mot, si je puis m'exprimer ainsi, de solder le compte du passé, et de régler celui de l'avenir. Mon projet fut accueilli avec une sorte d'enthousiasme par ceux qui m'écoutaient. Étienne surtout l'embrassa avec une telle ardeur que je crus qu'il allait se charger de le réaliser, et, par une juste défiance de mes forces, j'étais au moment de lui en laisser l'honneur, lorsque Cauchois-Lemaire, qui faisait partie de mes interlocuteurs, me pressa vivement d'exécuter moi-même ce que j'avais conçu. « Étienne,
« me dit-il, ne le fera pas, parce qu'il n'a pas
« l'énergie nécessaire pour exécuter un tel
« acte. Ensuite, s'il le faisait, il le ferait dans
« un esprit qui ne répondrait pas à vos idées. »

Cauchois-Lemaire m'accompagna jusqu'à ma porte, en continuant à me parler dans le même sens, et je rentrai chez moi tout-à-fait converti. Il était minuit. Je me mis aussitôt à l'ouvrage, et ne me couchai que lorsque j'eus rédigé le projet de proposition suivant :

« Un pacte solennel unissait le peuple fran« çais à son monarque ; ce pacte vient d'être « brisé. Les droits auxquels il avait donné nais« sance ont cessé d'exister. Le violateur du « contrat ne peut, à aucun titre, en réclamer « l'exécution.

« L'acte d'abdication (1), dont vous venez « d'entendre la lecture, est une nouvelle per« fidie. L'apparence de légalité dont il est re« vêtu n'est qu'une déception. C'est un bran« don de discorde que l'on voudrait lancer au « milieu de nous.

« Les ennemis de notre pays s'agitent de « toutes les manières ; ils revêtent toutes les « couleurs ; ils affectent toutes les opinions. « Un désir anticipé de liberté indéfinie s'em« pare-t-il de quelques esprits généreux, ces « ennemis s'empressent d'exploiter un senti-

(1) On avait annoncé la lecture de l'acte d'abdication, qui fut en effet présenté à la Chambre pendant que la commission était occupée de l'examen de ma proposition. La Chambre se borna à en ordonner le dépôt aux archives.

« ment qu'ils sont incapables de comprendre,
« et des royalistes-ultras se présentent sous la
« livrée de républicains rigides. Quelques au-
« tres affectent, pour le fils oublié du vainqueur
« de l'Europe, un hypocrite attachement qui se
« changerait bientôt en haine, s'il pouvait être
« question de faire, de *cet élève de l'étranger*,
« un chef de la France.

« L'instabilité des moyens actuels de gou-
« vernement encourage les fauteurs de dis-
« corde ; faisons-la cesser. Une loi suprême,
« celle de la nécessité, a mis au peuple de Pa-
« ris les armes à la main, afin de repousser
« l'oppression. Cette loi nous a fait adopter,
« comme chef provisoire et comme moyen de
« salut, un Prince ami sincère des institu-
« tions constitutionnelles. La même loi veut
« que nous adoptions ce Prince pour chef dé-
« finitif de notre gouvernement.

« Mais quelle que soit la confiance qu'il nous
« inspire, les droits que nous sommes appelés
« à défendre exigent que nous établissions les
« conditions auxquelles il obtiendra le pouvoir.
« Odieusement trompés à diverses reprises, il
« nous est permis de stipuler des garanties
« sévères. Nos institutions sont incomplètes,
« vicieuses même sous divers rapports ; il nous
« importe de les étendre et de les perfection-
« ner. Le Prince qui se trouve à notre tête a été

« au-devant de notre juste exigence. Les prin-
« cipes de plusieurs lois fondamentales ont été
« proposés par la Chambre et reconnus par lui.

« Le rétablissement de la garde nationale,
« avec l'intervention des gardes nationaux
« dans le choix des officiers; l'intervention des
« citoyens dans la formation des administra-
« tions départementales et municipales; le jury
« pour les délits de la presse; la responsabilité
« des ministres et des agents secondaires de l'ad-
« ministration; l'état des militaires légalement
« fixé; la réélection des députés promus à des
« fonctions publiques, nous sont déja assurés.

« L'opinion réclame en outre, non plus
« une vaine tolérance de tous les cultes, mais
« leur égalité la plus complète devant la loi;
« l'expulsion des troupes étrangères de l'armée
« nationale; *l'abolition de la noblesse ancienne
« et nouvelle;* l'initiative des lois attribuée éga-
« lement aux trois pouvoirs; la suppression du
« double vote électoral; l'âge et le cens d'éli-
« gibilité convenablement réduits; enfin la re-
« constitution totale de la pairie, dont les bases
« ont été successivement viciées par des mi-
« nistres prévaricateurs.

« Nous sommes les élus du peuple, Mes-
« sieurs; il nous a confié la défense de ses
« intérêts et l'expression de ses besoins. Ses

« premiers besoins, ses plus chers intérêts
« sont la liberté et le repos. Il a conquis sa
« liberté sur la tyrannie ; c'est à nous d'assu-
« rer son repos, et nous ne le pouvons qu'en
« lui donnant un gouvernement stable et juste.
« Vainement on voudrait prétendre qu'en agis-
« sant ainsi nous outre-passons nos droits. Je
« répondrais à cette objection futile par la loi
« que j'ai déjà invoquée, celle de l'impérieuse,
« de l'invincible nécessité.

« Sous la foi de l'exécution stricte et rigou-
« reuse des conditions qui viennent d'être
« énumérées, lesquelles devront être préala-
« blement stipulées et jurées par le monarque,
« je vous propose, Messieurs, de proclamer
« immédiatement Roi des Français le Prince
« Lieutenant-général Philippe d'Orléans. »

« Je sens aujourd'hui tout ce qu'un pareil projet avait d'incomplet et d'insuffisant ; mais lorsque je me reporte à l'époque à laquelle il fut conçu, lorsque je songe à la rapidité avec laquelle il fut rédigé, je ne puis pas m'empêcher de croire qu'il y avait quelque mérite à en être l'auteur. Ce que je demandais, au surplus, était aussi réclamé par toute la presse constitutionnelle, et désiré par tous les amis sincères du pays, et je me trouvai, dans cette circonstance, l'écho d'une multitude de voix.

« En relisant le 4 août au matin mon projet, j'en effaçai deux passages que j'ai soulignés : l'un dans lequel je qualifiais le fils de Napoléon d'*élève de l'étranger*, l'autre par lequel je proposais l'*abolition de la noblesse ancienne et nouvelle,* non que la qualification fût inexacte, ou que la proposition ne fût pas bonne, mais parce que je voulais faire le moins possible d'ennemis au nouvel ordre de choses que j'avais l'intention d'établir.

« Pendant que je m'habillais, un de mes amis (1) vint me voir et voulut bien me faire deux copies de cette proposition. Lorsqu'il eut fini, je le quittai pour me rendre chez Dupont, à qui je m'empressai de la communiquer. Il la trouva excellente, et me pressa vivement de la présenter à la Chambre, en ajoutant que cela forcerait peut-être le gouvernement à marcher mieux qu'il ne le faisait depuis quelques jours. Dupont renouvela ses doléances sur le défaut de patriotisme de la plupart de ses collègues. « Nous sommes en-
« vahis, me dit-il, par une faction aristocra-
« tico-doctrinaire, qui emploie tous les efforts
« à faire avorter les germes de liberté semés

---

(1) M. Allart, aujourd'hui administrateur 1er adjoint des télégraphes.

« par la révolution et qu'il serait de notre
« devoir de féconder. Je n'ai d'espoir pour
« déjouer ses projets que dans la loyauté du
« duc d'Orléans, qui me paraît animé des
« meilleures intentions, mais qui n'a pas tou-
« jours le degré de lumières que l'on pourrait
« desirer. »

« Dupont revint ensuite sur son dégoût pour le pouvoir et sur le desir qu'il avait de l'abandonner. Je le combattis, en lui faisant sentir que, si les citoyens comme lui se retiraient déja du gouvernement, il n'y aurait aucun moyen de le consolider, et que nous tomberions immédiatement dans l'anarchie. Nous parlâmes encore de ma proposition, et il me demanda si je voulais qu'il la communiquât au conseil des ministres. « Sans doute, lui
« dis-je, et examinez même s'il ne serait pas
« convenable que, dans cette circonstance, le
« conseil prît l'initiative. Je ne tiens pas assez
« à l'espèce d'honneur que cela peut me faire
« pour ne pas me contenter d'avoir donné un
« bon avis, surtout si l'on sait en tirer profit. »
Je quittai Dupont en lui laissant une des copies de ma proposition.

« J'allai aussitôt après chez plusieurs députés, afin de juger de l'effet qu'elle produirait sur eux, et je vis avec plaisir que, bien que d'opinions diverses, elle les satisfaisait également. Je me rendis enfin chez Laffitte, avec qui je voulais aussi la discuter, et dont l'assentiment me semblait d'autant plus desirable qu'il exerçait une grande influence sur une partie notable de la Chambre. Laffitte m'écouta avec toute l'attention dont il est capable, et ensuite il me dit qu'il trouvait que je voulais aller trop vite, que le moment de présenter une mesure aussi importante n'était pas encore arrivé, et qu'en voulant la hâter, je risquais de la compromettre. Je lui répondis que je ne pouvais pas être de son avis; que je croyais, au contraire, qu'en ne se pressant pas, on manquerait l'instant favorable; que le pays ne pouvait pas rester plus long-temps dans l'incertitude pénible où on le laissait; qu'il fallait arrêter sa pensée sur un gouvernement définitif; et qu'au surplus cette opinion n'était pas seulement la mienne, mais celle de beaucoup de bons esprits à qui j'avais déja communiqué ma proposition. Il me demanda alors de la lui laisser, afin qu'il pût la porter au conseil; mais je lui dis que Dupont s'en était déja chargé.

«Je profitai de cette occasion pour témoigner à Laffitte mes craintes sur la composition du conseil des ministres, et sur le peu d'harmonie qui devait en résulter pour l'organisation du gouvernement. Il m'assura que je me trompais. Lui, dont les sentiments patriotiques n'ont jamais été douteux, se trouvait alors sous le charme d'une illusion qui n'a que trop duré, et dont les conséquences ont été bien funestes. Nous nous donnâmes rendez-vous à la Chambre pour reparler de ma proposition.

« Les départements qui ne connaissaient encore que les événements de juillet, y adhéraient avec enthousiasme, avec unanimité. Le mouvement révolutionnaire s'étendait de proche en proche à toute la France, et comme nulle part les agents de l'ancien gouvernement ne trouvaient d'appui, nulle part aussi il n'y avait de collision sanglante. Le sang des citoyens de Paris avait payé la liberté du reste du royaume. J'ai déja dit que beaucoup de villes avaient envoyé des députations armées à notre secours. Toutes arrivèrent pour recevoir le témoignage de notre reconnaissance, et se convaincre que nous avions suffi à notre tâche.

« Charles X, dont on ne s'occupait déja plus, venait de quitter Rambouillet. Son cortége, encore assez nombreux, était ainsi composé : un régiment de chasseurs de la ligne formait l'avant-garde ; après lui venaient des chasseurs à cheval, des hussards et des lanciers (une partie de ces régiments avait déja abandonné). Deux compagnies de gardes-du-corps précédaient immédiatement la voiture de Charles X, qui était attelée de huit chevaux, et suivie de plusieurs voitures de cérémonie, et de beaucoup de voitures et de chevaux de chasse. Deux autres compagnies de gardes-du-corps suivaient ces voitures, et ensuite venait le Dauphin, entouré d'un état-major brillant et nombreux, qui toutefois diminuait de moment en moment. Le corps d'armée se composait de gendarmes des chasses, de gendarmes départementaux, de quatre régiments d'infanterie de la garde royale, dont deux de Suisses, et de quelques compagnies d'artillerie légère avec leurs pièces; enfin un régiment de dragons formait l'arrière-garde. Si ce n'eût été le désordre inhérent à une retraite, on aurait pu prendre cette réunion de troupes et de voitures pour le cortége d'une fête.

« Il y avait là cependant les éléments d'une force imposante, et si elle avait eu un chef qui sût lui inspirer de la confiance, elle pouvait encore faire beaucoup de mal. Heureusement l'absence de ce chef avait laissé la démoralisation se glisser dans tous les rangs de cette petite armée, et chaque montagne, chaque bois, chaque village était une occasion de défection. Pour ne pas se trouver entièrement abandonné, Charles X congédia la plus grande partie de ses troupes à Épernon. Il ne lui resta que des gardes-du-corps et quelques serviteurs dévoués qui l'accompagnèrent jusqu'au moment où il quitta pour la troisième et dernière fois le sol français.

« Il n'était pas encore midi lorsque je me rendis à la Chambre. Déja quelques-uns des députés qui connaissaient ma proposition y étaient arrivés et en avaient parlé à leurs collègues. Je fus donc l'objet d'une vive curiosité. On me loua presque universellement de ce que j'avais l'intention de faire, et seulement quelques légitimistes honteux exprimaient des doutes sur la légalité de la mesure. Je leur dis que nous venions de faire une révolution, et que cela répondait à tout.

« Vers une heure les ministres arrivèrent du conseil. Tous me félicitèrent sur ma proposition, qui avait obtenu l'approbation la plus complète du duc d'Orléans. Cependant ils me prièrent de l'ajourner au lendemain, afin d'avoir le temps d'y réfléchir. « Le Lieutenant-
« général, ajoutèrent-ils, vous en prie, parce
« qu'il veut encore donner de l'extension à
« ce que vous proposez de faire dans l'intérêt
« des libertés publiques. Il pense d'ailleurs
« que l'on peut appliquer immédiatement à

« la Charte les principes que vous établissez. » On concevra aisément que je ne me refusai pas à un retard dont le motif était l'extension de nos libertés.

« Dans la rédaction de ma proposition, j'avais cherché à me mettre en harmonie avec la faiblesse de la Chambre et l'indécision du gouvernement, et à ne pas leur présenter des mesures dont ils fussent effrayés. J'étais heureux de trouver, au moins dans le gouvernement, des idées plus libérales que je n'avais osé le supposer. Ici je dois restituer à celui de qui elle émane l'idée de modifier immédiatement la Charte de 1814, et de convertir ma proposition, toute de principes destinés à être soumis à une discussion ultérieure, en un nouvel acte constitutionnel définitif. C'est le duc d'Orléans qui l'a conçue, et qui chargea de Broglie et Guizot de l'exécution. J'avoue que je n'aurais pas eu la présomption de me croire, à moi seul, capable de rédiger la constitution d'un grand peuple, et que sans l'imminente urgence des événements, je ne me serais pas même prêté à une discussion aussi précipitée. Les ministres m'annoncèrent au surplus que je serais appelé au conseil du soir pour y discuter moi-même mon ouvrage, ou du moins la forme qui y aurait été donnée.

« Laffitte, qui le matin regardait ma proposition comme inadmissible dans les circonstances actuelles, est tellement converti qu'il m'offre d'en faire la présentation lui-même à la Chambre, dans le cas où sa nouvelle forme ne me conviendrait pas. « Je ne sais, lui dis-je, s'il y
« a quelque honneur à retirer de la présen-
« tation du projet que j'ai conçu; il n'est
« pas impossible qu'il y ait quelque danger.
« Danger ou honneur, je desire conserver ce
« qui m'appartient. » Malgré cette réponse, jusqu'au moment où je développai ma proposition à la Chambre, le bruit courut qu'elle devait être faite par Laffitte.

« La séance de la Chambre est consacrée à la vérification des pouvoirs. Elle est tumultueuse, incohérente et se ressent de l'esprit d'agitation qui règne dans toutes les classes de la société. Les légitimistes montrent beaucoup d'humeur, et par cela seul qu'on éprouve le besoin de constituer promptement la Chambre, ils font tout ce qui dépend d'eux pour en retarder le moment. Malgré leurs efforts, la Chambre se déclare en permanence jusqu'à ce qu'elle ait terminé la vérification des pouvoirs non contestés. Beaucoup d'abus, beaucoup de fraudes sont reconnus, et quelques expulsions sont prononcées; mais, en général, on se montre d'une générosité excessive et qui dégénère en faiblesse. Je fais annuler dans le premier bureau, dont je suis membre, l'élection de la députation entière des Basses-Alpes. Les principes religieux et moraux des députés de la droite ne les empêchent pas de défendre pied à pied toutes les infamies du gouvernement dont ils étaient les suppôts.

«La Bourse, qui était fermée depuis la révolution, a été ouverte aujourd'hui en exécution d'un arrêté du ministre des finances. D'après cet arrêté, la liquidation des primes doit avoir lieu le 9 août, et celle des autresv aleurs les quatre jours suivants. Cette sage mesure empêche la réalisation des immenses bénéfices qui eussent été faits sur les effets publics par les amis des anciens ministres. Ils avaient été prévenus de l'apparition des ordonnances, et avaient opéré sur cette donnée. Le délai accordé pour la liquidation permet au cours de se raffermir, et réduit beaucoup les différences.

«Le duc de Chartres arrive dans la journée, à la tête de son régiment. Il est accueilli avec enthousiasme par la population. Le prince était venu de sa personne dès le 30 juillet; mais il avait été arrêté à Montrouge jusqu'au moment où un ordre du général Lafayette avait autorisé le maire à le laisser en pleine liberté.

« La séance de la Chambre des députés, qui avait été suspendue à près de sept heures, pour que les députés pussent aller dîner, est reprise à huit heures. Je n'y assiste pas, parce que les ministres m'avaient annoncé le matin qu'ils m'enverraient chercher précisément à huit heures, pour prendre part à la discussion de ma proposition. Mes chevaux étaient attelés, afin de ne donner lieu à aucun retard lorsqu'on me demanderait. J'attendis, et j'attendis vainement jusqu'à deux heures du matin. Je fis alors dételer et me décidai à me coucher. Il faisait en ce moment un des plus effroyables orages dont je garde le souvenir. Le tonnerre tomba sur plusieurs points de la ville qui, en compensation, fut raffraîchie par une pluie assez abondante. Ma soirée ne fut heureusement pas tout-à-fait perdue. Je l'employai à recueillir mes souvenirs, et à jeter sur le papier des notes qui m'ont été fort utiles depuis.

« Je trouvais que nos ministres provisoires n'avaient pas été polis avec moi; j'allai le 5 août de bonne heure chez Dupont, pour m'en plaindre. Il me dit que plusieurs fois il avait rappelé au conseil que je devais attendre ses ordres, mais qu'on n'avait pas voulu me rendre témoin du dissentiment qui existait entre les ministres sur plusieurs points fon-

damentaux du gouvernement représentatif.
« Mon ami, ajouta-t-il, je vous l'ai déjà dit,
« je suis au milieu de gens dont presque au-
« cun ne comprend la liberté, et parmi lesquels
« il y en a qui seraient au besoin ses ennemis.
« Si on les laissait faire, ils nous ramèneraient
« une nouvelle et sanglante révolution. Heu-
« reusement que je compte sur le Lieutenant-
« général. Je le crois plus patriote que son
« ministère. Enfin, hier nous avons discuté
« pendant plus de cinq heures sans pouvoir
« nous entendre, et nous nous sommes séparés
« à minuit sans presque être convenus de rien.
« Au surplus, allez voir Guizot; c'est lui qui
« est chargé de la rédaction. »

« Je cours chez Guizot : il m'apprend que c'est
le duc de Broglie qui s'occupe à mettre en
harmonie et la Charte de 1814 et ma proposition. Je trouve mon projet confié à des mains
ennemies, ou qui du moins chercheront à pa-
ralyser ce qu'il contient de plus favorable à la
liberté. Guizot, pour me tranquilliser, m'assure que le duc de Broglie n'aime pas moins
la liberté que lui, ce que je crois facilement,
et il m'invite à l'aller voir. Avant d'y aller, je me
plains du retard qu'éprouve ma proposition,
parce qu'il me paraît en compromettre le sort.
Au moment où je me rendais chez le duc de

Broglie, je l'aperçois qui arrive chez Guizot, et j'y rentre avec lui. La discussion s'élève entre nous sur plusieurs points, et entre autres sur l'âge auquel on pourra être élu député. Je pensais qu'il suffisait, jusqu'à nouvel ordre, de pouvoir être élu à trente ans. De Broglie et Guizot insistent pour que l'on puisse entrer dans la Chambre à vingt-cinq ans, et je me garde bien de m'y refuser. Cette discussion, qui, à la vérité, ne porte que sur un petit nombre de points, me fait penser que les ministres doctrinaires ont des idées plus libérales que je ne l'espérais. Ils se confondent en excuses sur ce qui m'est arrivé hier au soir, et m'assurent que ce soir je serai appelé au conseil, ce qui m'est confirmé par tous le ministres que je rencontre à la Chambre. Dupin même, avec sa brusquerie franche, me dit : « Eh ! mon cher, pourquoi n'êtes-vous « pas venu hier? Venez ce soir sans attendre « qu'on vous appelle, et faites-nous dire que « vous y êtes, aussitôt vous serez introduit. »

« Beaucoup de mes collègues me parlent de ma proposition et me demandent ce qui la retarde. Le vague dans lequel on laisse flotter les esprits accroît l'inquiétude à laquelle on n'est déja que trop disposé. Des bruits contradictoires se répandent sur le voyage de

Charles X et rendent quelque espoir à ses adhérents. D'un autre côté, les républicains se persuadent qu'ils ont de nouvelles chances de succès, et l'apathie du gouvernement les confirme dans cette dangereuse pensée. Leurs têtes s'échauffent et, si l'on n'y prend garde, ils vont redevenir une cause d'embarras et d'effroi. Rien de cela n'est aperçu par la majorité des ministres. Ils croient que quelques nominations, dans lesquelles ils ont bien soin de faire comprendre leurs créatures, suffisent au salut de la France.

«Pendant que, dans l'intérêt de mon pays, je m'affligeais du retard que les ministres apportaient à prendre une détermination sur ma proposition, j'étais loin de me douter du motif de leur conduite, et je ne l'ai appris que longtemps après. Ils s'occupaient à chercher un député qui consentît à s'attribuer mon projet et à le présenter à la Chambre comme le sien propre. Mais ce projet n'était pas exempt de danger pour son auteur; aussi ne se trouvat-il personne qui se souciât de s'en emparer et le ministre qui s'était chargé de cette honorable négociation éprouva-t-il plus d'un refus. L'un de ceux à qui il s'était adressé lui demanda pourquoi on voulait ainsi me dépouiller d'une initiative qu'il ne paraissait pas possible de me contester. « Parce que, » répondit le ministre, « nous ne pouvons pas compter sur « sa docilité à faire ce qui nous convient. » On ne tardera pas à voir qu'il m'avait bien jugé.

« Je tiens le fait que je viens de rapporter d'un député ministériel qui est d'autant plus croyable, lorsqu'il le raconte, qu'il en a été l'un des acteurs. Étourdi de l'abandon avec lequel il s'était laissé aller à me le conter, il m'a dit qu'il me désavouerait si jamais j'en faisais usage; je ne crains pas qu'il en soit ainsi, et d'ailleurs j'ai le droit de penser que mon affirmation pèserait plus que sa dénégation. Le privilége de ceux qui ne varient ni dans leurs opinions, ni dans leur conduite politique, est d'être crus sur leur simple parole.

« La vérification des pouvoirs est terminée pour tout ce qui n'est pas susceptible d'ajournement. Ainsi que je l'ai déja dit, on a, dans cette opération, souvent usé d'une indulgence blâmable et introduit dans la Chambre des ennemis du régime nouveau qui auraient pu et dû en être écartés. Si la générosité est permise et même louable dans les actes ordinaires de la vie, elle doit être prohibée en politique et lorsque l'on stipule les intérêts d'un peuple.

« On propose de constituer la Chambre, et

pour cela de nommer des candidats à la présidence.

« Corcelles demande que l'on ne nomme pas de candidats, mais un président direct. Les membres des centres se récrient et invoquent la légalité et la Charte. Corcelles leur répond que le premier anneau de la Charte n'existant plus, il faudra bien en reconstruire quelques autres. La majorité est d'avis de rester dans la Charte.

« Gaëtan de La Rochefoucauld propose seulement de regarder comme vice-présidents les candidats non choisis pour la présidence. Cela ne portant point atteinte à la Charte, est adopté à une immense majorité.

« On procède au scrutin. Le nombre des votants est de 218, et la majorité absolue de 110; le premier tour de scrutin donne à Casimir Périer 174 voix; à Laffitte 160, à Benjamin Delessert 123, à Dupin aîné 120, à Royer-Collard 100, à Benjamin Constant 85. Les quatre premiers sont donc proclamés candidats à la présidence. Un second tour de scrutin a lieu, et donne à Royer-Collard 116 voix, et à Benjamin Constant 96. Royer-Collard est proclamé cinquième candidat. Ces choix sont significatifs. Un seul candidat appartient à l'opposition, et les quatre autres sont pris dans le centre gauche. Le dernier même peut être regardé comme un ennemi de la révolution, puisqu'il n'a pas renoncé à ses idées sur la légitimité. Croit-on, d'après cela, que ma proposition ait été restreinte dans de justes limites? Si j'avais demandé plus que je ne l'ai fait, peut-on supposer que j'aurais eu la moindre chance de succès? Si plus tard j'adopte même une partie des modifications faites à ma proposition sur des points auxquels j'attachais pourtant une grande importance, c'est que je crains d'avoir à la fois contre moi et les légitimistes et la majorité ministérielle, et par conséquent de voir échouer une mesure que je regarde comme seule capable d'assurer notre tranquillité pour le présent et de la fonder pour l'avenir.

« Dans la disposition d'esprit où se trouvait la Chambre, avec la majorité réelle de ses opinions, il eût certainement été beaucoup plus facile de lui faire adopter la royauté de Henri V que celle du duc d'Orléans. Une proposition faite en ce sens aurait réuni, j'en suis convaincu, un plus grand nombre de suffrages que la mienne; mais elle n'eût pas été ratifiée par le peuple. Celui-ci ne voulait plus de la branche aînée des Bourbons, et ceux qui furent à cette époque en contact avec lui, savent combien même on eût de peine à lui faire accepter la branche cadette. Les dénégations salariées ne détruiront pas ce fait, qui n'est que trop vivace encore dans la mémoire du peuple.

« Le scrutin des secrétaires donne la majorité absolue à Jacqueminot, à Pavée de Vandœuvre, à Cunin-Gridaine et à Jars.

« Rentré chez moi, j'attends que l'on m'appelle au conseil des ministres, ainsi qu'on s'y est solennellement engagé. Comme hier, j'attends vainement jusqu'à une heure avancée de la nuit. Ce double manque de procédé me paraît bizarre, et, quoique je n'aie pas une trop haute idée de moi, me met dans le cas de me demander si ce n'est pas pour m'éloigner du duc d'Orléans et pour éviter que je ne me trouve en contact avec lui que l'on se conduit ainsi. On pourrait cependant s'en rapporter à moi pour ne pas rechercher la puissance et s'abstenir de me regarder comme un concurrent dangereux. Je suis de ceux qui disent trop franchement la vérité pour avoir du succès auprès des rois, et le service que je rendais à celui qui allait l'être, valait bien qu'on me traitât avec un peu plus d'égards.

« Le 6 août, je commence ma journée par aller chez Guizot, à qui je témoigne, dans les termes les plus vifs, le mécontentement que j'éprouve du défaut de procédé que j'ai à lui reprocher, ainsi qu'à ses collègues. Il se confond en excuses, reconnaît le tort que l'on a eu et l'impute à ce que l'on n'était pas encore parvenu à s'entendre sur tous les points. Il tire alors de son bureau une rédaction écrite entièrement de la main du duc de Broglie, et dans laquelle se trouvent encore quelques lacunes, que, dit-il, Dupin me fournira le moyen de remplir en arrivant à la Chambre. Un coup d'œil rapide jeté sur le projet qu'on me remet me fait voir qu'il y a bien autre chose à faire qu'à remplir quelques lacunes. Je l'emporte en disant à Guizot : « Vous avez « fait votre travail, à présent je vais faire le « mien. » Voici textuellement la pièce qui m'a été remise et que j'ai conservée avec le plus grand soin (1) :

« La Chambre des députés, prenant en con-
« sidération, dans l'intérêt public, l'impérieuse
« nécessité qui résulte des événements des 26,
« 27, 28, 29 juillet et jours suivants, et de la
« situation générale de la France :

« Vu l'acte d'abdication de S. M. le Roi
« Charles X, en date du 2 août dernier, et la

---

(1) J'ai cru devoir en joindre le fac-simile à mon ouvrage comme pièce justificative.

« renonciation de S. A. R. Louis-Antoine, dau-
« phin, du même jour ;

« Considérant en outre que S. M. le Roi
« Charles X, S. A. R. Louis-Antoine, dauphin,
« et tous les membres de la branche aînée de
« la maison royale, sortent en ce moment du
« territoire français ;

« Déclare que le trône est vacant, et qu'il
« est indispensablement besoin d'y pourvoir.

« La Chambre des députés déclare en outre
« que, selon le vœu et dans l'intérêt du peuple
« français, les articles 6, 14, 15, 16, 17, 19,
« 20, 21, 26, 27, 28, 30, 31, 32, 36, 37,
« 38, 40, 41, 43, 46, 47, 56, 63, 74 de la
« Charte constitutionnelle, doivent être modi-
« fiés ainsi qu'il suit, savoir :

« ART. 6 (supprimé).

« ART. 14. Le Roi est le chef suprême de
« l'état, il commande les forces de terre et de
« mer, déclare la guerre, fait les traités de
« paix, d'alliance et de commerce, nomme à
« tous les emplois d'administration et fait les
« règlements et ordonnances nécessaires pour
« l'exécution des lois, le tout sous la respon-
« sabilité des ministres.

« ART. 15. La puissance législative s'exerce
« collectivement par le Roi, la Chambre des
« pairs et la Chambre des députés.

« Art. 16, 17. La proposition des lois ap-
« partient au Roi, à la Chambre des pairs, et
« à la Chambre des députés.

« Néanmoins toute loi d'impôt doit être
« votée d'abord par la Chambre des députés.

« Art. 19 (supprimé).

« Art. 20 (supprimé).

« Art. 21 (supprimé).

« Art. 26. Toute assemblée de la Chambre
« des pairs qui serait tenue hors du temps de
« la session de la Chambre des députés est il-
« licite et nulle de plein droit, sauf le seul
« cas où elle est réunie comme cour de justice,
« et alors elle ne peut exercer que des fonc-
« tions judiciaires.

« Art. 28. Les pairs ont entrée dans la
« Chambre et voix délibérative à 25 ans.

« Art. 30. Les princes du sang sont pairs
« par droit de naissance. Ils siégent immédia-
« tement après le président.

« Art. 31 (supprimé).

« Art. 32. Les séances de la Chambre des
« pairs sont publiques, mais la demande de 5
« membres suffit pour qu'elle se forme en
« comité secret.

« Art. 36 (supprimé).

« Art. 37. Les députés sont élus pour cinq
« ans.

« Art. 38. Aucun député ne peut être ad-
« mis dans la Chambre s'il n'est âgé de .. ans
« et s'il ne paie une contribution directe de
« 1000 fr.

« Art. 40. Nul n'est électeur s'il a moins de
« 25 ans, et s'il ne paie une contribution di-
« recte de 300 fr.

« Dans les arrondissements où le nombre
« des électeurs ne s'élèverait pas à cent, ce
« nombre sera complété par les plus imposés
« au-dessous de 300 fr.

« Art. 41. Les présidents des colléges électo-
« raux sont nommés par les électeurs.

« Art. 43. Le président de la Chambre des
« députés est nommé par la Chambre.

« Il est élu pour toute la durée de la légis-
« lature.

« Art. 46 (supprimé).

« Art. 47 (supprimé). (Voir les art. 16
« et 17.)

« Art. 56 (supprimé).

« Art. 63. Il ne pourra, en conséquence,
« être créé de commissions et tribunaux
« extraordinaires.

« Art. 74. Le Roi et ses successeurs jure-
« ront, à leur avénement, d'observer fidèle-
« ment la présente Charte constitutionnelle.

« La Chambre des députés déclare, troisiè-

« mement, qu'il est nécessaire de pourvoir suc-
« cessivement et par des lois séparées à

« 1° L'extension du jury aux délits correc-
« tionnels, et notamment aux délits de la
« presse ;

« 2° La responsabilité des ministres et des
« agents secondaires du pouvoir ;

« 3° La réélection des députés promus à
« des fonctions publiques.

« 4° Au vote annuel du contingent de
« l'armée.

« 5° A l'organisation des gardes nationales.

« 6° Au code militaire.

« 7° A l'administration départementale et
« municipale.

« 8° A l'instruction publique.

« *Toutes les nominations et créations nouvel-*
« *les de pairs faites sous le règne de S. M. le*
« *Roi Charles X, sont déclarées nulles et non*
« *avenues.*

« Moyennant l'acceptation de ces dispositions
« et propositions, la Chambre des députés dé-
« clare enfin que l'intérêt universel et pressant
« du peuple français appelle au trône S. A. R.
« Louis-Philippe d'Orléans, duc d'Orléans,
« Lieutenant-général du royaume, et ses des-
« cendants à perpétuité, de mâle en mâle par
« ordre de primogéniture, à l'exclusion perpé-

« tuelle des femmes et de leurs descendants.

« En conséquence, S. A. R. Louis-Philippe « d'Orléans, duc d'Orléans, sera invité à accep-« ter et à jurer les clauses et engagements ci-« dessus énoncés, l'observation de la Charte « constitutionnelle et des modifications indi-« quées, et à prendre le titre de Roi des Fran-« çais. »

«Le paragraphe en italique, relatif à la suppression des pairs de Charles X est écrit en marge et de la main de Guizot. Il paraît que le duc de Broglie trouvait la Chambre des pairs si bonne qu'il ne voulait lui porter aucune atteinte.

«Il est près de neuf heures lorsque je quitte Guizot, et il faut que je sois à midi à la Chambre; on peut juger du temps qui me reste pour revoir l'œuvre des doctrinaires. Je rentre en toute hâte chez moi, et je m'y enferme pour me livrer à mon travail.

« Je commence par relire avec attention la rédaction que l'on vient de me remettre, et je m'indigne de ce qu'on a pu croire que je consentirais à être l'instrument de tout ce qu'elle contient d'antinational et de restrictif des promesses déja faites et auxquelles nous ne souffrirons certes pas que l'on ose manquer. Je n'ai malheureusement pas le temps de faire un travail aussi approfondi que je le voudrais et que le demanderait la circonstance. Je suis placé entre la crainte de laisser subsister, en me pressant trop, de fâcheuses imperfections, et celle bien plus grave de compromettre le sort entier de ma proposition en ne profitant pas du moment où il est encore possible de la faire. Dans le premier cas je fais un sacrifice d'amour-propre, dans le second je risque de porter atteinte à l'avenir de mon pays. Puis-je hésiter?

« On a souvent blâmé la précipitation avec laquelle ma proposition a été faite et surtout discutée. La critique est facile lorsqu'on s'isole des circonstances dans lesquelles se sont trouvés ceux qui ont agi. J'ai déja indiqué plusieurs fois que les factions s'agitaient et mettaient à profit la mollesse ou plutôt la nullité absolue du gouvernement. Eh bien! je venais d'être informé que les républicains devaient tenter un dernier effort pour s'emparer du pouvoir. D'un autre côté, je craignais l'intervention des puissances étrangères et leurs intrigues en faveur de la légitimité. Tant que nous n'avions pas proclamé un nouveau roi, la diplomatie du droit divin pouvait chercher à nous imposer Henri V et, soit par force, soit par ruse, à maintenir le principe que nous venions de renverser.

Enfin, il faut bien que je l'avoue, je regardais comme une nécessité de forcer le duc d'Orléans à accepter la couronne. L'indécision naturelle de son esprit, que je commençais à connaître, me faisait craindre qu'il ne se rebutât devant les moindres obstacles et qu'il ne contribuât lui-même à annuler tout ce que nous avions fait. Dans de telles circonstances, se presser était sagesse, et c'est parce que j'en avais la conviction profonde, que j'étais irrité du temps que les ministres m'avaient fait perdre.

«Je n'ai pas besoin de comparer la rédaction que je viens de transcrire à ma proposition primitive pour faire voir dans quel esprit différent l'une et l'autre ont été écrites. La première respire l'amour de la liberté, l'autre est l'ouvrage d'un ennemi de tout progrès. Je me bornerai à indiquer les modifications que j'ai cru devoir faire au travail du duc de Broglie.

«J'ai supprimé le visa de l'acte d'abdication; il ne pouvait avoir d'autre but que d'instituer une légitimité nouvelle en faveur du duc d'Orléans: or nous repoussions la légitimité de quelque nature qu'elle fût. J'ai fait voir ailleurs, au surplus, que l'abdication ne pouvait profiter qu'au duc de Bordeaux. Qu'est-ce donc que les doctrinaires entendaient faire de lui? Voulaient-ils ressusciter la protestation insérée dans les journaux anglais au moment de sa naissance? Ah! c'est bien le cas de qualifier de politique *bâtarde* celle qui dans cette circonstance les aurait fait agir.

«Je n'ai pas conservé davantage le considérant fondé sur ce que la famille royale sortait de France, d'abord parce qu'il semble présenter comme volontaire cette sortie qui était évidemment forcée, et qu'il y a mauvaise foi dans une telle supposition; ensuite parce que cette famille était loin encore du port où elle devait s'embarquer et que, si, par une circonstance qui n'était pas impossible, elle fût restée en France, l'échafaudage de la royauté nouvelle se serait écroulé.

«L'une des améliorations les plus vivement réclamées était l'abaissement du cens électoral et de celui de l'éligibilité. Le duc de Broglie conservait l'un et l'autre comme ils étaient dans la Charte de 1814, et seulement il diminuait l'âge. Il introduisait ainsi dans la nouvelle Charte un principe plus aristocratique que celui de l'ancienne, car il était évident que les jeunes gens destinés à une fortune considérable auraient été en général les seuls qui pussent profiter de ces dispositions.

«J'ai renvoyé les conditions autres que celles

de l'âge à la loi électorale à intervenir, parce que je craignais de donner ouverture à de trop grandes difficultés en les établissant immédiatement.

«Je ne m'arrête pas à quelques améliorations de détail, et j'arrive à la nomenclature des lois qui doivent compléter notre édifice constitutionnel. C'est ici que l'adresse, pour ne pas dire la perfidie doctrinaire, s'est le plus exercée. D'abord on n'indique pas dans quel délai ces lois seront rendues; on se borne à dire qu'elles le seront successivement, ce qui en laisse la présentation tout-à-fait à l'arbitraire du pouvoir. Ensuite on parle de l'organisation de la garde nationale, mais en ayant soin d'omettre par qui les officiers seront choisis. On annonce un code militaire, mais on oublie de dire qu'il devra assurer d'une manière légale l'état des officiers de tout grade. On rappelle les lois sur l'administration départementale et municipale, mais on se garde bien de rappeler aussi que les citoyens devront intervenir dans la formation de ces administrations. Enfin, on fait connaître qu'il y aura une loi sur l'instruction publique, mais on ne stipule pas qu'elle aura pour base la liberté de l'enseignement. Je rétablis ces nombreuses omissions, que je ne veux pas qualifier d'un nom plus sévère. Je modifie ensuite les développements de ma première proposition, afin de les rendre applicables à celle que je vais présenter, et ce travail terminé je me rends à la Chambre. Par ce qui précède, on peut avoir une juste idée de ce que j'ai été dans la nécessité de faire, et de la brièveté du temps dans lequel il a fallu le faire.

«En arrivant à la Chambre, je rencontre Dupin, avec qui je m'entends sur quelques légères modifications et deux additions peu importantes. Je lui explique ce que j'ai fait, et il y donne son plein assentiment. Je dois dire que personne ne m'a jamais paru plus éloigné que lui des arrière-pensées des légitimistes, et, à cet égard, il est impossible qu'il s'entende jamais avec les doctrinaires. Dupin a toujours considéré notre gouvernement actuel comme un gouvernement nouveau, et totalement indépendant de l'ancien. « Le duc d'Orléans est Roi, « non parce qu'il est Bourbon, mais *quoique* « *Bourbon*. » Voilà, ainsi qu'il le disait lui-même à la tribune, la base de ses convictions et de ses doctrines politiques. J'ai déja eu occasion de dire que la presse libérale juge Dupin avec trop de sévérité. Il a les inconvénients des hommes dont l'imagination est mobile, dont l'esprit est prime-sautier, il n'est pas toujours d'accord avec lui-même; mais c'est un bon citoyen, un homme de conviction, et l'un des plus sincères ennemis du régime déchu. Au moment même où j'écris ceci, Dupin justifie mon jugement. Depuis long-temps le Roi paraît desirer qu'il entre au ministère, et lui n'y veut entrer qu'en faisant des conditions dont il ne départ pas. Il regarde comme impossible d'être le collègue de ministres dont il désapprouve les opinions, et il exige leur éloignement. C'est là certainement la conduite d'un homme d'honneur.

« Quelques moments avant d'entrer dans la Chambre pour y lire ma proposition, je rencontre Guizot. « Vous aviez voulu, lui dis-je, « faire de la légitimité; moi je suis rentré dans « le vrai en faisant de l'usurpation. — Vous avez « le plus grand tort, me répond-il, on ne « vous le pardonnera jamais. — Je ne sais, lui « répliquai-je, si on me le pardonnera, mais « ce que je sais, c'est que, grace à moi, on « montera sur un trône dont, avec votre ma- « nière de faire, on aurait pu être exclu à tou- « jours. »

« J'entre alors dans la Chambre, où Corcelles venait de demander la parole. Après quelques phrases sur les événements qui viennent de se passer, il propose que tous les députés, arrivés depuis le 31 juillet, soient tenus d'adhérer à la proclamation de la réunion des députés en date de ce jour.

« Berryer fait remarquer que cette proposition doit, aux termes du règlement, être renvoyée dans les bureaux. Elle n'a pas de suite.

« Je prends alors la parole, le plus profond silence s'établit, et je prononce d'une voix fortement accentuée les paroles suivantes :

« Messieurs,

« Un pacte solennel unissait le peuple fran-
« çais à son monarque; ce pacte vient d'être
« brisé. Le violateur du contrat ne peut, à au-
« cun titre, en réclamer l'exécution.

« Charles X et son fils prétendent en vain
« transmettre un pouvoir qu'ils ne possèdent
« plus. Ce pouvoir s'est éteint dans le sang de
« plusieurs milliers de victimes.

« L'acte d'abdication, dont vous avez eu con-
« naissance, est une nouvelle perfidie. L'appa-
« rence de légalité dont il est revêtu n'est
« qu'une déception. C'est un brandon de dis-
« corde qu'on voudrait lancer au milieu de nous.

« Les véritables ennemis de notre pays, ceux
« qui par la flatterie ont poussé le gouverne-
« ment à sa ruine, s'agitent de toutes parts. Ils
« revêtent toutes les couleurs; ils proclament

« toutes les opinions. Un désir anticipé de liberté
« indéfinie s'empare-t-il de quelques esprits gé-
« néreux, ces ennemis s'empressent d'exploiter
« un sentiment qu'ils sont incapables de com-
« prendre, et des royalistes-ultras se présentent
« sous l'habit de républicains rigides ; quelques
« autres affectent pour le fils oublié du vainqueur
« de l'Europe un hypocrite attachement qui se
« changerait bientôt en haine, s'il pouvait être
« question d'en faire un chef de la France.

« L'inévitable instabilité des moyens actuels
« de gouvernement encourage les fauteurs de
« discorde. Hâtons-nous de la faire cesser. Une
« loi suprême, celle de la nécessité, a mis au
« peuple de Paris les armes à la main, afin de
« repousser l'oppression. Cette loi nous a fait
« adopter comme chef provisoire et comme
« unique moyen de salut, un Prince ami sincère
« des institutions constitutionnelles. La même
« loi veut que nous adoptions sans délai un
« chef définitif de notre gouvernement.

« Mais quelle que soit la confiance que ce chef
« nous inspire, les droits que nous sommes ap-
« pelés à défendre exigent que nous établis-
« sions les conditions auxquelles il obtiendra le
« pouvoir. Odieusement trompés à diverses re-
« prises, il nous est permis de stipuler des ga-
« ranties sévères. Nos institutions sont incom-

« plètes, vicieuses même sous beaucoup de
« rapports. Il nous importe de les étendre et
« de les améliorer. Le Prince qui se trouve à
« notre tête a déja été au-devant de notre juste
« exigence. Les principes de plusieurs lois fon-
« damentales ont été posés par la Chambre et
« reconnus par lui. D'autres principes, d'autres
« lois, ne seront pas moins indispensables et
« seront également obtenus.

« Nous sommes les élus du peuple, Mes-
« sieurs, il nous a confié la défense de ses in-
« térêts et l'expression de ses besoins. Ses
« premiers besoins, ses plus chers intérêts sont
« la liberté et le repos. Il a conquis sa liberté
« sur la tyrannie, c'est à nous à assurer son
« repos, et nous ne le pouvons qu'en lui don-
« nant un gouvernement stable et juste. Vai-
« nement on voudrait prétendre qu'en agissant
« ainsi nous outre-passons nos droits. Je dé-
« truirais une pareille objection, si on osait
« me la faire, en rappelant la loi que j'ai in-
« voquée, celle de l'impérieuse, de l'invincible
« nécessité.

« Dans cet état de choses, prenant en consi-
« dération la situation grave et pressante dans
« laquelle se trouve le pays, l'indispensable be-
« soin qu'il éprouve de sortir d'une position
« précaire, et les vœux universels émis par la

« France, pour obtenir le complément de ses
« institutions, j'ai l'honneur de vous proposer
« les résolutions suivantes :

« La Chambre des députés, prenant en con-
« sidération, dans l'intérêt public, l'impérieuse
« nécessité qui résulte des événements des 26,
« 27, 28, 29 juillet dernier et jours suivants, et
« de la situation générale de la France, déclare
« que le trône est vacant, et qu'il est indispen-
« sablement besoin d'y pourvoir.

« La Chambre des députés déclare, seconde-
« ment, que selon le vœu et dans l'intérêt du
« peuple français, le préambule et les articles
« suivants de la Charte constitutionnelle doivent
« être supprimés ou modifiés de la manière qui
« va être indiquée :

« Art. 6. Cependant la religion catholique,
« apostolique et romaine, est la religion de
« l'État.

« J'en demande la suppression.

« Art. 14. Le Roi est le chef suprême de
« l'État, commande les forces de terre et de mer,
« déclare la guerre, fait les traités de paix,
« d'alliance et de commerce; nomme à tous les
« emplois de l'administration publique, et fait
« les règlements et ordonnances nécessaires
« pour l'exécution des lois et la sûreté de l'État.

« Je propose de supprimer ces derniers mots :

« *et la sûreté de l'État* », et de les remplacer
« par ceux-ci : « le tout sous la responsabilité
« de ses ministres. »

« Art. 15. La puissance législative s'exerce
« collectivement par le Roi, la Chambre des pairs
« et la Chambre des députés des départements.

« Je propose la suppression des mots : « des
« départements », parce qu'il peut y avoir des
« députés d'arrondissement.

« L'article 16 : « Le Roi propose la loi » serait
« remplacé par celui-ci :

« La proposition des lois appartient au Roi,
« à la Chambre des pairs et à la Chambre des
« députés. Néanmoins, toute loi d'impôt doit
« être d'abord votée par la Chambre des
« députés. »

« Les articles 19, 20 et 21, qui sont la consé-
« quences des articles de la Charte dont je pro-
« pose la modification, se trouvent naturelle-
« ment supprimés.

Voix diverses : *Lisez-les, lisez-les.*

« Art. 19. Les Chambres ont la faculté de
« supplier le Roi de proposer une loi sur quel-
« que objet que ce soit, et d'indiquer ce qu'il
« leur paraît convenable que la loi contienne.

« Art. 20. Cette demande pourra être faite
« par chacune des deux Chambres, mais après
« avoir été discutée en comité secret.

« Elle ne sera envoyée à l'autre Chambre « par celle qui l'aura proposée qu'après un « délai de dix jours.

« Art. 21. Si la proposition est adoptée par « l'autre Chambre, elle sera mise sous les yeux « du Roi. Si elle est rejetée, elle ne pourra « être représentée dans la même session.

« Art. 26. Toute assemblée de la Chambre « des pairs qui serait tenue hors du temps de « la session de la Chambre des députés est illi- « cite et nulle de plein droit.

« Il manque ici une disposition qu'on a « oublié d'ajouter, c'est celle du cas où la « Chambre des pairs peut être appelée à exercer « le pouvoir judiciaire.

« L'article que je propose serait ainsi conçu :

« Toute assemblée de la Chambre des pairs « qui serait tenue hors du temps de la session « de la Chambre des députés est illicite et « nulle de plein droit, sauf le seul cas où elle « est réunie comme cour de justice, et alors « elle ne peut exercer que des fonctions ju- « diciaires. »

« Art. 28. Les pairs ont entrée dans la « Chambre à 25 ans, et voix délibérative à 30 « seulement.

« Il serait ainsi modifié :

« Les pairs ont entrée dans la Chambre et
« voix délibérative à vingt-cinq ans. »

« Art. 30. Les membres de la famille royale
« et les princes du sang sont pairs par le droit
« de leur naissance : ils siégent immédiatement
« après le président, mais ils n'ont voix délibé-
« rative qu'à vingt-cinq ans.

« Art. 31. Les princes ne peuvent prendre
« séance à la Chambre que de l'ordre du Roi,
« exprimé pour chaque session par un message,
« à peine de nullité de tout ce qui aurait été
« fait en leur présence.

« Je propose de supprimer l'article 31, et de
« modifier ainsi l'article 30 :

« Les princes du sang sont pairs par droit
« de naissance et siégent immédiatement après
« le président. »

« Ainsi ils rentrent dans la classe des autres
« pairs.

« A l'art. 32. Toutes les délibérations de la
« Chambre des pairs sont secrètes,

« Je propose de substituer celui-ci :

« Les séances de la Chambre des pairs sont
« publiques; mais la demande de cinq mem-
« bres suffit pour qu'elle se forme en comité
« secret. »

« C'est la disposition qui est applicable à la
« Chambre des députés.

« Art. 36. Chaque département aura le « même nombre de députés qu'il a eu jusqu'à « présent.

« Cet article doit être supprimé, car il a été « violé, si on l'applique à l'ordre de choses ac-« tuel, et il manque de clarté, si on veut l'ap-« pliquer aux dispositions antérieures.

« Art. 37. Les députés sont élus pour cinq « ans, et de manière que la Chambre soit re-« nouvelée chaque année par cinquième.

« Je propose de remplacer cet article par « celui-ci :

« Les députés sont élus pour cinq ans. »

« Art. 38. Aucun député ne peut être admis « à la Chambre s'il n'est âgé de 40 ans et s'il ne « paie une contribution directe de 1,000 fr.

« Je propose de remplacer cet article par « celui-ci :

« Aucun député ne peut être admis dans la « Chambre s'il n'est âgé de 25 ans, et s'il ne « réunit les autres conditions déterminées par « la loi. »

« Nous laisserions ainsi à la loi à déterminer « des conditions qui, de leur nature, sont né-« cessairement variables.

« L'article 39 se trouverait par là supprimé.

« Art. 40. Les électeurs qui concourent à la « nomination des députés ne peuvent avoir

« droit de suffrage s'ils ne paient une contribu-
« tion de 300 fr., et s'ils ont moins de 30 ans.

« Cet article serait ainsi modifié :

« Nul n'est électeur s'il a moins de 25 ans,
« et s'il ne réunit les autres conditions déter-
« minées par la loi. »

« ART. 41. Les présidents des colléges élec-
« toraux seront nommés par le Roi, et de droit
« membres du collége.

« Je propose d'y substituer cet article :

« Les présidents des colléges électoraux sont
« nommés par les électeurs. »

« ART. 43. Le président de la Chambre des
« députés est nommé par le Roi, sur une liste
« de cinq membres, présentée par la Chambre.

« Je propose cette substitution :

« Le président de la Chambre des députés
« est élu par la Chambre. Il est élu pour toute
« la durée de la législature. »

« ART. 46. Aucun amendement ne peut être
« fait à une loi s'il n'a été proposé ou con-
« senti par le Roi, et s'il n'a été renvoyé et dis-
« cuté dans les bureaux.

« ART. 47. La Chambre des députés reçoit
« toutes les propositions d'impôt. Ce n'est qu'a-
« près que ces dispositions ont été admises
« qu'elles peuvent être portées à la Chambre des
« pairs.

« Ces articles sont naturellement supprimés
« par les dispositions des articles 16 et 17 dont
« j'ai donné lecture.

« Art. 56. Ils ne peuvent être accusés (les
« ministres) que pour fait de trahison ou de
« concussion. Des lois particulières spécifieront
« cette nature de délit et en détermineront la
« poursuite.

« Cet article, qui est une restriction du
« droit d'accusation, ne me paraît pas pouvoir
« subsister. J'en propose la suppression.

« Art. 63. Il ne pourra en conséquence être
« créé de commissions et tribunaux extraordi-
« naires. Ne sont pas comprises sous cette déno-
« mination les juridictions prévôtales, si le réta-
« blissement en est jugé nécessaire.

« L'article que je propose pour remplacer
« celui-ci serait ainsi rédigé :

« Il ne pourra, en conséquence, être créé
« de commissions et de tribunaux extraordi-
« naires, sous quelque dénomination que ce
« puisse être. »

« Art. 74. Le Roi et ses successeurs jureront
« à leur avénement d'observer fidèlement la
« présente Charte constitutionnelle.

« Je propose d'ajouter :

« La présente Charte et tous les droits
« qu'elle consacre, demeurent confiés au pa-

« triotisme et au courage des gardes nationales
« et de tous les citoyens. »

« La Chambre des députés déclare, troisiè-
« mement, qu'il est nécessaire de pourvoir suc-
« cessivement, par des lois séparées et dans le
« plus court délai possible,

« 1° A l'extension du jury aux délits correc-
« tionnels, et notamment à ceux de la presse ;

« 2° A la responsabilité des ministres et des
« agents secondaires du pouvoir ;

« 3° A la réélection des députés promus à des
« fonctions publiques ;

« 4° Au vote annuel du contingent de
« l'armée ;

« 5° A l'organisation de la garde nationale
« avec intervention des gardes nationaux dans le
« choix de leurs officiers ;

« 6° A un code militaire assurant, d'une ma-
« nière légale, l'état des officiers de tout grade;

« 7° A l'administration départementale et
« municipale, avec intervention des citoyens
« dans leur formation ;

« 8° A l'instruction publique et à la liberté
« de l'enseignement.

« 9° A l'abolition du double vote et à la
« fixation des conditions électorales et d'éligi-
« bilité ;

« Et en outre, que toutes les nominations et

« créations nouvelles de pairs faites sous le rè-
« gne du roi Charles X soient déclarées nulles
« et non avenues.

« Moyennant l'acceptation de ces disposi-
« tions et propositions, la Chambre des dépu-
« tés déclare enfin que l'intérêt du peuple
« français appelle au trône S. A. R. Louis-Phi-
« lippe d'Orléans, duc d'Orléans, Lieutenant-
« général du royaume, et ses descendants à
« perpétuité, de mâle en mâle par ordre de pri-
« mogéniture, à l'exclusion perpétuelle des fem-
« mes et de leurs descendants.

« En conséquence S. A. R. Louis-Philippe
« d'Orléans, Lieutenant-général, sera invité à
« accepter et à jurer les clauses et engagements
« ci-dessus énoncés, l'observation de la Charte
« constitutionnelle et des modifications indi-
« quées, et après l'avoir fait, à prendre le titre
« de Roi des Français. »

« Cette lecture est fréquemment interrompue par de nombreux témoignages d'adhésion.
L'indication des modifications à faire au cens
électoral et au cens d'éligibilité donne seulement lieu à quelques murmures, mais ces
murmures partent plus spécialement des bancs
peuplés par le double vote et par les aristo-
crates doctrinaires. Ma lecture terminée, les
expressions d'estime les plus flatteuses me

sont prodiguées de presque toutes les parties de la Chambre. Ceux même que ma proposition contrarie, sentent que je viens de poser une borne que la révolution ne franchira pas, et m'en savent gré. Si l'on eût en effet adopté franchement les principes que je venais d'émettre, la satisfaction eût été générale, et nous n'en serions pas à redouter un nouveau bouleversement.

« Augustin Périer me succéda à la tribune. Il loua la modération de mon langage, alors même que *plusieurs de mes propositions étaient loin de ses doctrines;* et il proposa l'examen des modifications que je venais de faire à la Charte dans les bureaux, et leur renvoi à la commission de l'adresse.

« Ici deux choses sont à remarquer. La première, c'est qu'Augustin Périer, dont les opinions ont toujours été identiques avec celles de son frère Casimir, avoue que plusieurs de mes propositions *sont loin de ses doctrines.* La seconde, c'est que Casimir Périer n'a pris aucune part, soit directe, soit indirecte, à la discussion de la nouvelle Charte. Se réservait-il pour d'autres circonstances qu'il prévoyait, qu'il espérait peut-être? Était-il encore sous l'empire de cette crainte profonde qu'il avait éprouvée pendant les premières journées de notre révolution? C'est ce que je ne me charge pas de décider, mais le fait méritait qu'on le remarquât.

« Plusieurs membres, et entre autres le général Mathieu Dumas, combattent la proposition d'Augustin Périer, et demandent la nomination d'une seconde commission.

« Villemain concilie les deux opinions en proposant la nomination d'une seconde commission et sa réunion avec la première, ce qui est adopté, malgré Demarçay, qui veut repousser ma proposition, sans même prendre la peine de la discuter. « Selon lui, il y a des modifica-
« tions plus importantes à faire, des disposi-
« tions plus fondamentales à rectifier. Il reste-
« rait dans la Charte des principes antipathiques
« au peuple français, à ses opinions, à ses in-
« térêts. Ce seul fait, de conserver la Charte,
« suffit dans son esprit pour faire rejeter la
« proposition. » Cette opinion produit une explosion de réclamations aux centres. Demarçay continue en expliquant qu'il conçoit que l'on rédige une suite de principes, de vérités fondamentales sur lesquelles reposerait à l'avenir notre ordre social, et que le Lieutenant-général serait appelé à accepter, après quoi il serait proclamé Roi des Français.

« Cette manière d'envisager la question est,

en effet, plus rationnelle que celle qui doit servir de base à la discussion, et il me serait difficile de la combattre, car, ainsi qu'on l'a vu, elle est entièrement conforme à ma proposition primitive.

« Le président fait remarquer que la question en discussion est non pas celle de la proposition, mais celle de son renvoi pour être examinée dans les bureaux, et ce renvoi est ordonné.

« On procède à cet examen, en quelque sorte pour la forme, et l'on se hâte de nommer la commission. Les deux commissions se trouvent composées ainsi qu'il suit : celle de l'adresse; de Villemain, Pavée de Vandœuvre, Humblot-Conté, Kératry, Dupin aîné, Mathieu Dumas, Benjamin Constant, Jacques Lefèvre et Étienne; et celle de ma proposition, de Bérard, Augustin Périer, Humann, Benjamin Delessert, de Sade, Sébastiani, Bertin de Vaux, Bondy et Tracy. Laffitte, en sa qualité de président de la Chambre, doit nous présider.

« Kératry demande à la Chambre, attendu la gravité des circonstances, qu'il y ait une séance du soir dans laquelle, selon toute apparence, on pourra présenter le rapport de la commission, ce qui est accordé.

« Kératry avait raison de parler de la gravité des circonstances. La lenteur avec laquelle le conseil des ministres avait procédé à l'examen de mon projet, et l'avait modifié, je devrais dire défiguré, avait laissé croître l'inquiétude et naître l'irritation, de telle sorte que des troubles sérieux pouvaient être véritablement à redouter. J'ai déja eu occasion de faire voir que les idées républicaines, un moment comprimées, reprenaient de la consistance et de l'étendue. Ceux même qui ne les partageaient pas entièrement, exigeaient que l'on fît à nos libertés une part beaucoup plus large que celle dont ils se seraient contentés il y a trois jours.

« Lorsque l'on a observé avec soin ce qui se passe dans les révolutions, on sait qu'il y a toujours un moment où le temps d'arrêt est possible et même facile. Il ne s'agit que de savoir le saisir. Si vous le manquez, les exigences augmentent, et l'irritation s'accroît jusqu'à ce qu'elle fasse explosion. J'aurais bien été d'avis que l'on fît plus encore pour la liberté que ce que je proposais de faire, mais, je ne saurais trop le redire, il fallait vouloir ce qui était possible, et la composition de la Chambre rendait déja douteuse l'adoption complète de ma proposition, toute restreinte qu'elle était. Le dirai-je aussi? je pensais alors qu'il fallait entrer dans les voies nouvelles avec gradation. Je craignais qu'un changement trop subit, qu'une extension trop grande donnée immédiatement à nos droits, ne nous éloignassent du but auquel nous devions tendre. Je rougis aujourd'hui d'avoir pu éprouver de pareilles craintes. J'aurais dû ne pas ignorer que le pouvoir serait toujours environné d'hommes qui feraient tout contre la liberté, et que par conséquent on ne devait jamais craindre de faire trop pour elle.

« On a vu que pour ne pas compromettre le succès de ma proposition, j'en avais retranché plusieurs choses que je croyais bonnes, telles, par exemple, que la suppression de la noblesse ancienne et nouvelle. Ma prévision ne se trouvait que trop bien justifiée par la composition des commissions dont je viens de donner la liste. Elles ne contiennent pas un tiers de députés à opinions franchement libérales. Le même motif qui m'avait fait effacer la suppression de la noblesse m'avait empêché de toucher à l'inamovibilité de la magistrature. Je craignais l'influence défavorable du grand nombre de magistrats qui siégeaient dans la Chambre. Toutefois ayant remarqué que beaucoup de députés blâmaient cette dernière omission, je voulus réparer ma faute en tâchant d'obtenir qu'une nouvelle investiture fût imposée aux magistrats de Louis XVIII et de Charles X.

«Une pareille addition, venant de moi, n'aurait pas manqué d'effaroucher une commission dans laquelle plusieurs membres avaient déjà déclaré, et notamment un à la tribune, qu'ils étaient loin de partager mes *doctrines*. Je songeai donc à la faire présenter par un homme d'opinions inoffensives, et dont cependant le caractère fût estimé : Kératry me sembla parfaitement convenable pour jouer un tel rôle. Je lui expliquai bien ce dont il s'agissait et j'éclairai sa conscience de toutes les lumières de la raison. Kératry me demanda ce que pensait Dupont de cette addition. Je lui attestai qu'il la désirait vivement, et il se chargea d'en être l'éditeur.

«Dupin repoussa avec force, avec violence même, cette nouvelle proposition. Je la soutins, et elle fut également appuyée avec insistance et talent par Benjamin Constant et par Tracy. Villemain, Jacques Lefèvre, Augustin Périer, Humann, et plusieurs autres nous combattirent. Enfin on alla aux voix, et quatorze voix contre quatre décidèrent que la magistrature légitimiste serait intégralement conservée. Je dois consigner ici que ceux qui votèrent en faveur d'une mesure dont la suite a si bien prouvé l'utilité furent Benjamin Constant, Tracy, Kératry et moi. L'immense majorité acquise à l'opinion contraire à la nôtre dispensa le président de voter, mais son suffrage patriotique ne peut pas être douteux.

«Cette proposition avait été présentée en quelque sorte préjudiciellement, et comme un principe nouveau à établir. Après qu'elle eut été repoussée, la discussion commença sur mon projet.

« En retranchant le principe de légitimité que de Broglie et Guizot avaient introduit dans leur projet de rédaction, je n'avais pas fait assez. J'aurais dû reprendre, dans ma proposition primitive, le principe de la souveraineté nationale, et l'exprimer d'une manière nette et explicite, ce que la brièveté du temps m'avait fait omettre. Dupin le rétablit en proposant l'addition du paragraphe suivant : « La Cham-
« bre des députés déclare, secondement, que
« selon le vœu et dans l'intérêt du peuple fran-
« çais, le préambule de la Charte constitution-
« nelle est supprimé, *comme blessant la dignité*
« *nationale en paraissant octroyer aux Français*
« *des droits qui leur appartiennent essentielle-*
« *ment.* »

« La première partie de ce paragraphe est un fait impossible à contester ; aussi, malgré le regret qu'éprouvent beaucoup de membres de la commission en le déclarant, ils l'adoptent sans trop de difficulté. Mais les mots que j'ai soulignés, bien qu'ils ne contiennent que d'une manière implicite le principe de la souveraineté nationale, ne trouvent pas grace devant eux. Ils les repoussent comme trop populaires, et tous les efforts des membres patriotes de la commission ne peuvent pas parvenir à les faire admettre. Nous les verrons plus tard rétablis par la Chambre.

« J'avais proposé la suppression de l'article 6 de la Charte, qui déclarait la religion catholique, apostolique et romaine, religion de l'état, et j'avoue que j'avais été bien tenté de supprimer aussi l'article 7, en vertu duquel les cultes chrétiens sont salariés par le trésor; je ne l'avais pas fait, parce que je ne croyais pas que nous fussions encore mûrs pour une telle mesure, qui doit néanmoins être prise un jour et que j'appelle de tous mes vœux. Les gens d'une opinion contraire à la mienne, obligés de consentir à la suppression de l'article 6, s'emparèrent de l'article 7 pour y faire ajouter que la religion catholique, apostolique et romaine, *est professée par la majorité des Français*. Je combattis cette addition comme étant à la fois un renseignement statistique et comme tel déplacé dans une loi et un renseignement inexact. Je soutins que c'était *l'indifférentisme*, si l'on pouvait employer cette expression, et non pas le *catholicisme*, qui était professé par la majorité des Français. Mon opinion, vivement soutenue par quelques-uns de mes collègues, ne fut pas accueillie, et la Charte de 1830 déclara la religion catholique, religion de la majorité des Français. Le ridicule de cette déclaration est d'autant plus évident, qu'elle subsisterait encore alors même que les neuf dixièmes de la population embrasseraient le protestantisme ou toute autre religion.

« La plupart des autres changements faits par la commission sont ou de peu d'importance, ou des améliorations apportées à ma rédaction.

« A l'article 14, je m'étais borné à ajouter que le Roi ne peut faire usage du pouvoir que cet article lui confère que *sous la responsabilité des ministres*. La commission remplace cette disposition par celle-ci, qui vaut évidemment beaucoup mieux : *sans pouvoir jamais suspendre les lois elles-mêmes, ni dispenser de leur exécution*.

« J'avais demandé que les pairs eussent voix délibérative à vingt-cinq ans; d'abord parce que je proposais la même faculté pour les députés, ensuite parce que les fils de pairs, élevés en quelque sorte pour des fonctions législatives, doivent être, plus jeunes, en état de les remplir, enfin parce que je croyais que c'était un moyen de rajeunir la Chambre des pairs, dont les opinions me semblaient empreintes d'un peu de caducité. Les rétrogrades de la commission n'acceptèrent pas cette disposition.

« Ils ne voulurent pas davantage qu'on pût être député à vingt-cinq ans. « Si nous y « consentions, disaient-ils, nos bancs ne tar- « deraient pas à être encombrés par des échap- « pés de collége. » On eut beau leur dire qu'une réunion d'électeurs, dont la majorité aurait toujours plus de 40 et souvent plus de 50 ans, ne choisirait des hommes au-dessous de 30 ans que lorsqu'ils seraient très-distingués, il n'y eut pas moyen de les convaincre; et je vis le moment où, pour être député, il faudrait encore avoir 40 ans, ou au moins 35. Il fallut donc encore céder sur ce point.

« J'avais trouvé de l'utilité à nommer le président de la Chambre pour toute la durée de la législature, parce qu'il devait en résulter plus de fixité dans les habitudes de la Chambre et une jurisprudence parlementaire plus régulière. Il me semblait aussi que cela donnerait plus d'importance au chef de l'un des premiers corps de l'état, et d'ailleurs cela se pratique ainsi dans les pays qui nous ont devancés dans l'usage du système constitutionnel, et l'on s'en trouve bien. Ces motifs ne furent pas admis. Peut-être l'espoir qu'avait plus d'un membre de la commission d'arriver à son tour à la présidence en fut-elle cause.

« Les pairs de Charles X trouvèrent d'assez nombreux défenseurs dans la commission. Ces défenseurs cédèrent cependant devant la crainte de compromettre la pairie entière, en cherchant à en sauver une partie. Personne ne pouvait se dissimuler que la pairie était tombée dans un état de déconsidération et d'avilissement tel qu'il y avait bien peu de chose à faire pour l'anéantir complétement. Le seul parti raisonnable à adopter eût été celui que j'avais originairement proposé : *la reconstitution totale de la pairie.* Si la Chambre des pairs ayant été entraînée dans le naufrage de la royauté, on en eût composé immédiatement une nouvelle, dans laquelle on eût admis les membres de l'ancienne qui n'étaient pas hostiles à la révolution, et des notabilités dont le choix eût convenu au pays, je suis convaincu que l'inimitié, pour ainsi dire nationale, avec laquelle l'hérédité de la Chambre des pairs a été attaquée plus tard n'eût jamais existé, et qu'on eût sauvé une institution qui pouvait être utile à la fois au pays et à la monarchie. Cette mesure aurait eu d'ailleurs l'avantage de ne pas conserver un pouvoir antérieur à la royauté nouvelle, et qui pourra quelque jour peut-être chercher à se prévaloir de cette antériorité. Mais avec la commission à laquelle nous avions affaire, et surtout avec la Chambre qui devait prononcer en définitive, il n'y avait aucune chance pour faire accueillir ce que le ministère n'approuvait pas, et à plus forte raison ce qu'il aurait probablement combattu.

« Notre discussion s'écoula avec la rapidité que commandait la circonstance, et quand elle fut terminée, on nomma Dupin rapporteur. Il ne perdit pas un moment pour se mettre à l'œuvre ; je l'aidai dans diverses parties de son travail, et lui servis même, sous quelques rapports, de secrétaire. Nous fûmes prêts pour la séance du soir.

« Au commencement de la séance, et pendant que nous étions encore réunis à la commission, le président donna connaissance à la Chambre de la lettre suivante qu'il venait de recevoir :

« Monsieur le Président, par ordre de S. A. R.
« Monseigneur le Lieutenant-général du royau-
« me, j'ai l'honneur de vous envoyer la copie

« conforme de l'acte d'abdication de S. M.
« Charles X et de Louis-Antoine, dauphin,
« en vous priant de vouloir bien le communi-
« quer à la Chambre des députés.

« Le commissaire provisoire au départe-
« ment de l'intérieur.

« Guizot. »

« L'étonnement fut grand chez beaucoup de députés de voir faire ainsi la communication d'un acte qui était imprimé dans le *Moniteur* et dans tous les journaux depuis trois jours, et qui par conséquent n'était ignoré de personne. Il y avait dans cette démarche quelque chose d'étrange qui devait inspirer de la défiance ; aussi les députés de la gauche s'empressaient-ils de repousser la communication, lorsqu'une voix du centre, probablement d'accord avec ceux qui la faisaient, demanda le dépôt aux archives.

« Mauguin démontra l'inutilité et le danger de ce dépôt. Il fit voir que ce serait donner de la valeur à un acte qui n'en avait aucune; que ce serait reconnaître qu'il restait des droits à Charles X, lorsqu'il n'en avait plus; et il aurait pu dire encore qu'ajouter la moindre importance à cette abdication, c'était consacrer les droits du duc de Bordeaux. Malgré l'excellence de ces raisons, la majorité vota contre l'ordre du jour qui était invoqué et ordonna le dépôt aux archives.

« J'ai pensé depuis que cette bizarre communication faite au moment où le rapport sur ma proposition allait être lu avait eu pour but de faire naître une discussion dont le résultat aurait été de rétablir le *visa* et le *considérant* que j'avais supprimés; mais il ne s'était pas trouvé, même dans les centres, un député assez dépourvu de vergogne pour oser le demander.

« J'ai insisté dans beaucoup d'occasions, et j'ai besoin d'insister encore sur la disposition d'esprit dans laquelle était la majorité de la Chambre, pour m'excuser aux yeux de ceux qui trouveraient que j'ai eu tort de consentir à modifier ma première proposition. En me reportant à ce qui existait alors, il me paraît toujours évident qu'en demandant plus que je ne l'ai fait, je n'aurais rien obtenu; et ce cas arrivant, dans quel abîme serions-nous tombés !

« A neuf heures et demie Dupin présente le rapport et le projet de résolution suivant :

« Messieurs,

« J'obéis à votre commission et au juste

« empressement de la Chambre dans les cir-
« constances pressantes qui nous environnent,
« en vous soumettant mon rapport.

« Je n'ai point à revenir sur tous les articles
« qui ont fait l'objet de la proposition si habi-
« lement développée par notre honorable col-
« lègue, M. Bérard, mais à vous entretenir
« seulement de ceux qui, dans le sein de la
« commission, ont reçu de nouvelles modifi-
« cations.

« La nécessité de proclamer la vacance du
« trône a été reconnue à l'unanimité, mais votre
« commission a pensé qu'il ne suffisait pas de
« la constater comme un *fait*, qu'il fallait aussi
« la déclarer comme un *droit* résultant de la vio-
« lation de la Charte et de la légitime résistance
« apportée par le peuple à cette violation.

« Le préambule de la Charte est supprimé,
« non comme une rédaction qui ne serait qu'in-
« utile, mais parce qu'il blesse la dignité
« nationale, en paraissant octroyer aux Fran-
« çais des droits qui leur appartiennent essen-
« tiellement.

« Dans sa rapidité même, la correction ou
« modification des divers articles n'a rien qui
« doive étonner ni surprendre. Depuis quinze
« ans, nous avons été en butte aux subterfuges
« et aux subtilités, à l'aide desquels on a suc-

« cessivement abusé, tantôt de son texte, tantôt
« de son esprit.

« Le mal étant si bien connu, il a été facile
« d'y apporter remède en supprimant, d'accord
« avec l'expérience, certaines dispositions tout-
« à-fait défectueuses, en effaçant les termes
« dont on avait abusé, enfin en suppléant les
« dispositions omises, et en complétant celles
« dont l'insuffisance s'était fait sentir.

« Nous vous proposons de supprimer l'ar-
« ticle 6 de la Charte, parce que c'est l'article
« dont on a le plus abusé. Mais votre commis-
« sion ne veut pas que la malveillance puisse
« affecter de s'y méprendre. Cette suppression
« n'a pas pour but de porter la plus légère at-
« teinte à la religion catholique. Au contraire,
« après avoir proclamé, avec l'article 5, *que*
« *chacun professe sa religion avec une égale li-*
« *berté et obtient pour son culte la même pro-*
« *tection*, nous reconnaissons et nous disons
« dans l'article 7, qui parle du traitement des
« divers cultes, *que la religion catholique, apos-*
« *tolique et romaine, est la religion de la majo-*
« *rité des Français*, rétablissant ainsi des termes
« qui ont paru suffisants aux auteurs du concor-
« dat de l'an IX et de la loi organique de ger-
« minal an X, termes qui ont suffi pour relever
« la religion de ses ruines, et dont il n'est ar-

« rivé aucun dommage à l'état, tandis que les
« expressions de l'article 6 ont réveillé d'im-
« prudentes prétentions à une domination aussi
« contraire à l'esprit de la religion qu'à la li-
« berté de conscience et à la paix du royaume.
« Il fallait donc, dans ce triple intérêt, effacer
« des termes qui, sans rien ajouter à ce que la
« religion aura toujours de saint et de véné-
« rable à nos yeux, étaient devenus la source
« de beaucoup d'erreurs et ont finalement causé
« les disgraces de la branche régnante et mis
« l'état sur le penchant de sa ruine.

« Par un amendement qui a surgi au sein de
« votre commission, après avoir conservé cette
« disposition de l'article 8 : *Les Français ont*
« *le droit de publier et de faire imprimer leurs*
« *opinions en se conformant aux lois*, nous avons
« cru devoir supprimer les expressions *qui*
« *doivent réprimer les abus de cette liberté*,
« parce que pendant longues années une admi-
« nistration malveillante y a trouvé le prétexte
« de toutes les lois d'exception qui ont entravé
« la presse ou qui l'ont opprimée.

« L'article 14, dans ces derniers temps sur-
« tout, était devenu le texte des plus étranges
« et des plus coupables interprétations. On af-
« fectait d'y voir le siége d'une dictature dont
« la puissance de fait pouvait s'élever au-dessus

« de toutes les lois. Cette doctrine funeste est
« devenue le prétexte des attentats dirigés con-
« tre la liberté du peuple français. Déja le
« Prince Lieutenant-général du royaume avait
« pris à cet égard une généreuse initiative en
« vous parlant de cet article *si odieusement*
« *interprété*. Votre commission a rendu le doute
« impossible à l'avenir, et, ne retenant de l'arti-
« cle que ce qui doit en être conservé, dans le
« juste intérêt d'une prérogative que vous vou-
« lez non pas anéantir, mais seulement régler,
« tout en maintenant la couronne dans ce droit
« incontestable de *faire les règlements et or-*
« *donnances nécessaires pour l'exécution des*
« *lois*, nous avons ajouté que c'était *sans pou-*
« *voir jamais ni suspendre les lois ni dispenser*
« *aucunement de leur exécution.*

« Les séances de la Chambre des pairs étaient
« secrètes; il nous a semblé qu'elles devaient,
« dans l'intérêt même et pour l'éclat de la
« pairie, être publiques comme celles de la
« Chambre des députés.

« L'âge de 40 ans, auparavant exigé pour
« être député, a été réduit à 30 : c'est l'âge au-
« quel les pairs ont voix délibérative dans la
« Chambre. Un âge moins élevé paraissait in-
« quiéter tous ceux qui pensent que, pour
« fonder et maintenir un gouvernement sage,

« une capacité, même précoce, ne doit pa
« être entièrement destituée d'expérience et d
« maturité.

« Mais afin d'ouvrir en même temps un
« plus large voie à cette jeunesse, depuis long
« temps l'espoir d'une patrie dont elle fai
« aujourd'hui la principale force, nous avons
« réduit à 25 ans l'âge exigé par l'article 4(
« pour être électeur.

« Sur l'article 43, l'auteur de la propositior
« s'était borné à dire que *le président de l*
« *Chambre des députés est élu par elle;* votre
« commission a ajouté : *à l'ouverture de cha*
« *que session.* Elle a pensé que cette conditior
« de réélection ne ferait que resserrer les liens
« de bienveillance et d'intimité qui doivent
« unir le président à ses collègues.

« Il ne suffisait pas d'avoir dit avec l'arti-
« cle 62 : *Nul ne peut être distrait de ses juges*
« *naturels*, ni même d'ajouter avec l'article 63
« *Il ne pourra en conséquence être créé de com*
« *missions et tribunaux extraordinaires.*

« Pour prévoir tous les abus possibles, nou
« avons ajouté *à quelque titre et sous quelqu*
« *dénomination que ce puisse être;* car les nom
« trompeurs n'ont jamais manqué aux plu
« mauvaises choses; et sans cette précaution
« on pourrait rétablir le tribunal le plus irré

« gulier, en lui donnant faussement la dénomi-
« nation d'un tribunal ordinaire.

« Les ministres avaient toujours interprété
« l'article 73, relatif aux colonies, en ce sens
« qu'elles étaient soumises non à l'action régu-
« lière de la législation, mais à l'action instable
« des règlements les plus bizarres. Nous sommes
« rentrés dans la légalité, en disant que *les colo-*
« *nies seront réglées par des lois particulières.* Ce
« dernier mot indique assez que ces lois devront
« être spéciales, appropriées à l'état des colonies
« et soumises à un système progressif d'amélio-
« rations ; cela suffira par conséquent pour ras-
« surer tous les habitants des colonies et pour
« les attacher de plus en plus à la métropole ;
« leurs besoins et leurs griefs ne seront plus
« soustraits à l'impartiale investigation du légis-
« lateur.

« L'article 74 a reçu une importante modifi-
« cation. A l'avenir, c'est devant les pairs du
« royaume et les députés de la nation, c'est en
« présence des Chambres assemblées, que le
« Roi, à son avénement, jurera de respecter les
« droits de la nation, d'observer fidèlement la
« loi constitutionnelle.

« Enfin une cruelle mais salutaire épreuve
« a fait sentir la nécessité de rétablir cette dis-
« position prescrite par l'auteur même de la

« Charte. Un article additionnel explique que
« *la présente Charte et tous les droits qu'elle*
« *consacre demeurent confiés au patriotisme et*
« *au courage des gardes nationales et de tous les*
« *citoyens français.*

« L'état de la Chambre des pairs a appelé de
« notre part une sérieuse attention. Il nous a
« paru qu'il était impossible de ne pas se rap-
« peler que les promotions qui ont eu lieu sous
« le dernier règne avaient été faites en vue de
« préparer la ruine de nos libertés. Trop sûr,
« hélas! de la cour, et maître de la Chambre des
« pairs, le parti dépositaire de cette coupable
« pensée ne visait plus qu'à pervertir les lois
« électorales, pour arriver à l'accomplissement
« de ses desseins. La Chambre des pairs, pro-
« tectrice, quand elle avait à repousser d'indignes
« lois, cessa de pouvoir remplir cette destination
« quand, par un criminel abus de la prérogative,
« soixante-seize pairs y furent ajoutés d'un seul
« jet. Ce fait si grave, et qui avait altéré le prin-
« cipe même de la pairie, était devenu l'un des
« chefs de l'accusation prise en considération
« par la Chambre et qui n'a jamais été vidée.

« A la veille d'entrer dans un système de vé-
« rité qu'il s'agit maintenant de substituer aux
« déceptions du passé, il nous a paru qu'en ef-
« fet la Chambre des députés ne fondait rien de

« durable pour l'avenir, si elle ne détruisait
« l'œuvre de la trahison. De là cette nécessité
« de déclarer que *toutes les nominations et créa-*
« *tions nouvelles de pairs, faites sous le règne de*
« *Charles X, sont déclarées nulles et comme non*
« *avenues.*

« Du reste, voulant réserver, sans les com-
« promettre, les autres questions qui peuvent
« s'élever à l'occasion de la pairie, et sur lesquelles
« les meilleurs esprits et les amis les plus ardents
« de la liberté peuvent se trouver partagés avec
« une égale bonne foi, votre commission vous
« propose d'ajouter le paragraphe suivant : *Et*
« *pour prévenir le retour des graves abus qui*
« *ont altéré le principe de la pairie, l'article 70*
« *de la Charte, qui donne au roi la faculté illi-*
« *mitée de nommer des pairs, sera soumis à un*
« *nouvel examen dans la session de* 1831.

« Après ces modifications, la plupart faciles,
« et dont la nécessité était d'avance empreinte
« dans tous les esprits, viennent les lois dont
« la rédaction n'a pu être instantanément prépa-
« rée, et qui exigeront de notre part une dis-
« cussion approfondie, mais dont la promesse,
« qui cette fois ne pourra être éludée, fait partie
« des conditions sous lesquelles devra s'accom-
« plir la dernière partie de la proposition.

« Cette proposition a pour objet d'asseoir et

« de fonder un établissement nouveau : nouveau
« quant à la personne appelée, et surtout quant
« au mode de vocation. Ici, la loi constitution-
« nelle n'est pas un octroi du pouvoir, qui croit
« se dessaisir, c'est tout le contraire. C'est une
« nation en pleine possession de ses droits qui
« dit, avec autant de dignité que d'indépendance
« au noble Prince auquel il s'agit de déférer la
« couronne : *A ces conditions écrites dans la loi,*
« *voulez-vous régner sur nous ?*

« Messieurs, avant tout, ce Prince est honnête
« homme. Il en a parmi nous l'éclatante réputa-
« tion. S'il vous dit qu'il accepte ; si par cette ac-
« ceptation le contrat est une fois formé ; s'il en
« jure l'observation en présence des Chambres,
« à la face de la nation, nous pourrons compter
« sur sa parole. Il vous l'a dit : *La Charte, telle*
« *qu'il l'aura acceptée, sera désormais une vé-*
« *rité.*

« Vous sentez tous, Messieurs, et votre com-
« mission l'a senti elle-même, que nous agissons
« sous l'empire d'un besoin pressant, d'une ur-
« gence déclarée, d'une impérieuse nécessité.
« Puissent les efforts et le travail de votre com-
« mission obtenir faveur devant vous, rallier
« promptement les esprits dans une détermina-
« tion commune, vivement désirée par nos
« commettants, et qui, nous ne saurions en dou-

« ter, sera saluée par la reconnaissance et les
« acclamations de la nation entière!

« La Chambre des députés, prenant en con-
« sidération l'impérieuse nécessité qui résulte
« des événements des 27, 28 et 29 juillet et jours
« suivants, et de la situation générale où la France
« s'est trouvée placée, à la suite de la victoire
« remportée au nom de la Charte constitution-
« nelle et par l'héroïque résistance des citoyens
« de Paris;

« Déclare que le trône est vacant en fait et en
« droit, et qu'il est indispensable d'y pourvoir.

« La Chambre des députés déclare, seconde-
« ment, que, selon le vœu et dans l'intérêt du
« peuple français, le préambule de la Charte
« constitutionnelle est supprimé, et que les
« articles suivants de la même Charte doivent
« être supprimés ou modifiés de la manière
« qui va être indiquée.

« ART. 6. (Supprimé.)

« ART. 7. Les ministres de la religion catho-
« lique, apostolique et romaine, *professée par la*
« *majorité des Français*, et ceux des autres cultes
« chrétiens, reçoivent seuls des traitements du
« trésor royal.

« ART. 8. Supprimer les mots *qui doivent*
« *réprimer les abus de cette liberté.*

« ART. 14. Le Roi est le chef suprême de

« l'État; il commande les forces de terre et de
« mer, déclare la guerre, fait les traités de paix,
« d'alliance et de commerce, nomme à tous les
« emplois d'administration publique, et fait les
« règlements et ordonnances nécessaires pour
« l'exécution des lois, *sans pouvoir jamais sus-*
« *pendre les lois elles-mêmes, ni dispenser de leur*
« *exécution.*

« Art. 15. (Suppression des mots *des dé-*
« *partements.*)

« Art. 16 et 17. La proposition des lois ap-
« partient au Roi, à la Chambre des pairs et
« à la Chambre des députés.

« Néanmoins toute loi d'impôt doit être d'a-
« bord votée par la Chambre des députés.

« Art. 19, 20 et 21. (Supprimés.)

« Art. 26. Toute assemblée de la Chambre
« des pairs qui serait tenue hors du temps de la
« session de la Chambre des députés est illicite
« et nulle de plein droit, *sauf le seul cas où elle*
« *est réunie comme cour de justice; et alors elle*
« *ne peut exercer que des fonctions judiciaires.*

« Art. 30. Les princes du sang sont pairs
« par droit de naissance; ils siégent immédiate-
« ment après le président.

« Art. 31. (Supprimé.)

« Art. 32. Les séances de la Chambre des

« pairs sont publiques, comme celles de la
« Chambre des députés.

« Art. 36. (Supprimé.)

« Art. 37. Les députés sont élus pour cinq
« ans.

« Art. 38. Aucun député ne peut être admis
« dans la Chambre s'il n'est âgé de trente ans,
« et s'il ne réunit les autres conditions détermi-
« nées par la loi.

« Art. 41. Les présidents des colléges électo-
« raux sont nommés par les électeurs.

« Art. 43. Le président de la Chambre des
« députés est élu par elle à l'ouverture de cha-
« que session.

« Art. 46 et 47. (Supprimés en conséquence
« de l'initiative.)

« Art. 56. (Supprimé.)

« Art. 63. Il ne pourra, en conséquence,
« être créé de commissions et tribunaux extra-
« ordinaires, à quelque titre et sous quelque
« dénomination que ce puisse être.

« Art. 73. Les colonies sont régies par des
« lois *particulières.*

« Art. 74. Le Roi et ses successeurs jureront,
« *à leur avénement*, en présence des Chambres
« réunies, d'observer fidèlement la présente
« Charte constitutionnelle.

« Art. 75. La présente Charte et tous les

« droits qu'elle consacre demeurent confiés au
« patriotisme et au courage des gardes nationa-
« les et de tous les citoyens français. »

DISPOSITIONS PARTICULIÈRES.

« Toutes les nominations et créations nou-
« velles des pairs faites sous le règne du Roi
« Charles X sont déclarées nulles et non ave-
« nues.

« Et, pour prévenir le retour des graves abus
« qui ont altéré le principe de la pairie, l'ar-
« ticle 27 de la Charte, qui donne au Roi la fa-
« culté illimitée de nommer des pairs, sera soumis
« à un nouvel examen dans la session de 1831.

« La Chambre des députés déclare, troisième-
« ment, qu'il est nécessaire de pourvoir successi-
« vement par des lois séparées et dans le plus
« court délai possible aux objets qui suivent :

« 1° L'application du jury aux délits de la
« presse ;

« 2° La responsabilité des ministres et des
« agents du pouvoir ;

« 3° La réélection des députés promus à des
« fonctions publiques ;

« 4° Le vote annuel du contingent de l'ar-
« mée ;

« 5° L'organisation de la garde nationale avec

« intervention des gardes nationaux dans le
« choix de leurs officiers;

« 6° Des dispositions assurant d'une manière
« légale l'état des officiers de tout grade ;

« 7° Des institutions départementales et mu-
« nicipales fondées sur un système électif;

« 8° L'instruction publique et la liberté d'en-
« seignement ;

« 9° L'abolition du double vote et la fixation
« des conditions électorales et d'éligibilité.

« Moyennant l'acceptation de ces dispositions
« et propositions, la Chambre des députés dé-
« clare enfin que l'intérêt universel et pressant
« du peuple français appelle au trône S. A. R.
« Louis-Philippe d'Orléans, duc d'Orléans, Lieu-
« tenant-général du royaume, et ses descen-
« dants à perpétuité, de mâle en mâle, par or-
« dre de primogéniture, à l'exclusion perpétuelle
« des femmes et de leur descendance.

« En conséquence, S. A. R. Louis-Philippe
« d'Orléans, duc d'Orléans, Lieutenant-général
« du royaume, sera invité à accepter et à jurer
« les clauses et engagements ci-dessus énoncés,
« l'observation de la Charte constitutionnelle et
« des modifications indiquées, et, après l'avoir
« fait devant les Chambres assemblées, à prendre
« le titre de Roi des Français. »

« Après cette lecture, Corcelles propose l'impression et la distribution, conformément à ce qui se pratique dans les circonstances ordinaires. — Rambuteau demande, au contraire, que la discussion soit immédiate. — Benjamin Constant s'y oppose, et prononce, à l'appui de son opinion, le discours suivant :

« Membre de la commission dont vous venez
« d'entendre le rapport, j'ai apporté toute l'at-
« tention possible à ce travail, comme tous mes
« collègues. Je leur ai soumis mes idées, et j'ai
« fait quelquefois le sacrifice de mes opinions,
« parce que je crois qu'il sera heureux que le
« Prince qu'on vous propose soit investi du
« droit de gouverner un peuple libre, en ac-
« ceptant les conditions que ce peuple lui pré-
« sente : mais je n'ai jamais pu entendre qu'im-
« médiatement après un rapport qui offre à
« traiter des questions si graves, ayant, par la
« nécessité des circonstances, la mission criti-
« que de faire plus peut-être que nos mandats
« ne nous permettent, nous puissions le dis-
« cuter et adopter sans examen. Non, vous
« ne pouvez ainsi l'adopter pour ainsi dire de
« confiance et d'urgence.

« Je crois à la sagesse de cette Chambre et
« de tous ceux qui, dans le pays (et ils sont
« nombreux), de toutes les conditions et de tous
« les âges, seront appelés à méditer ce projet.

« Il ne faut pas qu'on puisse dire que nous
« commettons une espèce d'usurpation par la
« précipitation avec laquelle nous imposerions
« des conditions qu'on n'aurait pas le temps
« de juger. Je demande donc que le rapport
« soit imprimé et distribué, et que la discus-
« sion soit ce qu'elle doit être, grave, digne,
« courageuse, indépendante.

« Moi aussi je serai indépendant de tout ce
« qui pourrait porter du trouble, et aucune
« considération ne me fera abandonner mon
« opinion, pas même l'opinion de mes amis.
« Je pense donc qu'en mettant dans cette dis-
« cussion toute la célérité possible, vous vous
« préserverez d'une précipitation fâcheuse.
« Quelques moments de retard ne peuvent
« être un danger : nous connaissons tous la
« sagesse de cette héroïque population qui nous
« a défendus, à qui nous devons nos têtes ; car
« nos têtes étaient proscrites. Je vous demande,
« par respect pour le sentiment qui vous domine,
« d'attendre que le rapport soit imprimé, afin de
« procéder ensuite à la mission la plus grave
« dont jamais des représentants aient été
« chargés. »

« Rambuteau répond par un discours peu
concluant, et qui paraît concerté avec le ministère.

« Salverte appuie l'opinion de Benjamin Constant, et se permet de dire que Rambuteau y a répondu non par des raisons, mais par des phrases sonores. Cette appréciation du discours d'un orateur des centres les irrite, et ils témoignent vivement leur improbation.

« Après une discussion assez prolongée, Guizot monte à la tribune pour annoncer qu'il ne s'oppose pas à ce que l'on s'ajourne à demain. Les centres aussitôt votent pour l'ajournement.

« Pendant que Dupin achevait d'écrire la dernière partie de son rapport, plusieurs centaines de jeunes gens s'étaient présentés à la porte de la Chambre, du côté de la rivière. Ils réclamaient bruyamment la suppression de l'hérédité de la pairie, et leur aspect était véritablement menaçant.

« Labbey de Pompières, Benjamin Constant, et moi, nous nous rendîmes au milieu de ces jeunes gens, qui paraissaient mus par des sentiments généreux, mais qui, à leur insu sans doute, semblaient être aussi les instruments d'agents de troubles. Lorsqu'on leur parlait individuellement, ils entendaient la raison, mais en masse ils étaient fort animés. Le général Lafayette et Salverte vinrent joindre leurs efforts aux nôtres, et ces jeunes gens ne tardèrent pas à se séparer. Leur présence avait inspiré une vive terreur à beaucoup de nos collègues, et je n'oserais affirmer que cette terreur n'a pas été salutaire. Sans elle peut-être y aurait-il eu beaucoup plus d'opposition, et la discussion eût-elle duré plus long-tems, sans être pour cela plus consciencieuse ni plus approfondie. L'effet de la frayeur sur certains de nos collègues était tout-à-fait singulier. Ils disaient que, si on prétendait les violenter, ils feraient le contraire de ce qu'ils avaient l'intention de faire, et voteraient dans un sens opposé à celui dans lequel ils avaient résolu de voter. On voit par ce trait à quelle espèce d'hommes nous avions affaire. Je les prêchais de mon mieux, et tâchais de faire évanouir leurs terreurs, afin qu'ils n'en prissent pas prétexte pour voter autrement que ne l'exigeait le salut du pays.

« Pendant que nous nous occupons à Paris de faire un Roi, l'ex-Roi Charles X se dirige à petites journées sur Cherbourg. Il a congédié ce qui restait de son infanterie, qui devenait embarrassante pour lui, avant d'arriver à Dreux. Il trouve le drapeau tricolore arboré dans cette ville, où il est reçu avec les égards dus au malheur, ou plutôt avec l'indifférence qui précède l'oubli. A peine quelques personnes daignent aller s'informer de ce qui concerne les *illustres* voyageurs. Les princesses paraissent profondément affectées, et versent souvent des larmes. Dans la petite cour qui chemine avec l'ex-monarque, le duc de Bordeaux est traité de *sire* et de *majesté*. Son grand-père et son oncle ont donné à leur suite l'exemple de ces désignations respectueuses.

« Le 7 août, je reçois dès le matin de nombreuses visites de personnes qui viennent me féliciter sur ce que j'ai trouvé moyen de mettre un terme à l'état d'anxiété dans lequel nous sommes depuis les derniers jours de juillet. Je commence aussi à recevoir des lettres de divers points, même de personnes que je ne connais pas, et qui m'adressent les compliments les plus flatteurs sur ce qu'elles veulent bien appeler ma courageuse conduite.

« A la fin de la séance d'hier, le président avait annoncé que la Chambre se réunirait aujourd'hui à dix heures; mais, comme il paraît que l'on sentait enfin la nécessité de se presser, une convocation extraordinaire, envoyée à domicile dans la nuit, informa les députés que la séance s'ouvrirait deux heures plus tôt, c'est-à-dire à huit heures. Le public et les journalistes n'ayant pas été dans la confidence de cette convocation, les tribunes se trouvèrent complètement vides; ce qui n'empêcha pas quelques membres de demander à commencer immédiatement la discussion. Cette proposition fut vivement repoussée par le général Demarçay, qui fit remarquer avec raison que par le fait nous étions en véritable séance secrète, tandis que la publicité était prescrite à nos délibérations. On ajouta, d'un autre côté, que nous étions loin d'être en nombre suffisant pour délibérer régulièrement. Ces justes observations réprimèrent l'impatience de ceux qui voulaient en finir à tout prix, et ce n'est guère que vers dix heures que la discussion s'ouvrit.

« Pendant cette attente, une grande fermentation régnait au dehors; de nombreux groupes de jeunes gens entouraient encore la salle, et continuaient à répandre l'effroi chez beaucoup de nos collègues. Ces jeunes gens envoyèrent une députation qui conféra longuement avec Lafayette, Salverte, Tracy et quelques autres députés, et finit par promettre de faire accueillir sans réclamation ce que nous croirions devoir adopter nous-mêmes. Cette députation ne dissimula pas toutefois que, si *tout* n'était pas fini dans le jour, il lui était impossible d'apprécier ce qui arriverait, et qu'il n'était au pouvoir de personne de répondre de la tranquillité publique. On voit, ainsi que je l'ai déjà dit, qu'il y avait de puissantes raisons pour prendre sans retard une détermination.

« En arrivant j'avais rencontré dans un des couloirs de la Chambre Cormenin, qui venait de donner sa démission. Le motif de cette démission était l'absence d'un mandat régulier pour ce que nous allions faire. Ce scrupule de conscience était certainement respectable; mais si nous l'eussions tous éprouvé, que fût devenue la tranquillité du pays?

« Je crois devoir extraire du *Moniteur*, et rapporter dans son entier l'importante discussion qu'on va lire. Peu de personnes en ont gardé le souvenir. Elle leur rappellera quels étaient alors les principes de certains membres de la Chambre, et il ne sera pas sans intérêt de comparer ce qu'ils ont été à ce qu'ils sont devenus. Je joindrai à la discussion quelques réflexions explicatives qui serviront à la faire mieux apprécier. Un défenseur de Charles X et du régime proscrit ouvre la séance.

M. DE CONNY. « Dans les circonstances ter-
« ribles où nous sommes placés, la liberté des
« délibérations est une loi plus sacrée encore:
« je l'invoquerai toujours; et, lorsque de nos
« bancs déserts s'élèvent à peine quelques voix,
« vous ne refuserez pas de nous entendre.

« Je me présente à la tribune pressé par le
« cri de ma conscience : le silence serait une
« lâcheté ; n'attendez pas de moi de longs dis-
« cours, les devoirs que nous devons remplir
« sont tracés avec une trop vive clarté.

« L'ordre social est ébranlé jusqu'en ses fon-
« dements ; ces mouvements tumultueux qui
« suspendent tout-à-coup l'action des pouvoirs
« légitimes institués pour établir l'ordre dans
« la société sont des époques de calamité qui
« exercent sur la destinée des nations la plus fu-
« neste influence ; long-temps prévus à l'avance
« par l'observateur attentif, ils deviennent aux
« yeux de tous, dans ces jours de douleur et
« d'effroi, l'expression matérielle de cette anar-
« chie morale qui existait au cœur de la société.

« L'inexorable histoire, s'élevant au-dessus
« des passions contemporaines, imprime à ces
« jours lamentables le caractère qu'ils doivent
« avoir ; et le cri de la conscience humaine s'é-
« lève pour consacrer cette vérité éternelle :
« *La force ne constitue aucun droit.*

« En ces temps de trouble on invoque la li-
« berté ; mais l'expression de la pensée a cessé
« d'être libre ; la liberté est baillonnée par ces
« cris sanglants qui portent l'effroi de toutes
« parts. Il y a alors oppression, et j'ajouterai
« même la pire de toutes ; car elle s'exerce au

« nom de la liberté ; elle est empreinte d'un ca-
« ractère d'hypocrisie et de fureur.

« Vous ne vous laisserez pas subjuguer par
« les cris qui retentissent autour de nous ; les
« hommes d'état restent calmes au milieu des
« périls ; et, lorsque des voix confuses appellent
« au trône le fils de Napoléon, invoquent la ré-
« publique, ou proclament le duc d'Orléans,
« inébranlables dans vos devoirs, vous vous
« rappellerez vos serments, et vous reconnaî-
« trez les droits sacrés de l'enfant qu'après
« tant de malheurs la Providence a donné à la
« France.

« Les cris de la conscience parlent plus haut
« que ces voix tumultueuses qui retentissent
« autour de nous. Pensez au jugement de l'ave-
« nir, il serait terrible ; vous ne voudrez point
« qu'un jour l'histoire puisse dire de nous : Ils
« furent infidèles à leurs serments.

« L'Europe nous regarde ; trop long-temps
« nous lui donnons le spectacle de la plus
« étrange mobilité ; trop long-temps nous chan-
« geâmes de parti aussi souvent que la victoire
« changeait de drapeau. Ramenés par le mal-
« heur à la vérité, restons calmes au milieu de
« tant de passions soulevées, et couvrons de
« nos respects et de nos larmes de grandes et
« royales infortunes.

« Dynastie sacrée, recevez nos hommages!
« Auguste fille des rois, que tant de cris d'amour
« reçurent en France, sur la terre d'exil que
« vous revoyez encore, puisse notre douleur
« rendre plus légères tant de peines et tant de
« malheurs!

« En restant fidèles à vos devoirs, Messieurs,
« vous épargnerez à notre patrie tout ce que
« l'usurpation traîne après elle de calamités et
« de crimes.

« Fixant d'un œil inquiet les destinées de la
« France, je vois, Messieurs, le double fléau de
« la guerre civile et de la guerre étrangère me-
« nacer notre pays; je vois la liberté disparaître
« sans retour; je vois le sang français couler; et
« ce sang retomberait sur nos têtes.

« La consécration du principe de la légiti-
« mité, de ce principe reconnu par la Charte,
« peut seule préserver notre pays du plus re-
« doutable avenir. Ce principe sacré, je l'in-
« voque dans la tempête, comme je l'invoquai
« en des jours plus heureux; c'est là qu'est
« l'ancre de salut. L'Europe tout entière est
« menacée d'un vaste embrasement si nous
« oublions la sainteté de nos serments, et nos
« serments sont écrits dans la Charte.

« Rappelons-nous-le, Messieurs, la France
« est enchaînée par ses serments; ses ser-

« ments la lient au trône où doit monter celui
« que deux abdications y appellent; nulle
« puissance n'a le droit de nous délier de ces
« serments : l'armée, toujours fidèle, toujours
« française, inclinera ses armes devant son jeune
« Roi. J'en atteste l'honneur national, ne don-
« nons pas au monde le scandale d'un parjure.
« En présence des droits sacrés du duc de
« Bordeaux, l'acte qui élèverait au trône le
« duc d'Orléans serait la violation de toutes
« les lois humaines.

« Député de mon pays, c'est devant Dieu,
« qui nous jugera, que, rappelant mes ser-
« ments, je viens d'exprimer la vérité tout
« entière. J'aurais perdu l'estime de mes ad-
« versaires si, dans les périls qui nous envi-
« ronnent, j'avais pu garder le silence. Les
« sentiments qui m'animent, je les proclame
« à la face du ciel, je les exprimerais à la
« bouche du canon.

« En descendant de cette tribune, j'ai besoin
« d'exprimer le vœu le plus ardent de mon
« ame : puisse la Providence éloigner de notre
« pays les malheurs qui le menacent! puisse
« cette France, si chère à nos cœurs, revoir
« enfin des jours plus heureux!

« Si le principe de la légitimité n'était point
« reconnu par la Chambre, je dois déclarer que

« je n'ai pas le droit de participer aux déli-
« bérations qui vous sont soumises. »

« Ce discours, prononcé comme tous ceux de M. de Conny, avec un peu d'emphase, ne produisit aucun effet. La légitimité qu'il invoquait était morte; il n'y avait aucun moyen de la faire revivre. Il faut convenir toutefois que, bien qu'il n'y eût pas un danger réel, il y avait quelque courage à s'exprimer comme le faisait M. de Conny, et que sa fidélité au malheur est une action honorable.

M. Benjamin Constant. « Je suis heureux de
« voir consacrer à cette tribune, par l'atten-
« tion que vous avez portée au discours du
« préopinant, la liberté la plus complète de
« toutes les opinions. Nous la réclamerons
« tous, et nous saurons tous la respecter. Ce
« respect, nous devons l'avoir surtout dans
« cette circonstance, où bien peu de personnes
« sans doute feront entendre ici des opinions
« semblables à celles de l'orateur qui m'a pré-
« cédé. Que la liberté dont il a usé reste en-
« tière, et ce sera la règle constante de notre
« conduite.

« Maintenant, je prendrai la liberté de réfu-
« ter en peu de mots les assertions qui ont
« fait la base de son discours.

« Je dirai d'abord que, si les mouvements

« tumultueux ont quelquefois des époques
« funestes, ces mouvements n'en sont pas
« moins justes et nécessaires alors que les ser-
« ments les plus solennels sont violés. Quand
« les garanties d'une nation ont été brisées;
« quand, par des mesures épouvantables, on
« a voulu étouffer les libertés publiques, un
« peuple, digne de la liberté, doit se soulever
« contre la violation de ses droits; et certes,
« quand le gouvernement lui-même a rompu
« les liens de l'ordre social, ce n'est point une
« époque funeste que celle où les libertés re-
« prennent leur empire, où la vie des citoyens
« est défendue contre une force brutale.

« L'orateur a dit que la force ne constituait
« aucun droit. Est-ce nous, est-ce le parti qui
« veut porter au trône un prince constitution-
« nel, qu'on doit accuser d'avoir recours à la
« force? Est-ce nous qui, pour faire prévaloir
« d'épouvantables principes, avons mitraillé
« dans les rues? Est-ce nous qui avons pris
« les armes pour détruire la Charte? Non,
« c'est pour la défendre que le peuple de Paris
« s'est armé, quand s'élevait contre lui une
« force menaçante qui, ne respectant ni la vie
« des hommes ni leurs droits, voulait réduire
« notre France à l'état du Portugal. D'autres
« invoquaient la force quand nous invoquions

« le droit. Nous l'avons défendu et nous le
« défendrons toujours avec modération, avec
« générosité; nous le défendrons, parce que
« c'est notre mandat comme députés, et un
« devoir pour quiconque veut l'indépendance
« et l'amélioration de l'espèce humaine. Nous
« le défendrons par des moyens légaux, tant
« que la voie légale nous sera ouverte; mais
« nous recourrons à la force, si la force est
« invoquée.

« Loin donc que les mouvements qui ont eu
« lieu soient une époque funeste, je les pro-
« clame une époque heureuse, qui a fait de la
« nation française le peuple le plus beau, le
« plus héroïque du monde. Vous connaissez
« tous sa conduite, vous lui rendez tous hom-
« mage, et vous jugez, comme moi, que son
« mouvement est la plus belle époque de notre
« histoire.

« J'aborde un autre point du discours de
« l'orateur; c'est celui où il a parlé du principe
« de la légitimité. J'ai toujours cru que, dans
« un état paisible, la transmission paisible du
« trône, écartant tous les concurrents, faisant
« taire toutes les ambitions, était une institu-
« tion heureuse pour l'état. Mais la soumis-
« sion d'un peuple à une famille qui le traite
« selon son bon plaisir; le pouvoir absolu

« d'enchaîner les citoyens, de violer ce qu'ils
« ont de cher et de sacré, le pouvoir de mi-
« trailler celui qui tenterait de résister ; si
« c'est là une légitimité, je la déteste et la re-
« pousse. La légitimité que je défends émane
« d'une nation qui donne à une famille un
« pouvoir protecteur, sous la foi des ser-
« ments, et dans la sphère des lois consenties
« par le peuple : j'abjure, et j'abjure pour ja-
« mais toute autre légitimité.

« Maintenant on vient nous dire que nous
« méconnaissons la légitimité, que nous vio-
« lons nos serments en portant sur le trône
« un prince nouveau. Je vous le demande, y
« a-t-il une imagination qui puisse se repré-
« senter Charles X rentrant dans cette ville
« dont les pavés sont encore teints du sang
« qu'il a fait répandre ? Voyez-le passant au-
« près du tombeau de nos braves, à peine
« couverts d'un peu de terre. Je ne veux pas
« insulter à son infortune, mais je dis : Pour
« la tranquillité de la France, pour que la
« capitale n'éprouve pas un sentiment d'hor-
« reur, elle ne doit jamais revoir ceux qui ont
« causé la mort de ses citoyens par une déter-
« mination prise depuis long-temps, annoncée
« par le ministère du 8 août, et suivie, avec
« une ténacité qui tient de la démence, pen-

« dant onze mois entiers. Une réconciliation ne
« peut se faire sur les cadavres de nos défen-
« seurs. Par quels serments pourrait-elle être
« garantie, quand tous les serments ont été
« violés? Le peuple retomberait dans une si-
« tuation misérable; et le Prince lui-même,
« (j'évite de le juger), comment se trouverait-il,
« entouré des fils, des veuves de ceux qu'on a
« fait mitrailler en son nom? Ce serait une
« source de ressentiments et de haine, et par
« conséquent de calamités.

« Je ne veux pas anticiper sur votre délibé-
« ration, mais je dis : Tous les hommes mo-
« dérés, et même cette population qui, n'ayant
« pu encore analyser la question, la juge pour-
« tant avec un instinct admirable, tout le monde
« veut une monarchie limitée. Après avoir sti-
« pulé toutes les conditions indiquées par le
« vœu public, portons au trône un autre Prince
« que celui qui fut précédé chez nous par des
« événements si fâcheux, que des actes si dé-
« plorables ont signalé sur le trône d'où enfin
« il a été précipité. Le Prince qu'on a en vue
« est un Prince citoyen, qui a porté les armes
« dans la plus noble des causes, disposé à tout
« faire pour mériter l'insigne honneur que la
« nation lui destine.

« Je me résume : Les événements ont été

« glorieux et non pas funestes; sans ces évé-
« nements vous ne seriez pas ici, et la nation
« serait avilie peut-être pour long-temps. La
« doctrine de la légitimité ne peut plus être
« tolérée. Dans les circonstances actuelles, c'est
« le vœu du peuple, exprimé par ses repré-
« sentants, qui doit donner le trône.

« J'ajouterai, pour répondre à une réflexion
« de l'orateur, que l'Europe n'est pas mena-
« çante. Tous les cabinets savent que nous
« voulons être libres chez nous, libres d'une
« liberté constitutionnelle, qui ne donne d'a-
« larme à personne. Nous avons renoncé à un
« système d'attaque, provoqué d'abord par
« l'agression étrangère, et qui nous devint si
« funeste par l'excès d'un pouvoir trop étendu.
« Ce système est loin de nos vœux. L'Europe,
« qui s'est prononcée en désapprobation des
« absurdes et criminelles ordonnances, source
« de trouble en ce pays, l'Europe admirera la
« noblesse de notre résistance, et ne craindra
« rien de notre ambition.

« Je conclus donc, au contraire du préopi-
« nant, qu'il faut pourvoir au trône vacant, en
« stipulant toutes les libertés qu'il est possible
« de donner à une nation sage; et je repousse
« cette doctrine de légitimité au nom de la-

« quelle on a inondé de sang le pavé de Paris. »
(*Vive adhésion.*)

« M. Hyde de Neuville est à la tribune : un profond silence s'établit. Il s'exprime en ces termes :

« J'ai peu de paroles à adresser à la Cham-
« bre; mais je suis trop profondément ému
« pour ne pas solliciter de vous, Messieurs,
« un moment d'attention et de silence.

« Je commence par déclarer que je n'en-
« tends juger personne; je sais qu'en politique,
« comme en religion, les consciences ne sont
« pas toutes soumises aux mêmes influences,
« aux mêmes impressions, et qu'ainsi des hom-
« mes, voulant, cherchant également le bien,
« peuvent, sans faillir, au moins devant Dieu,
« suivre des directions opposées.

« Que chacun de nous consulte sa conscience;
« la mienne est mon guide. Si donc, Mes-
« sieurs, vous ne partagez pas tous mes sen-
« timents, aucun de vous, j'aime à le croire,
« ne me refusera son estime.

« J'ai fait tout ce qu'un homme de cœur et
« d'honneur, tout ce qu'un bon Français pou-
« vait faire pour éviter à la patrie d'épouvan-
« tables calamités.

« J'ai été fidèle à mes serments comme à
« mes affections; et, certes, je n'ai jamais

« trompé cette royale famille que de faux amis,
« des insensés, des êtres bien perfides, bien
« coupables, viennent de précipiter dans l'a-
« bîme.

« Messieurs, je n'ai point trahi la fortune de
« ceux que j'ai servis depuis mon enfance avec
« un zèle que rien n'a pu décourager; je ne
« trahirai point leur malheur, ce serait trahir
« ma vie, et me déshonorer à vos propres
« yeux; c'est vous dire, Messieurs, que lors
« même que je pourrais croire que j'ai mission
« de briser un trône et de faire un roi, je
« laisserais à d'autres le soin de fixer par d'aussi
« grands changements les nouvelles destinées
« de la France. Mais, Messieurs, je ne me re-
« connais pas un tel droit, je ne puis donc que
« repousser la souveraineté dangereuse que
« votre commission m'appelle à exercer.

« Je crois, en outre, Messieurs, que la me-
« sure que vous allez prendre est bien grande;
« qu'elle aurait dû, dans l'intérêt même de ces
« libertés nationales, que je chéris, et dont je
« fus toujours le défenseur, être soumise à un
« examen plus long, plus approfondi du pa-
« triotisme et de la raison.

« Je crois qu'il peut y avoir péril à vouloir
« fonder l'avenir, tout l'avenir d'un peuple, et
« surtout d'un grand peuple, sur les impres-

« sions et les préventions du moment. Mais
« enfin je n'ai pas reçu du ciel le pouvoir d'ar-
« rêter la foudre, je ne puis rien contre un
« torrent qui déborde : je n'opposerai donc à
« ces actes, que je ne puis seconder, approuver,
« que mon silence et ma douleur.

« Je ne finirai point, Messieurs, sans adres-
« ser au ciel des vœux ardents pour le repos,
« le bonheur et la liberté de ma patrie. Dieu
« sait si ces vœux sont sincères. » (*Nombreux
applaudissements.*)

« M. Hyde de Neuville a été dans cette circonstance ce qu'il a été dans presque toutes
les circonstances de sa vie, inspiré par des
sentiments généreux ; mais, s'il eût été le moins
du monde homme d'état, il aurait profité du
temps où il était au ministère pour, d'accord
avec les amis de la liberté, poser des bornes
que la tyrannie ne pût pas franchir. Il aurait
vu que ce que l'opposition réclamait dans l'intérêt du peuple, les amis du Roi devaient
s'empresser de le faire dans l'intérêt même du
pouvoir. Il est vrai qu'il est difficile de ne pas
craindre de blesser celui de qui émanent les
faveurs, et qui peut les retirer : voilà ce qui
fait que si peu de gens osent dire la vérité
tout entière aux souverains.

M. Alexandre Delaborde. « Nous avons

« entendu avec émotion les sentiments que
« vient d'exprimer le préopinant : ils nous
« étaient déja connus; ils n'ont jamais varié en
« lui; ils sont honorables pour son cœur;
« mais il est des bornes à tout. Que peut-il
« demander au pays dont on a provoqué la
« vengeance? que peut-il lui demander autre
« chose que la pitié pour le malheur? Cette
« pitié, il l'accorde. Que vient-on parler de
« légitimité, quand les droits du peuple,
« quand l'existence des citoyens ont été vio-
« lés? Savez-vous quelle serait la conséquence
« de la légitimité d'un enfant? ce serait d'obli-
« ger le Prince vertueux que nous voulons
« mettre à la tête du pays, à courber le front
« devant un simulacre de Roi qui ne nous
« rappellerait que des crimes et des malheurs.
« Promenez-le dans ces murs; que lui mon-
« trerez-vous? des cadavres, des hôpitaux
« obstrués de blessés, des veuves, des orphe-
« lins....

« Ce spectacle, qui lui fermerait tous les
« cœurs, nous rappelle au contraire les vertus
« d'une autre famille. Les fils du duc d'Or-
« léans ont combattu au milieu de leurs com-
« pagnons d'étude; sa femme a prodigué des
« secours aux victimes de la guerre civile.

« La légitimité qu'on invoque a péri dans

« le sang des Français. Une seule légitimité
« subsiste, l'intervention du peuple dans la
« discussion de ses intérêts. Mais je dirai plus,
« puisqu'on parle de légitimité; le Prince que
« nous appelons au trône descend plus près,
« en ligne plus directe que la branche déchue,
« du seul Roi dont le peuple ait gardé la mé-
« moire, d'Henri IV. » (*Vives réclamations à
gauche : Point de légitimité! Non! non!...*)

« Laborde a voulu faire, dans cette occasion, acte de courtisan, et il est tombé dans
l'absurde. Qu'est-ce, en effet, que ces jeunes
Princes combattant au milieu de leurs compagnons d'étude, lorsqu'ils n'étaient pas même
à Paris? Qu'est-ce surtout que cette bizarre
légitimité du duc d'Orléans? Laborde a été
souvent mieux inspiré.

M. DE LEZARDIÈRES. « Avant que d'être
« nommé député, j'ai fait dans le collége élec-
« toral dont j'étais membre, le serment d'être
« fidèle au Roi et d'obéir à la Charte consti-
« tutionnelle; les électeurs qui m'ont honoré
« de leur suffrage, se sont liés par le même
« engagement. J'interroge ma conscience, elle
« me défend d'intervertir mon mandat. Je
« juge de sang-froid ce qui s'est passé : de
« grands crimes ont été commis; les indignes
« conseillers de la couronne ont, le 25 juillet,

« légitimé peut-être les événements qui ont
« suivi cette journée. J'applaudis de tout mon
« cœur aux mesures par lesquelles l'ordre a
« été maintenu. Comme tous les bons Français,
« je paie un tribut de reconnaissance au
« Prince Lieutenant-général et à l'intervention
« tutélaire qui a concouru à maintenir la tran-
« quillité étonnante dont nous jouissons ; mais
« je ne puis aller plus loin ; je ne me crois
« pas autorisé à renverser des lois que j'ai
« juré d'observer, à détruire l'ordre de la so-
« ciété sous l'empire duquel nous avons été
« envoyés dans cette enceinte.

« Je crois que la France est menacée d'in-
« terminables malheurs, si le droit de détrô-
« ner le Roi, de changer la forme du gouver-
« nement établi, devient notre droit public :
« c'est une désorganisation sociale.

« Telle est ma conviction bien arrêtée. J'en
« ai cru devoir la manifestation à la Chambre
« et à la France. Des hommes que j'estime et
« que j'aime, jugent autrement; ils croient à
« la force des choses un pouvoir que je désire.
« Je respecte la franchise de leurs opinions,
« j'oserai dire que je mérite que l'on croie à la
« mienne. On m'a vu combattre ici la tentative
« du pouvoir contre la liberté du pays : je
« n'ai connu du pouvoir que les disgraces.

« J'ai entendu parler de dangers qui pou-
« vaient suivre la manifestation de ma pensée
« (*dénégations à gauche*); si j'y avais cru, je
« n'en serais pas moins monté à cette tribune;
« mais l'expression consciencieuse d'une opi-
« nion ne peut jamais avoir aucun danger au
« milieu d'un peuple dont la modération et la
« sagesse m'ont paru aussi admirables que son
« courage a été héroïque.

« Je vote contre la proposition. »

M. Eusèbe Salverte. « Déja les points prin-
« cipaux de la question qui vous occupe, ont
« été traités d'une manière lumineuse par mon
« honorable collègue M. Benjamin Constant;
« je n'ajouterai que peu de mots pour répondre
« aux orateurs qui, depuis, ont défendu l'opi-
« nion contraire à la nôtre. On a prétendu que
« nous n'avions pas le droit de faire les actes
« qui vous sont proposés par M. Bérard, ou
« plutôt par la commission; et moi, je ne par-
« lerai pas de votre droit, je parlerai de vos
« devoirs : ils sont très-grands, ils sont immen-
« ses. La nation française attend de vous son
« salut dans les circonstances où vous seuls
« pouvez l'assurer, où vous seuls pouvez pré-
« venir des troubles, des divisions, des déchi-
« rements. Ces devoirs sont la mesure de vos
« droits. Vous n'avez nul pouvoir pour mal

« faire, vous avez tout pouvoir pour faire le
« bien. Quant à moi, au milieu de mes com-
« mettants de cette grande ville, s'ils pou-
« vaient être rassemblés tous dans cette en-
« ceinte, je leur dirais : Je crois que mes
« pouvoirs se sont agrandis par les événements,
« et d'ailleurs je prends sur ma tête la respon-
« sabilité de tous mes votes.

« Des serments vous lient à la Charte, ils
« ont été répétés dans les colléges électoraux ;
« mais ces serments ont été brisés par le feu
« dirigé contre le peuple. Dès ce jour le Roi
« s'est déposé lui-même; il s'est mis en hosti-
« lité contre le peuple; il a cessé de régner, lui
« et sa race.

« Je ne parlerai pas de la légitimité qu'on
« veut faire reposer sur un enfant. Je voudrais
« m'exprimer à cet égard dans les termes les
« plus modérés possibles; je désirerais qu'ils ne
« blessassent personne, et dans ce but je rap-
« pellerai l'histoire d'Angleterre. Là aussi était
« un enfant; là aussi on pensait à élever une
« discussion peut-être moins claire que celle
« qui pourrait avoir lieu chez nous si nous vou-
« lions l'engager. Eh bien! le Parlement repoussa
« une pareille enquête, et s'empara du droit
« qui lui appartenait de donner à l'état un chef
« conforme aux vœux du peuple. C'est ce que

« vous êtes appelés à faire, après avoir énoncé
« toutes les conditions auxquelles la monar-
« chie héréditaire peut être acceptée par la
« nation et subsister inébranlable. C'est une
« tâche que je vous exhorte à remplir dès à pré-
« sent; et je consens à ce que la discussion soit
« fermée (*rumeurs*) quand on aura entendu
« les orateurs qui veulent parler contre la pro-
« position. » (*Bravos*).

M. Pas de Beaulieu. « L'amour sacré de la
« patrie... (*rire à gauche*) l'amour sacré de la
« patrie, devant lequel doivent fléchir toutes
« les affections, m'inspire aussi la pensée que,
« dans la position critique où se trouve la France,
« nul homme plus que le duc d'Orléans n'est
« en état de la sauver; mais aussi c'est à regret
« que je vous dirai qu'il ne m'est pas permis
« de prendre part aux délibérations qui vont
« avoir lieu, car je n'ai pas reçu un semblable
« mandat de mes commettants. »

M. Anisson Dupeyron. « Mes commettants
« m'ont envoyé à cette tribune pour y combattre
« les violences des ministres de Charles X, et le
« courage ne m'y manquera pas pour résister à
« toute autre violence contre la majorité par-
« lementaire.

« Les glorieux habitants de Paris ont bien

« trouvé dans leurs patriotiques inspirations
« le droit de briser la tyrannie.

« Nous trouverons dans des sentiments sem-
« blables le droit de sauver notre pays de
« l'anarchie qui le menacerait.

« Le cœur n'a pas manqué aux habitants de
« Paris.

« Notre conscience ne nous fera pas faute
« pour achever leur ouvrage. Sauvons le pays,
« Messieurs, nous nous présenterons ensuite
« devant nos juges.

« Quelle que soit la vertueuse impatience de
« quelques jeunes et généreux esprits, je les
« conjure et les somme, au nom de la patrie,
« de ne pas compromettre cette liberté à la-
« quelle nous touchons, après l'avoir poursui-
« vie depuis quarante ans.

« Quelques-uns, dit-on, ne s'en contentent
« pas, et voudraient autre chose, ou plus; mais
« de quel droit prétendraient-ils la priorité? Je
« déclare que l'arrondissement qui m'a envoyé
« ici réclame la monarchie franchement con-
« stitutionnelle. J'ose déclarer en son nom que
« je me fie à la Charte favorable que Dieu nous
« envoie; si la majorité de mes collègues en peut
« dire autant, disposons de la couronne aux con-
« ditions stipulées dans l'acte qui nous est pré-
« senté, et ne craignons rien, sauf à soumettre

« ensuite notre conduite au jugement du
« pays.

« La couronne de France est certes le plus
« beau don que des hommes puissent faire à
« l'un de leurs semblables; mais si notre Roi
« est honnête homme, comme je le crois, il
« nous rendra plus encore qu'il n'a reçu; car
« il garantira à nous et à nos enfants la paix
« et la liberté plus difficile peut-être à garder
« qu'à conquérir. »

M. Arthur de la Bourdonnaye. « Avant de
« terminer la discussion sur cette importante
« question, il me paraît nécessaire de bien
« établir quelle est la ligne de conduite que les
« hommes qui pensent comme moi doivent
« tenir dans cette circonstance. Je partage l'avis
« qu'il est nécessaire qu'un pouvoir fort et
« conservateur soit promptement créé; et nous
« gémissons de ce que l'absence de ce pouvoir
« nous tienne dans une position difficile et
« dangereuse. Mais je ne pense pas que ce sen-
« timent puisse nous donner le droit de con-
« sacrer instantanément la série d'illégalités
« qui vous est proposée. Je crois encore moins
« que nous puissions, sans examen préalable,
« placer le principe de la société ailleurs que
« sur les bases de notre pacte social. Plus que
« personne nous avons gémi qu'il ait été brisé

« en partie; mais ce n'est pas une raison de
« vouloir fouler aux pieds ses débris. C'est au
« contraire au respect que nous témoignerons
« pour ce pacte, qui est la base de notre man-
« dat, que l'on reconnaîtra combien nous avons
« gémi de ce qu'il a été brisé par les conseil-
« lers d'un prince malheureux. Je crois que de
« si importantes modifications ne peuvent être
« opérées à ce pacte que par la réunion des
« trois pouvoirs réunis et légalement constitués.
« (*Murmures à gauche.* Le troisième pouvoir
« n'existe plus!)

« Je dis que plus les modifications qui doi-
« vent être faites au pacte fondamental sont
« importantes, plus nous devons éviter de les
« faire sans être légalement constitués, de les
« imposer au pays sans mandat spécial. Je dé-
« clare, et je ne crains pas d'être désavoué par
« mes honorables amis, que, si la discussion
« devait marcher ainsi, nous ne pourrions pas
« y prendre part, et la majorité apparente de la
« Chambre ne serait pas étonnée de notre si-
« lence. »

M. de Grammont. « Vous devriez alors don-
« ner votre démission. »

M. Petou. « Comme vous, j'ai, au milieu
« des électeurs qui m'ont nommé, fait serment
« de fidélité au Roi; comme vous, j'étais dé-

« voué à la monarchie légitime ; mais lorsque
« je reçus les lettres closes qui me convoquaient
« à Paris, j'étais loin de m'attendre que j'y ar-
« riverais à travers des flots de sang. Cet épou-
« vantable tableau me rappelle toutes nos
« prévisions sur le ministère du 8 août, et, per-
« suadé qu'on n'avait jamais voulu sincèrement
« la Charte, témoin qu'elle venait d'être violée
« avec tout l'appareil de la tyrannie, je n'ai
« pu me croire lié par un serment prêté de
« bonne foi à un gouvernement qui mécon-
« naissait le sien. »

M. Berryer. « Je ne me permettrai pas de
« prolonger plus long-temps la discussion gé-
« nérale sur ces étranges circonstances dont la
« pensée seule afflige et soulève tous les cœurs.
« Dans un autre état des affaires du royaume,
« j'aurais fermement défendu à cette tribune
« les droits de la couronne, et je les aurais
« défendus de manière à ce qu'on ne doutât ja-
« mais de mon attachement sincère aux li-
« bertés publiques, précisément parce que j'aime
« ces libertés et que j'ai passé ma vie entière à
« l'étude et à la défense de tous les droits. Mais
« aujourd'hui je sais que tout homme de cœur
« doit être uniquement inspiré par l'amour du
« pays, par le besoin d'ordre et de repos, par
« la nécessité de trouver des garanties quel-

« conques de sécurité pour l'avenir. Aussi je
« m'empresse de rendre hommage à la sagesse,
« à la prudence de la proposition qui a été
« faite, de rendre aussi hommage à la modéra-
« tion du rapport.

« Toutefois, j'ai cru devoir monter à la tri-
« bune au moment où la discussion va s'ouvrir,
« pour demander la division de la proposition.
« En effet, il ne s'agit pas en ce moment de
« trouble, de disputer sur des principes de droit;
« il ne s'agit pas d'examiner quelle est la nature
« et l'étendue de nos pouvoirs; et je comprends
« que dans les circonstances présentes, nous
« devons, et que je puis, comme député, avec
« le pouvoir dont je suis investi par mes con-
« citoyens, délibérer sur les modifications
« proposées à la Charte. Je sais et reconnais
« qu'un grand nombre de ces modifications,
« déja jugées utiles, sont devenues nécessaires
« dans le moment où nous nous trouvons; ainsi
« je me crois le droit de délibérer avec vous
« sur la proposition quant aux modifications
« demandées. Je me crois parfaitement en
« droit (et ici nous ne nous écartons en rien des
« usages de la Chambre) de voter les différents
« projets que le Gouvernement présentera sur
« les matières indiquées. J'écarte toutes les
« questions sur la nature des pouvoirs, dans

« le seul but d'assurer les garanties de l'avenir;
« mais je comprends aussi que cette sécurité,
« quant aux établissements que nous pouvons
« faire et surtout quant à l'exercice du pouvoir
« suprême, ne peut se trouver que dans l'au-
« torité de ceux qui nous ont constitués; et
« c'est à cet égard qu'interrogeant ma con-
« science, le besoin que j'ai d'affermir le repos
« de mon pays, je ne crois pas répondre aux
« intentions, aux volontés, aux droits qui
« m'ont été confiés, en votant premièrement
« sur la déclaration que le trône est vacant en
« droit et en fait; deuxièmement, sur l'annula-
« tion des actes faits par l'autorité royale, con-
« formément aux lois, et sur lesquels une autre
« Chambre que la nôtre était appelée à déli-
« bérer; troisièmement enfin, d'élire un roi de
« France. Sous ces trois rapports, je ne puis
« prendre part à la délibération. »

« Si Berryer avait pu obtenir qu'on plaçât la question ainsi qu'il le proposait, son argumentation eût ensuite été bien facile. Il n'eût pas manqué de nous dire : « A présent que la Charte
« est améliorée, et ne contient plus de principes
« dangereux, qu'importe par qui elle sera exé-
« cutée ? Respectez donc des droits dont vous
« ne pouvez nier l'existence, même quand vous
« les trouveriez litigieux, et n'adoptez pas un

« changement devenu inutile, et dont les con-
« séquences pourraient être fâcheuses. »

« Cette manière de raisonner eût pu séduire quelques esprits; mais la volonté du peuple s'était manifestée, et devant elle les subtilités du plus habile avocat n'ont aucun poids. Berryer, qui est un homme de talent, s'est mépris dans la route qu'il a suivie. Par la nature de son esprit, et même par ses formes un peu heurtées, il appartenait à l'opposition. Des circonstances dont je n'ai pas à m'occuper l'ont rattaché au pouvoir. Il a consacré son talent à ceux de qui il attendait la faveur, il est repoussé par ceux qui ne dispensent que la gloire.

M. Villemain. « Messieurs, l'honorable préo-
« pinant propose une division qui me paraît
« impossible à accepter, et qui suppose une con-
« tradiction de sa propre opinion avec elle-
« même. En effet, il proclame comme première
« nécessité, comme premier besoin national et
« domestique, si je puis parler ainsi, le réta-
« blissement de l'ordre et de la couronne. En
« partant de cette base, il suppose que ce pou-
« voir n'existera pas, que ce pouvoir sera rem-
« placé par des modifications partielles qui se-
« ront introduites dans le pacte social, où l'on
« laissera toujours l'immense lacune créée par

« l'événement qui vient de s'accomplir. Ainsi
« on vous propose quelques modifications à la
« Charte, de créer des garanties nouvelles; et
« ces garanties, que défendront-elles? de quelles
« choses seront-elles le complément et l'appui?
« Toujours cette vacance du trône sera main-
« tenue, toujours ce besoin social qui vous
« agite si vivement restera sans être satisfait.
« Non, Messieurs, l'intérêt premier est à la fois
« que ce trône soit occupé et que les libertés
« publiques soient garanties. Ces deux premiers
« besoins sont indispensables dans la loi, comme
« ils le sont dans la conscience publique, comme
« ils le sont dans la nécessité sociale.

« Ainsi pensa l'Angleterre dans une occasion
« mémorable. Là aussi, après de longues luttes
« sourdement développées sous un despotisme
« tantôt faible, tantôt fort, tantôt à demi vain-
« cu, tantôt transitionnaire, tantôt impitoya-
« ble; là aussi tout-à-coup la puissance pu-
« blique représentée par la royauté se trouva
« abandonnée. Alors qu'arriva-t-il? Comment
« le plus consciencieux publiciste a-t-il repré-
« senté ces événements, Montesquieu? Alors,
« dit-il, dans un calme affreux, tout se réunit
« contre la puissance des lois. Il n'en a pas été
« ainsi parmi nous : ce n'est pas un calme af-
« freux qui a précédé les événements irrésis-

« tibles et décisifs qui viennent de s'accomplir.
« Non, la puissance publique s'abdiqua elle-
« même; la puissance publique, devenue tout-
« à-coup violente et meurtrière, a été frappée,
« brisée sur la place par la foudre populaire:
« cet événement n'est arrivé qu'une fois; lais-
« sons-le isolé dans notre histoire; empressons-
« nous de relever les barrières de l'ordre public
« et les garanties des libertés; lions-les dans un
« faisceau indispensable, pour que le besoin
« de l'ordre public appelle un principe; qu'il
« soit proclamé dans un acte public où toutes
« les garanties soient prises, où toutes les pré-
« cautions, toutes les conditions contre les réac-
« tions, contre les abus et les vengeances pos-
« sibles, soient en même temps stipulées. C'est
« ainsi seulement qu'un trône peut-être sûre-
« ment et noblement offert. »

« Villemain a été dans cette occasion ce qu'il sera toujours, un rhéteur agréable, élégant, mais non un orateur politique. Il est assez curieux de voir aujourd'hui Villemain déployer les ressources de son esprit à soutenir qu'il faut faire un roi du duc d'Orléans, lorsqu'il y a huit jours il ne trouvait pas même qu'on pût en faire un lieutenant-général. Il est vrai qu'il y a huit jours il y avait danger à courir, et qu'aujourd'hui il y a récompense à espérer.

M. Alexis de Noailles. «Je demande la clô-
«ture. »

M. Boulon Martel. «Je dois déclarer n'avoir
«pas reçu de mes commettants des pouvoirs
«suffisants pour participer aux délibérations
«que va prendre la Chambre.»

La discussion générale est fermée.

M. le Président. «Il y a plusieurs divisions
«principales à faire à la proposition : la dé-
«chéance, la vacance du trône, les améliora-
«tions à la Charte, des lois organiques, et la
«proclamation.»

M. Berryer. «Je ne crois pas être tombé dans
«une contradiction, comme l'a signalé l'un des
«préopinants. Je demande la division. Vous
«comprenez tous quelle est ma pensée domi-
«nante lorsque je reconnais que j'ai droit de
«délibérer sur des améliorations et des modi-
«fications des lois, mais non sur l'élection d'un
«Roi. J'ai demandé qu'on votât séparément
«sur les trois points de ma proposition : 1° la
«vacance en fait et en droit ; 2° l'annulation
«des actes de l'autorité royale faits pendant la
«durée du règne précédent, conformément aux
«lois du royaume; 3° l'élection du Roi, et l'offre
«de la couronne au duc d'Orléans; déclarant
«que je me crois appelé à concourir sur tous

« les autres objets de la proposition, mais non
« sur ces trois points particulièrement. »

M. le Président donne lecture de la première partie de la proposition, conçue en ces termes : « La Chambre des députés, prenant en consi-
« dération l'impérieuse nécessité qui résulte des
« événements des 26, 27, 28 et 29 juillet der-
« nier et jours suivants, et la situation générale
« où la France se trouve placée à la suite de la
« victoire remportée au nom de la Charte con-
« stitutionnelle, et par l'héroïque résistance des
« citoyens de Paris, déclare que le trône est va-
« cant en fait et en droit, et qu'il est indispen-
« sable d'y pourvoir promptement. »

M. de Podenas propose d'ajouter ces mots :
« Par suite de la violation de la Charte constitu-
« tionnelle et des lois du pays par le dernier
« Roi. »

Plusieurs voix : « La question préalable. »

« M. de Podenas demande la parole.

M. de Podenas. « Le projet de votre com-
« mission donne pour cause de notre déclaration
« de la vacance du trône les glorieux événe-
« ments des 26, 27 juillet et jours suivants, et
« la situation générale où la France se trouve
« placée à la suite de la victoire remportée au
« nom de la Charte constitutionnelle et par l'hé-
« roïque résistance des citoyens de Paris. Oui,

«sans doute, Messieurs, ce sont là les causes
«puissantes qui ont déterminé nos résolutions;
«mais il en est une première qu'il importe de
«constater authentiquement dans le préambule
«du bill de nos droits, c'est la violation de la
«Charte constitutionnelle, des lois du pays par
«le dernier Roi. Votre commission l'avait si
«bien senti, que l'éloquent et lumineux rap-
«port de notre honorable collègue et ami,
«M. Dupin aîné, en fait mention, et ce ne peut
«être que par omission que le texte proposé
«n'en parle point. Oui, sans cette violation du
«pacte fondamental, tout serait resté dans
«l'ordre accoutumé, et nous n'aurions pas à gé-
«mir aujourd'hui sur les épouvantables mas-
«sacres commandés au nom d'un Roi qui, hé-
«ritier de la férocité de Charles IX, n'a pas eu
«comme lui le courage de se montrer au jour
«du danger.» (*Vives réclamations. M. de Martignac et un grand nombre de membres se lè-
vent et protestent avec force contre ces expressions..... Vive agitation dans l'assemblée.*)
«Oui, il importe essentiellement de consacrer
«comme principe dans notre déclaration que,
«de même que, lorsqu'un peuple viole ses ser-
«ments, trahit la foi promise au chef du Gou-
«vernement, il se met en état de rébellion, de
«même aussi, lorsque le Roi brise les institu-

« tions jurées, rompt le pacte fondamental qui
« le lie aux peuples, il est en état de déchéance,
« et le trône est vacant. C'est l'unique moyen
« de rétablir l'harmonie politique, qui, une fois
« détruite, rend à chaque contractant l'exercice
« de ses droits.

« Par ces motifs, je propose d'ajouter dans
« le préambule, après ces mots : *où la France
« s'est trouvée placée*, les mots suivants : *par
« suite de la violation de la Charte constitution-
« nelle et des lois du pays par le dernier Roi.* »

M. DE MARTIGNAC. « Mon intention, Mes-
« sieurs, n'était pas de prendre la parole dans
« ces débats parlementaires. Après avoir con-
« sulté ma conscience et ma raison, je me de-
« mandais ce qu'il convenait de faire à un bon
« citoyen dans les circonstances graves et impé-
« rieuses où nous sommes, et, je le déclare, la
« réponse de ma conscience n'était pas assez
« claire pour que j'en fusse moi-même satisfait.
« D'une part, je sens au fond de mon ame quel-
« que chose qui me fait connaître la nécessité de
« faire entendre ma voix en faveur d'une fa-
« mille plongée dans le malheur, lorsque j'ai
« eu le droit de la défendre ici quand elle était
« placée au plus haut degré de l'échelle sociale.
« D'un autre côté, je ne me dissimule pas tout
« ce qu'il y a d'impérieux, au-delà de toute

« idée, de toute expression, dans la situation
« où nous sommes. C'est dans ce doute, dans
« cette incertitude, combattu par mes propres
« sentiments, que je gardais encore le silence.
« Mais des paroles que je viens d'entendre à
« cette tribune m'ont dit que le silence n'était
« plus permis. Moi, qui, dans l'intimité, ai
« connu le caractère d'un homme malheureux,
« qui l'ai vu dans les moments les plus critiques,
« je ne pouvais l'entendre accuser de férocité
« en présence de la Chambre.

« Non, Messieurs, croyez-moi, cet homme
« n'était pas féroce. Non, certes, ce n'est pas
« son cœur qui a dicté les funestes ordonnances
« qui ont plongé la France dans le deuil. Ce
« sont des conseillers perfides, des conseillers
« que je vous abandonne, contre lesquels je
« partage votre juste indignation, qui ont pu
« l'égarer; il a été indignement trompé. Mais
« lui féroce! lui cruel! non, l'amour de la
« patrie brûlait dans son cœur. Je ne juge pas
« le mouvement qui l'a renversé; je ne m'é-
« tonne pas de la résistance, que je déclare moi-
« même héroïque, qui s'est levée dans Paris
« contre d'infames ordonnances (c'est le nom
« que je leur ai donné quand elles ont paru);
« mais, encore une fois, pourquoi insulter au
« malheur? Pourquoi, lorsque cette famille est

« tombée, faire entendre à cette tribune, où la
« modération et la sagesse doivent prévaloir
« avant tout, des paroles qui iraient droit à
« un cœur flétri par le malheur? Voilà ce que
« je voulais dire à la Chambre. Peut-être n'ai-
« je pas suivi, en cette circonstance, les règles
« de la prudence et de la modération (*voix à
« gauche*: Vous n'avez rien à craindre); mais,
« Messieurs, ce n'est pas ma raison qui vient
« de vous parler, c'est mon cœur; j'ai entendu
« un mot qui l'a blessé, je n'ai pu retenir mes
« impressions. Je suis convaincu qu'au fond de
« votre ame vous ne vous étonnez pas de ma
« conduite en cette occasion. » (*Mouvement
marqué d'adhésion.*)

« L'expression employée par Podenas manquait de convenance, mais ne méritait pas l'explosion de fureur qu'elle a fait naître dans une partie de l'assemblée. Ce n'était pas en effet un Prince bien touché du malheur de ses sujets que celui qui jouait tranquillement au whist, à Saint-Cloud, pendant qu'on mitraillait les citoyens de Paris. Au surplus, cela a donné lieu à Martignac, suivant l'expression originale de Benjamin Constant, de *jouer un air de sensibilité.*

M. BERNARD. « J'apprécie, Messieurs, les mo-
« tifs honorables qui ont dicté les paroles que

« vous venez d'entendre. M. de Martignac vient
« de relever avec raison l'expression violente
« et déplacée qui venait d'être prononcée; mais
« n'est-il pas allé trop loin aussi lorsqu'il a
« parlé de Charles X, et de son amour pour
« la patrie ? Non, non, Charles X, écoutant des
« conseils perfides, n'a pas été animé de l'a-
« mour de la patrie. Le sceptre était dans ses
« mains comme le signe de protection; c'est
« lui qui l'a brisé en frappant sur son peuple.
« Égaré par des conseils qu'il ne devait pas
« suivre, non, il n'a jamais eu l'amour de la
« patrie. » (*Voix à gauche* : Non! non!)

M. ALEXIS DE NOAILLES. « Je demande la
« permission à la Chambre d'appuyer les asser-
« tions de M. de Martignac par un fait avéré.
« Lorsqu'on voulut faire cesser le carnage par
« une démarche qui aurait rétabli l'ordre dans
« la capitale, quel est celui qui a fait la ré-
« ponse, et qui en a pris sur lui la responsa-
« bilité? Est-ce le souverain qu'on a consulté?
« non. Ainsi vous voyez que les faits qui ont
« été la suite de cette réponse ne doivent pas
« lui être rapportés. »

M. LE GÉNÉRAL BONNEMAINS. « Je prie aussi
« M. le Président de me permettre de déclarer
« à la Chambre et à la France que je n'ai pas
« reçu le mandat de mes concitoyens pour

« voter sur des mesures de la nature de celles
« qui occupent la Chambre. »

M. Dupin aîné. « L'amendement qui vient
« d'être proposé par M. de Podenas avait été
« soumis à votre commission. Il a été reconnu
« que le fondement de la déclaration qu'elle
« se proposait de faire avait été la violation
« de la Charte-constitutionnelle. Cela est si
« vrai, que, dans le rapport que j'ai eu l'hon-
« neur de vous soumettre, se trouve cette
« phrase : La nécessité de proclamer la va-
« cance du trône a été reconnue à l'unanimité.
« Mais votre commission a pensé qu'il ne
« suffirait pas de la constater comme un fait,
« qu'il fallait aussi la déclarer comme un droit
« résultant de la violation de la Charte et de
« la légitime résistance apportée par le peuple
« à cette violation.

« Je dois ici rectifier une erreur du copiste,
« qui n'est pas étonnante au milieu d'un travail
« de nuit. On a oublié un paragraphe qui sa-
« tisfait au desir de M. de Podenas ; je vais
« rétablir la disposition dans son entier :

« La Chambre des députés, prenant en
« considération l'impérieuse nécessité qui ré-
« sulte des événements des 26, 27, 28 et 29
« juillet derniers et jours suivants, et de la
« situation générale où la France s'est trouvée

« placée à la suite de la violation de la Charte
« constitutionnelle;

« Considérant en outre que, par suite de
« cette violation et de la résistance héroïque
« des citoyens de Paris, le roi Charles X,
« S. A. R. Louis-Antoine, dauphin, et tous
« les membres de la branche aînée de la maison
« royale, sortent en ce moment du territoire
« français; déclare que le trône est vacant
« en fait et en droit, et qu'il est indispensable-
« ment besoin d'y pourvoir. »

« Voilà le préambule tel qu'il a été arrêté par la commission.

(On demande à aller aux voix.)

« M. le Président met aux voix cette disposition. Elle est adoptée.

(Les membres de la droite ne prennent point part à la délibération.)

M. LE PRÉSIDENT. « La seconde partie est
« ainsi conçue :

« La Chambre des députés déclare 2° que,
« selon le vœu et dans l'intérêt du peuple
« français, le préambule de la Charte consti-
« tutionnelle est supprimé, et que les articles
« suivants de la même Charte doivent être
« supprimés ou modifiés de la manière qui va
« être indiquée. »

« M. Persil demande la parole :

M. Persil. « Messieurs, dans des temps de
« calamité et de gloire en même temps, nous
« avons été amenés à faire du *provisoire.*

« Sans examiner qui nous étions et d'où nous
« venions, et sans songer au péril de nos têtes,
« nous avons dû sauver l'État.

« L'État a été sauvé.

« Mais aujourd'hui, que nous commençons à
« respirer, c'est du *définitif* qu'il faut à la France.
« Quoi qu'on en dise, elle ne s'enquerra pas de
« nos pouvoirs, si nous sommes assez heureux
« pour satisfaire tout à la fois à ses besoins et
« à ses vœux.

« Pour atteindre ce but, votre commission,
« qui s'est livrée à l'examen du contrat qui doit
« lier le nouveau souverain et la France, vous
« propose d'abord de supprimer en entier *le*
« *préambule de la Charte.*

« Cette proposition ne souffrira pas de diffi-
« culté : il n'est personne qui ne condamne le
« principe qui en fait la base :

« *Que l'autorité tout entière réside en France*
« *dans la personne du Roi.*

« C'est donc bien, c'est très-bien d'avoir
« proposé cette suppression; mais ce n'est pas
« assez.

« A mon avis, il est indispensable de procla-
« mer le principe contraire, et d'en faire la
« base de notre droit public français.

« Il faut dire que c'est du peuple, et du peuple
« seul, que part la souveraineté; il faut le dire,
« surtout au moment où le peuple se choisit un
« chef, et délègue à une nouvelle dynastie
« l'exercice d'une partie de cette souveraineté.

« Il faut le dire pour expliquer notre con-
« duite, et légitimer la translation de la cou-
« ronne.

« Il faut le dire surtout pour qu'à l'avenir nul
« ne puisse se dire Roi *par droit divin*, et se
« croire autorisé à offrir des concessions à nos
« descendants.

« En conséquence, j'ai l'honneur de propo-
« ser à la Chambre d'ajouter, après l'article 12
« et sous le titre *de la Souveraineté*, deux ar-
« ticles qui seraient ainsi conçus :

« *La souveraineté appartient à la nation; elle*
« *est inaliénable et imprescriptible.*

« *La nation, de qui seule émanent tous les*
« *pouvoirs, ne peut les exercer que par déléga-*
« *tion.*

« Ces articles sont littéralement pris dans la
« constitution de 1791. »

«Persil, simple député, était alors, ainsi qu'on
vient de le voir, dans les principes d'un radica-
lisme assez prononcé; devenu procureur-général, il se montre cependant bien rigoureux
pour les écrivains qui soutiennent les intérêts

populaires. Y aura-t-il donc toujours des principes selon les positions, selon les époques, et selon les intérêts? Persil, au surplus, nous a rendu un véritable service eu fournissant à Dupin l'occasion de rétablir le passage repoussé par la commission. J'aurais mieux aimé encore la rédaction de Persil, elle était plus nette et plus explicite; mais il n'est pas certain que la Chambre l'eût adoptée.

M. LE RAPPORTEUR. « Je dois rétablir ici la
« disposition proposée au nom de la commis-
« sion.

« *La Chambre des députés déclare, seconde-*
« *ment, que, selon le vœu et dans l'intérêt du*
« *peuple français, le préambule de la Charte*
« *constitutionnelle est supprimé, comme blessant*
« *la dignité nationale, en paraissant octroyer*
« *aux Français des droits qui leur appartien-*
« *nent essentiellement.*

« Vous voyez d'après cela que la proposi-
« tion de M. Persil n'a plus d'objet. »

« La disposition de la commission, ainsi rétablie, est mise aux voix et adoptée, ainsi que cette disposition qui la termine :

« *Et que les articles suivants de la même*
« *Charte doivent être supprimés ou modifiés de*
« *la manière qui va être indiquée.* »

M. LE PRÉSIDENT. « Nous avons maintenant

« à parcourir la série des articles qui sont sup-
« primés ou modifiés. »

M. Demarçay. « Je demande la parole sur
« l'ordre de la discussion. »

(Voix diverses : *A la tribune! à la tribune!*)

M. de Grammont. « Ce serait retarder la
« délibération de la Chambre.

M. Demarçay, de sa place. « Il me semble
« qu'en ce moment il s'agit de refaire la Charte,
« afin de lui donner une nouvelle vie par votre
« approbation : il est donc indispensable d'en
« lire tous les articles; et, pour ne pas perdre
« inutilement le temps, les articles sur lesquels
« il ne sera fait aucune réclamation passeraient
« sans qu'il fût nécessaire de les mettre aux
« voix. (*Vives réclamations.*) Permettez, Mes-
« sieurs, que je m'explique... (*A la tribune! à
« la tribune.*)

M. Demarçay, à la tribune. « Je demande
« formellement que tous les articles de la Charte
« constitutionnelle soient successivement lus.
« Votre approbation en sera plus authentique,
« plus solennelle. »

M. Petou. « La Charte n'est pas tout entière
« en discussion.

M. Demarçay. « Il arrive souvent qu'en-
« traîné par la chaleur de la discussion, on

« oublie les choses indispensables ; la lecture
« des articles pourra nous les rappeler. »

« La question préalable est demandée et
« adoptée.

« La proposition de M. Demarçay se trouve
« par là écartée.

« Cette proposition de Demarçay était parfaitement raisonnable, et nous la votâmes, mes amis et moi. Les centres, qui se disciplinaient déja sous le pouvoir dont ils voyaient poindre l'aurore, suivirent l'impulsion du ministère, qui trouvait qu'on avait fait bien assez de modifications à la Charte et qui tremblait qu'on n'en fît de nouvelles.

M. LE PRÉSIDENT. « Si j'ai bien compris l'in-
« tention de la Chambre, le mode de délibé-
« ration serait de voter successivement sur les
« articles dont on propose la suppression ou
« la modification. (*Oui! oui!*)

« Le premier dont on propose la suppression
« est l'article 6 ; mais je dois rappeler d'abord
« l'article 5.

« ART. 5. Chacun professe sa religion avec
« une égale liberté, et obtient pour son culte la
« même protection.

« ART. 6. Cependant la religion catholique,
« apostolique et romaine, est la religion de l'État.

« La suppression de l'article est mise aux voix
« et adoptée.

« Art. 7. Les ministres de la religion catho-
« lique, apostolique et romaine, et ceux des au-
« tres cultes chrétiens, reçoivent seuls des trai-
« tements du trésor royal.

« La commission a proposé de modifier ainsi
« cet article :

« Les ministres de la religion catholique,
« apostolique et romaine, *professée par la ma-
« jorité des Français*, et ceux des autres cultes
« chrétiens, reçoivent seuls des traitements du
« trésor. »

M. Viennet. « Je viens, au nom de cent cin-
« quante mille Français, réclamer contre l'ex-
« clusion que cet article prononce. Il y a cent
« cinquante mille Israélites ; la dépense ne peut
« être considérable : sept arrondissements con-
« sistoriaux, donnant quatorze rabbins aux ap-
« pointements de 1,200 fr. ; ce qui fait 18,000 fr.
« Mais la question doit être envisagée sous un
« autre rapport : c'est le principe que je viens
« soutenir. Les Israélites sont Français, citoyens
« comme nous ; ils étaient admis, dans les so-
« lennités de l'ancienne cour, à présenter leurs
« hommages au souverain ; ils paient l'impôt
« comme nous ; ils concourent comme nous à
« la défense de la patrie et de nos libertés.

« Nous devons donc effacer un reste de pré-
« jugé odieux qui flétrissait cette classe d'hom-
« mes. Je demande en conséquence que l'article
« soit ainsi rédigé.

« Les ministres de tous les cultes légalement
« reconnus sont rétribués par l'État. »

M. BERRYER. « Appuyé! »

Voix nombreuses. « Appuyé! appuyé! »

« M. SALVERTE propose, à la place de l'arti-
« cle 7, cette disposition :

« Une loi déterminera les rapports du Gou-
« vernement avec les ministres des divers
« cultes. »

M. ALEXIS DE NOAILLES. « La rédaction de
« M. Salverte n'est pas sans danger ; elle pour-
« rait encore jeter les ministres du culte dans
« une sorte d'inquiétude sur leur sort. »

M. SALVERTE. « Alors je me borne à deman-
« der la suppression de ces mots *professée*
« *par la majorité des Français.*» (*Voix nombreuses:* Non! non!)

M. SALVERTE. « C'est un fait variable : il ne
« doit pas entrer comme principe constitu-
« tionnel. Ce fait n'existera peut-être plus dans
« dix ans. » (*Vives réclamations.*)

M. CH. DUPIN. « Messieurs, je demande la
« conservation de l'addition proposée par la
« commission, sur la religion catholique, apos-

« tolique et romaine, de ces mots *professée par*
« *la majorité des Français*. Il serait d'une ex-
« trême imprudence qu'on supprimât la décla-
« ration d'une telle vérité. Craignez, Messieurs,
« qu'on ne calomnie vos intentions, surtout
« dans un moment où vous votez la suppression
« de l'article 6. « La religion catholique, aposto-
« lique et romaine, est la religion de l'État ; »
« craignez que vos ennemis, que les calom-
« niateurs de la Chambre des députés n'en con-
« cluent aussitôt que vous en agissez ainsi parce
« que vous voulez supprimer dans l'État la re-
« ligion catholique, apostolique et romaine.
« C'est à ce titre qu'on s'efforcera d'agir contre
« vous sur la population des départements de
« l'ouest et du midi. Je puis en parler en pleine
« connaissance de cause, comme ancien député
« d'un département du midi, d'un département
« où les députés catholiques, et toujours pleins
« de respect pour la foi de leurs pères, se sont
« vus poursuivis et calomniés comme ennemis
« de cette religion, parce qu'ils avaient fait
« partie de la majorité patriotique de la Chambre
« précédente. Messieurs, en votant la rédaction
« qui vous est proposée par la commission,
« vous proclamerez, je le répète, une éclatante
« vérité ; car, je ne crains pas de le dire, sur
« trente-deux millions de Français, plus de

« trente millions professent la religion catho-
« lique, apostolique et romaine. En même temps
« par cette déclaration vous ferez un acte de
« haute politique. »

M. Benjamin Constant. « N'appartenant pas
« à la religion dont il vient d'être question, je
« puis vous soumettre une observation impar-
« tiale et tout-à-fait dégagée de l'intérêt de
« toute croyance. Non, nous ne voulons nul-
« lement porter atteinte, même dans l'opinion,
« à la religion catholique. La majorité des Fran-
« çais la professe, c'est un fait. Je n'examine
« pas s'il est variable, je crois qu'il n'est pas
« bon de l'examiner. (*Très-bien! très-bien!*)
« Il faut laisser les croyances à elles-mêmes, et
« ne pas prévoir ce qui peut les alarmer (*nou-
« veaux murmures d'adhésion*); mais il me
« semble qu'il y a quelque chose de bizarre à
« rappeler un fait qui n'est nié par personne,
« lorsque vous ne rappelez jamais dans vos lois
« les faits qui les motivent. Je crois donc qu'il
« y a danger à énoncer dans la loi ce fait que
« personne ne conteste. Je demande la sup-
« pression de ces mots. »

M. Kératry. « Votre commission a pesé
« gravement l'article qu'elle soumet à votre dé-
« libération. Il est très-probable qu'elle se fût
« dispensée d'énoncer ce fait patent et fort

« respectable de la religion catholique, aposto-
« lique et romaine dans l'immense majorité de
« la France, si elle n'avait pas jugé convenable
« de supprimer l'article qui la proclamait re-
« ligion de l'État. Cette suppression nécessite
« à mes yeux le maintien des mots dont on
« demande la suppression. Je vous en demande,
« Messieurs, le maintien au nom des départe-
« ments de l'ouest, où nous avons des ad-
« versaires qui ne demanderaient pas mieux
« d'avoir un prétexte pour nous signaler comme
« des hommes ennemis de toute morale et de
« toute religion. »

M. Madier de Montjau. « Sans doute, ceux
« qui demandent que nous n'insérions pas
« dans le pacte fondamental un fait essentiel-
« lement variable de sa nature n'ont aucune
« mauvaise intention; mais ne pourrait-on pas
« leur en prêter de malveillantes? J'avais craint
« d'abord que cette indication « professée par
« la majorité des Français » pût donner l'idée aux
« catholiques de se compter, et je ne me suis
« pas montré plus qu'un autre insensible aux
« persécutions dont la minorité a été l'objet.
« Mais je suis revenu à l'opinion de la com-
« mission, et je déclare que l'addition qu'elle
« propose est dictée par une haute sagesse.
« Cette disposition ne fait que rappeler au

« Prince que la religion catholique est professée
« par l'immense majorité de ses sujets. J'ose
« donc, au nom des départements du midi, vous
« demander de maintenir la sage addition pro-
« posée par la commission. »

(*Aux voix! aux voix!*)

M. Marchal. « Je demande la parole. »

Voix diverses. « La clôture ! »

« M. Marchal obtient la parole contre la clôture.

M. Marchal. « Je serai prudent dans le peu
« de paroles que je prononcerai dans une cir-
« constance aussi importante. Deux opinions
« contraires se présentent. (*Plusieurs voix* : La
« clôture !.. *D'autres voix :* Parlez! parlez!) Il
« me semble qu'il y a un tiers-parti à prendre
« qui concilierait tout ; permettez-moi de vous
« l'indiquer en peu de mots.

« La Charte, comme toute constitution, ne
« doit renfermer que des droits complets, qui
« intéressent la généralité des citoyens. Je ne
« veux pas dire qu'il n'existe pas un intérêt
« immense, surtout pour les départements de
« l'ouest et du midi, mais vous avez adopté
« l'article 5, qui renferme la déclaration de la
« liberté religieuse, la promesse d'une même
« protection pour tous les cultes. Cet article
« doit suffisamment les rassurer. Tout ce qui

« concerne les rapports du culte avec la police
« de l'état est de la législation secondaire. Déja
« cette législation y a pourvu. Ce que vous
« voulez introduire dans la Charte se trouve
« dans nos lois. La loi du concordat et ses ar-
« ticles organiques vous disent... (*Interruption.*)
« La loi du concordat est en vigueur; elle con-
« tient cette déclaration; c'est là sa place, et
« non dans la loi fondamentale. »

« M. Berryer se présente à la tribune; on demande vivement la clôture de la discussion.

« Elle est mise aux voix et adoptée.

M. LE PRÉSIDENT : « Je vais rappeler les
« amendements qui ont été proposés.

« M. Viennet a proposé de substituer cette
« disposition : « Et des autres cultes légalement
« reconnus. »

Plusieurs voix. « Qu'est-ce qu'un culte lé-
« galement reconnu ? »

M. DAUNANT : « Je propose d'ajouter comme
« sous-amendement la disposition suivante : « Il
« pourra être pourvu par des lois aux traite-
« ments des ministres des autres cultes. »

M. VIENNET. « Pourquoi cette distinction
« entre des ministres qui ont les mêmes droits
« et qui remplissent des devoirs semblables ? »

M. DUVERGIER DE HAURANNE. « Je voudrais
« bien qu'on s'expliquât sur ce qu'on entend

« par cultes légalement reconnus. Nous nous
« sommes souvent opposés à cette locution. Je
« sais que la religion catholique est un culte
« légalement reconnu, parce qu'il y a un con-
« cordat; mais il n'en est pas de même des au-
« tres. L'article 5 établissant la liberté des cul-
« tes, chaque Français a le droit de professer
« le culte qui lui convient, et n'est pas tenu
« de le faire connaître. Cette disposition porte-
« rait donc atteinte à la liberté religieuse. »

M. DE RAMBUTEAU. « Une Charte n'est pas
« un budget. Vous ne pouvez pas stipuler dans
« la Charte les dépenses de l'État. Je demande
« la suppression du mot *seuls*, qui pourrait
« s'opposer à ce que la disposition en faveur
« des Israélites entrât dans le budget. »

M. VIENNET : « J'appuie la suppression du
« mot *seuls*, et demande en outre la suppres-
« sion du mot *chrétiens*. »

« L'amendement qui consiste à supprimer le
« mot *seuls* est mis aux voix et adopté.

« Le sous-amendement de M. Viennet, qui
« tend à supprimer dans l'article le mot *chrétiens*,
« pour ne laisser que ces mots *et ceux des autres*
« *cultes*, est mis aux voix et rejeté à une grande
« majorité.

« L'amendement qui tend à supprimer cette

disposition : *professée par la majorité des Français*, est également rejeté.

« On voit ici combien sont mesquines et peu philosophiques les idées de la majorité de la Chambre. Je ne saurais trop répéter qu'il était impossible d'obtenir d'elle mieux que ce qui en a été obtenu.

M. Marchal. « Au lieu de *trésor royal*, je « propose de substituer *trésor public*. »

M. de Grammont. « Appuyé. Il faut que « nous parlions français. »

M. Mercier : « Je propose de mettre *trésor* « *de l'État*. »

M. le général Thiars. « Il vaudrait mieux « mettre *trésor national*. »

« L'amendement qui tend à substituer *trésor public* à *trésor royal* est adopté.

« L'article amendé est adopté en ces termes :

« Les ministres de la religion catholique, « apostolique et romaine, professée par la ma-« jorité des Français, et ceux des autres cultes « chrétiens, reçoivent des traitements du trésor « public.

« Art. 8. Les Français ont le droit de pu-« blier et de faire imprimer leurs opinions, en « se conformant aux lois qui doivent réprimer « les abus de cette liberté. »

« La commission propose de supprimer les

« mots : qui doivent réprimer les abus de cette
« liberté. »

M. Devaux. « La Charte indique des lois ré-
« pressives, et non pas des lois préventives.
« Dans l'article que la commission propose, on
« peut trouver la faculté de rétablir la censure.
« Il y est dit : « En se conformant aux lois. » Qui
« empêchera de faire une loi de censure, et
« de là la nécessité de se soumettre à la cen-
« sure ?

« Pour éviter une interprétation semblable,
« dont nous avons eu les exemples, je propose
« la rédaction suivante : « Les Français ont le droit
« de publier et de faire imprimer leurs opinions,
« en se conformant aux lois, *sans que la cen-*
« *sure puisse jamais être rétablie.* »

M. Dupin aîné. « Il serait mieux de faire de
« cette disposition ajoutée un paragraphe sé-
« paré ainsi conçu :

« La censure ne pourra jamais être rétablie. »

M. Demarçay. « Je propose d'ajouter : « Sans
« qu'il puisse y être apporté aucune restric-
« tion. » (*Marques d'improbation.*)

M. Bavoux. « Ne pourrait-on pas mettre :
« Aucune loi préventive ne pourra jamais la
« restreindre ? »

« (*Voix diverses.* Non ! non !)

« M. le président met aux voix la suppres-

« sion proposée par la commission, et qui porte
« sur les mots : qui doivent réprimer les abus
« de cette liberté. Une évidente majorité se lève
« en faveur de cette suppression.

M. Saglio. « Mais on demande généralement
« que l'article subsiste tel qu'il est dans la
« Charte. »

M. le Président. « Il y a une proposition for-
« melle faite par la commission de retrancher
« les mots : qui doivent réprimer les abus de
« cette liberté. »

M. Humblot-Conté. « La commission avait
« d'abord proposé cette suppression, mais
« M. Devaux a fait remarquer que cette sup-
« pression laissait la liberté dans une position
« plus fâcheuse que celle où elle était. Je de-
« mande le maintien de ces mots. »

M. Bérard et autres membres. « La Cham-
« bre a déjà voté. »

M. Humblot-Conté. « On n'a pas compris ce
« qu'on votait. »

M. Devaux. « Je ferai remarquer que l'addi-
« tion de ce paragraphe : « La censure ne pourra
« jamais être rétablie, » rend inutiles ces mots :
« qui doivent réprimer les abus de cette li-
« berté. »

M. le Président. « Vous avez déjà voté la
« suppression de ces mots. »

Plusieurs membres : « La contre-épreuve n'a « pas été faite. »

M. le Président. « Il ne peut y avoir ici de « surprise. Je vais faire une nouvelle épreuve. »

« M. le Président, après avoir consulté le « bureau, déclare que la suppression proposée « est adoptée.

« L'article est adopté en ces termes :

« Les Français ont le droit de publier et de « faire imprimer leurs opinions en se confor- « mant aux lois. La censure ne pourra être « rétablie. »

M. de Mornay. « Je demande la parole sur « l'article 9 de la Charte. Je sais que la Cham- « bre ne paraît pas disposée à entendre la lecture « des articles dont la commission ne propose « pas la suppression ou la modification; cepen- « dant, M. le Président s'est trouvé dans l'obli- « gation de lire l'article 5, à cause de sa con- « nexité avec l'article 6. Je propose de réunir les « articles 9 et 10 en un seul. Je propose de sup- « primer ce qu'il y a de transitoire dans l'ar- « ticle 9. »

Voix diverses : « Vous nous faites perdre du « temps.

« La question préalable. »

« La question préalable est adoptée.

M. Demarçay. « Je demande la suppression

« de l'article 11, comme étant maintenant sans
« objet. »

M. Madier de Montjau. « Nous n'avons à
« délibérer que sur la proposition de M. Bérard.
« Je demande la question préalable. »

« La question préalable est adoptée.

« On passe à l'article 14 ainsi conçu : « le Roi
« est le chef suprême de l'État ; commande les
« forces de terre et de mer ; déclare la guerre,
« fait les traités de paix, d'alliance et de com-
« merce ; nomme à tous les emplois de l'ad-
« ministration publique et fait les règlements
« et ordonnances nécessaires pour l'exécution
« des lois et la sûreté de l'État. »

« La commission propose de retrancher cette
« dernière disposition, et la sûreté de l'État, et
« d'ajouter celle-ci : sans pouvoir jamais sus-
« pendre les lois elles-mêmes, ni dispenser de
« leur exécution. »

M. Devaux. « Je propose l'addition de ces
« mots : sans pouvoir jamais interpréter ou sus-
« pendre les lois. »

Plusieurs voix. « Il existe une loi qui règle
« les formes à suivre pour l'interprétation des
« lois. »

M. Devaux. « Une loi est fugitive ; elle peut
« être rapportée. Il y a une grande différence
« entre la loi fondamentale et une loi transi-

« toire, c'est pourquoi j'insiste pour que cette
« disposition soit insérée dans la Charte ; ce qui
« abonde ne vicie pas. »

A gauche : « Appuyé ! appuyé ! »

M. DE BERBIS. « La loi existante vous donne
« toutes les garanties convenables, contentez-
« vous de cette loi. La disposition qu'on vous
« propose pourrait donner lieu à diverses inter-
« prétations. Restreignons-nous dans les dispo-
« sitions, nous ne sommes pas appelés à faire
« la Charte tout entière. Je m'oppose à l'a-
« mendement. »

« (Le sous-amendement de M. Devaux por-
« tant sur le mot *interprété* est mis aux voix et
« rejeté.)

« On remarque encore ici l'influence exercée
par l'opinion de la droite. La proposition de
M. Devaux était évidemment fort raisonnable.
M. de Berbis la combat par d'assez mauvaises
raisons. La majorité adopte l'avis de M. de
Berbis.

M. DE CORCELLES. « Je demande qu'on ex-
« cepte de cet article les emplois d'administra-
« tion. »

Plusieurs voix : « Le Roi nomme les fonction-
« naires publics. »

M. DE CORCELLES. « C'était seulement pour
« ne pas préjuger la question par rapport à la
« loi municipale. »

M. Sapey. « Je demande que les traités de
« paix, d'alliance et de commerce, soient sou-
« mis à l'approbation des Chambres. »

« Cette proposition est vivement repoussée,
« personne ne l'appuie.

« (L'art. 14, amendé par la commission, est
« adopté.)

« M. Jacqueminot propose à l'art. 14 un pa-
« ragraphe additionnel ainsi conçu: Toutefois,
« aucune troupe étrangère ne pourra être ad-
« mise au service de l'État sans une loi. »

« (Cette disposition est adoptée à l'unanimité.)

« Art. 15. La puissance législative s'exerce
« collectivement par le Roi, la Chambre des pairs
« et la Chambre des députés des départements. »

« (La suppression du mot des *départements*,
« fondée sur ce qu'il y a des députés d'arron-
« dissements, est adoptée.) »

M. Demarçay. « Je propose la suppression
« du mot *pairs*, parce que dans une monar-
« chie constitutionnelle le monarque ne peut
« avoir de pairs, c'est-à-dire d'égaux. »

M. Bourdeau. « Les pairs ne sont pas les
« égaux du roi, et ne peuvent l'être. »

M. Demarçay. « Je l'entends bien ici, mais
« dans l'origine, c'était différent. »

(Cette proposition n'est pas appuyée.)

« Art. 16. Le Roi propose la loi. »

« Art. 17. La proposition des lois est portée
« au gré du Roi à la Chambre des pairs ou à la
« Chambre des députés, excepté la loi de
« l'impôt, qui doit être adressée d'abord à la
« Chambre des députés. »

« La commission propose de réunir les deux
« articles en un seul ainsi conçu :

« La proposition des lois appartient au Roi,
« à la Chambre des pairs et à la Chambre des
« députés.

« Néanmoins toute loi d'impôt doit être d'a-
« bord votée par la Chambre des députés.

« L'article de la commission est mis aux voix
« et adopté.

« M. le Président donne lecture des articles
« 19, 20 et 21, dont la commission demande
« la suppression comme devenus sans objet. »

M. Berryer. « Cette suppression paraît évi-
« dente; cependant il y a dans l'article 21 une
« disposition qui n'est pas sans nécessité pour
« la dignité des discussions des deux Chambres.
« Elle pourrait être ainsi conçue : *Si une pro-
« position de loi a été rejetée par l'un des trois
« pouvoirs, elle ne pourra être représentée dans
« la même session.* »

Voix nombreuses : « Appuyé, appuyé.

« (Cette disposition est adoptée.)

« Art. 26. Toute assemblée de la Chambre

« des pairs qui serait tenue hors de la session
« de la Chambre des députés, ou qui ne serait
« pas ordonnée par le Roi, est illicite et nulle de
« plein droit. »

« La commission propose de substituer cette
« rédaction :

« Toute assemblée de la Chambre des pairs
« qui serait tenue hors du temps de la session
« de la Chambre des députés, est illicite et
« nulle de plein droit, sauf le seul cas où elle
« est réunie comme cour de justice, et alors
« elle ne peut exercer que des fonctions judi-
« ciaires. »

« Cet article est adopté.

« ART. 30. Les membres de la famille royale
« et les princes du sang sont pairs par le droit
« de leur naissance; ils siégent immédiatement
« après le président, mais ils n'ont voix déli-
« bérative qu'à 25 ans. »

« La commission propose de rédiger ainsi
l'article :

« Les princes du sang sont pairs par droit
« de naissance; ils siégent immédiatement après
« le président. »

Plusieurs voix : « A quel âge? »

M. LE PRÉSIDENT : « Il est bien entendu que
« c'est à l'âge des autres pairs. »

M. MESTADIER : « Oui, l'article est complet.

« L'âge des autres pairs leur est applicable,
« puisque l'article ne dit pas le contraire. »

« L'article est adopté.

« L'article 31 est supprimé.

« ART. 32. Toutes les délibérations de la
« Chambre des pairs sont secrètes. »

« La Commission propose de substituer cet article :

« Les séances de la Chambre des pairs sont
« publiques comme celles de la Chambre des
« députés. » (Adopté sans réclamation.)

M. MAUGUIN : « Je demande la parole sur
« l'article 33 qui porte : « La Chambre des pairs
« connaît des crimes de haute trahison et d'at-
« tentats à la sûreté de l'État, qui seront définis
« par la loi. » Je demande la suppression de
« ces mots : qui seront définis par la loi, afin
« que nous ne restions pas dans un état pro-
« visoire. »

M. BERRYER : « Il me semble que la Chambre
« a déjà décidé que la Charte entière n'était
« pas mise en question ; nous n'avons à déli-
« bérer que sur la proposition de M. Bérard.
« Je demande la question préalable. »

M. MAUGUIN. « Il ne s'agit que de mettre en
« harmonie cet article avec ceux que vous avez
« conservés. »

« La question préalable est mise aux voix et rejetée.

M. Mestadier. « Je ferai remarquer qu'il y a
« des crimes et des attentats à la sûreté de
« l'État dont la Chambre des pairs ne doit pas
« être saisie. Il ne faut pas, par exemple, que
« le crime d'un militaire, qui peut être jugé
« par un conseil de guerre, soit porté devant
« la Chambre des pairs. »

M. Berryer. « Il y a un livre entier intitulé :
« *Des Crimes contre la sûreté de l'État.* Devront-
« ils être soumis à la Chambre des pairs ? »

M. Bernard. « Elle jugera sa compétence. »

M. Dupin aîné. « Il serait à desirer qu'on pût
« tout faire à la fois, et que, sur chaque article
« dont le développement exigerait une loi, on
« pût faire cette loi de manière à répondre à
« la juste impatience publique ; mais une Charte
« ne peut pas tout contenir. Un seul article ne
« peut pas établir tout un système de législa-
« tion ; c'est pourquoi l'on a renvoyé à ce qui
« serait défini par la loi. Je conviens qu'on au-
« rait pu faire mieux, mais c'est un tort qui
« retombe sur l'ancien gouvernement qui n'a
« pas tenu ses promesses. J'espère que celui
« qui viendra les tiendra.

« Je m'oppose à la suppression des mots :
« *qui seront définis par la loi,* parce qu'il en
« résulterait qu'une foule de crimes et d'at-
« tentats, dont les tribunaux ordinaires doivent

« connaître, pourraient être portés à la Cham-
« bre des pairs, et qu'il faudrait qu'elle fût en
« permanence pour faire le triage de toutes les
« affaires; tandis que la Chambre des pairs ne
« doit s'assembler que dans des cas extrême-
« ment rares, où la sûreté de l'État tout en-
« tier est mise en péril. »

« La proposition de M. Mauguin est re-
« jetée. »

M. JACQUINOT PAMPELUNE. « Vous avez dit à
« l'article 32 que les séances de la Chambre
« des pairs seraient publiques, et vous ne lui
« avez pas laissé, comme à la Chambre des dé-
« putés, la faculté du comité secret. »

Plusieurs voix. « Si! si! Elle peut aussi, sur
« la proposition de cinq membres, se former
« en comité secret. »

M. JACQUINOT PAMPELUNE. « D'après cette ex-
« plication, je retire mon amendement. »

« ART. 36. Chaque département aura le même
« nombre de députés qu'il a eu jusqu'à pré-
« sent. »

« Sur la proposition de la commission, cet
« article est supprimé. »

« ART. 37. Les députés seront élus pour cinq
« ans, et de manière que la Chambre soit re-
« nouvelée chaque année par cinquième. »

« La commission propose de substituer cet

« article : *Les députés seront élus pour cinq
« ans.* »

« De cette manière le renouvellement par
« cinquième est supprimé.

« L'article de la commission est adopté.

« Peut-être y a-t-il eu quelque légèreté dans
la manière dont le renouvellement par cinquième a été supprimé. C'était une question importante à examiner que celle de savoir si ce renouvellement partiel n'était pas plus avantageux qu'un renouvellement intégral. Je crois qu'on pouvait soutenir cette opinion avec avantage, ou que tout au moins elle méritait d'être mûrement discutée.

M. LE PRÉSIDENT. « La commission a proposé
« pour l'article 38 la rédaction suivante :

« *Aucun député ne peut être admis dans la*
« *Chambre s'il n'est âgé de* 30 *ans, et s'il ne*
« *réunit les autres conditions déterminées par*
« *la loi.* »

Plusieurs voix. « Qui seront déterminées par
« la loi. »

M. VILLEMAIN. « Je demande la parole pour
« proposer à la Chambre de substituer à l'âge
« de 30 ans celui de 25. Voici mes motifs ; mes
« développements seront très-courts. Cette in-
« novation n'en est pas absolument une, et
« les premiers essais qu'on en avait faits n'a-

« vaient eu aucun résultat défavorable à l'o-
« pinion publique. Ainsi, à une époque où la
« royauté restaurée avait cru, par un acte sou-
« verain, pouvoir améliorer diverses disposi-
« tions de la Charte dans un sens conforme à
« l'opinion publique; à une époque où elle
« avait cru devoir des garanties desirées et sup-
« pléer à des lacunes, une ordonnance de juil-
« let 1815, en donnant quelques stipulations
« nouvelles, utiles à la liberté, avait formelle-
« ment déclaré que l'âge des députés serait
« fixé à 25 ans. Dans la Chambre qui suivit,
« ce ne fut pas des députés de 25 ans, qui
« étaient en très-petit nombre, dont la fou-
« gueuse impatience put compromettre la sa-
« gesse des délibérations. C'est souvent dans
« les hommes d'un âge plus avancé que l'on
« rencontra des passions et des haines violentes.
« J'ajouterai que sans doute, dans la grande
« réforme législative que vous tentez aujour-
« d'hui, que vous improvisez à la fois avec tant
« de conscience et tant de précipitation néces-
« saire, vous aspirez surtout à former un gou-
« vernement parlementaire, régulier, fort, qui,
« avec les différences qu'exigent les temps et le
« caractère des peuples, se rapproche de la
« constitution anglaise dans ce qu'elle a de
« plus salutaire et de plus généreux. Vous de-

« vez désirer que des hommes soient de bonne
« heure voués à la vie publique, et que la vie
« politique, avec les études qu'elle exige, les
« sacrifices qu'elle commande, soit ouverte à
« beaucoup d'hommes honorables; vous devez
« désirer que des hommes que leur fortune et
« leur capacité appellent dès l'âge de 25, 26,
« 28 ans aux affaires publiques, ne soient pas
« retenus, en attendant l'âge fixé par la loi,
« dans des professions étrangères ou à leurs
« goûts, ou à leurs études. Puisque vous voulez
« faire un gouvernement fort et libre, prépa-
« rez des hommes de bonne heure à entrer
« dans cette carrière. Étrangers par leur âge
« aux haines héréditaires, le peu d'hommes qui
« seront appelés aux affaires, dès l'âge que je
« réclame, justifieront sans aucun doute l'opi-
« nion que l'on aura conçue de leur âge et de
« la générosité de leurs sentiments. Je ne vois
« pas pourquoi vous n'accorderiez pas à la
« Chambre des députés les priviléges dont
« jouit celle des pairs, et pourquoi cette der-
« nière mériterait des préférences. »

Plusieurs voix. « On entre à la Chambre des
« pairs à 25 ans, mais on n'a voix délibérative
« qu'à 30 ans. »

M. Villemain. « Eh bien! il faut quelque
« chose de plus pour la Chambre des députés. »

M. Berryer. « Messieurs, depuis 15 ans,
« l'orateur qui m'a précédé m'a appris à ne
« pas douter des grandes capacités précoces;
« je ne puis cependant adopter l'exemple qu'il
« nous a offert comme une règle de conduite
« sur les délibérations : tout en rendant hom-
« mage à la prodigieuse activité du travail, à
« la force des études de la jeunesse, et à sa
« grande capacité avant l'âge de 30 ans, je ne
« pense pas qu'on puisse l'appeler avant cet
« âge à la discussion des intérêts publics.

« Il faut d'ailleurs mettre la loi politique
« en harmonie avec la loi civile. Jusqu'à l'âge
« de 25 ans, l'homme ne peut constituer de la
« famille sans le consentement de ses père et
« mère, et de l'âge de 25 à 30 ans, il est encore
« obligé de faire des sommations respectueuses.
« Je ne pense pas qu'on soit propre à délibérer
« sur les intérêts de l'État à l'âge où la loi ci-
« vile ne vous laisse pas même la liberté de
« délibérer sur les intérêts de famille. »

M. Eusèbe de Salverte. « Deux considé-
« rations me font appuyer la proposition dé-
« veloppée par M. Villemain : la première, c'est
« que, rendant aussi larges que possible les
« conditions électorales, et supposant que l'élu
« est le véritable interprète de la conscience
« publique, vous ne pouvez par conséquent

« donner à ce choix trop de latitude, et ce
« n'est pas une latitude trop grande que d'a-
« baisser à 25 ans l'âge de l'éligibilité. Ma se-
« conde considération, celle qu'a développée
« M. Villemain, c'est le besoin d'habituer de
« bonne heure dans la carrière politique les
« hommes que leur fortune et leur talent peu-
« vent y appeler. Il n'y a pas de passion plus
« louable que celle de servir son pays dans la
« députation et dans les fonctions gratuites.
« Plus tôt vous direz aux jeunes gens : Voilà
« le but où vous pouvez arriver si vous êtes
« assez capables et assez estimables pour mé-
« riter la confiance de vos concitoyens, plus
« tôt vous les porterez à l'étude des questions
« publiques et des intérêts nationaux, et plus
« tôt, par conséquent, vous les rendrez pro-
« pres, alors même qu'ils ne deviendraient pas
« députés, à être de bons citoyens et d'éclairés
« administrateurs, et à remplir convenable-
« ment toutes les fonctions publiques. »

« M. le Président met aux voix l'amende-
« ment tendant à fixer à 25 ans l'âge de l'éligi-
« bilité ; il est rejeté. »

« La proposition de la commission qui le
« fixe à 30 ans est adoptée.

« Remarquons encore ici la répugnance pour
tout ce qui ressemble à un progrès. Il n'y

avait certainement aucun inconvénient à accorder aux électeurs le droit de choisir des députés, même parmi les hommes de 25 à 30 ans. Il était bien évident qu'un mérite éclatant eût pu seul déterminer des électeurs, dont la majorité a toujours plus de 45 ans, à fixer leur choix sur un homme de moins de 30 ans; mais c'était faire un pas en avant, et la majorité de la Chambre était tout au moins stationnaire, si elle n'était pas rétrograde.

M. Gaétan de La Rochefoucauld. « Dans
« le second paragraphe il y a eu erreur maté-
« rielle commise par la commission; elle vous
« propose de dire qu'aucun député ne peut
« être admis avant l'âge de 30 ans, *s'il ne
« réunit les autres conditions déterminées par la
« loi*. Il n'y a aucune loi : le cens de 1000
« francs ne se trouve nulle part. Cette propo-
« sition de la commission veut-elle dire qu'il
« n'y a aucun cens fixé pour l'éligibilité, et
« que le contribuable de 20 sous peut être
« nommé député? »

« *Quelques voix* : Pourquoi pas ? »

M. Duvergier de Hauranne : « L'on doit
« laisser subsister la rédaction de la commis-
« sion. Nul doute qu'une loi d'éligibilité soit
« indispensable, mais jusque-là nous devons
« rester sous l'empire des lois existantes, sans

« quoi l'on serait entraîné par une foule de
« difficultés. C'est à tort que M. Gaétan de La
« Rochefoucauld a dit qu'il n'y avait aucune loi
« qui réglât le cens pour l'élection; il existe
« celle du 25 mars 1818. »

M. Gaétan de La Rochefoucauld. « C'est
« une loi faite pour un cas particulier, pour
« M. Casimir Périer, elle n'est pas générale. »

Plusieurs voix : « La rédaction de la com-
« mission est appuyée : qu'on la mette aux
« voix. »

M. de Berbis. « Je demande que le cens exigé
« jusqu'ici soit maintenu. Je considère comme
« très-utile à la chose publique qu'une Cham-
« bre soit composée de propriétaires dont la
« fortune offre des garanties pour leur indé-
« pendance. Je regarde le cens de 1000 francs
« comme utile et indispensable. »

M. Benjamin Constant. « Je demande à être
« écouté un instant pour prouver la nécessité
« de faire une nouvelle loi, et en même temps
« de montrer à l'opinion publique que vous
« la ferez. Jusqu'alors je reconnais que nous
« devons nous conformer à celle du 25 mars.
« Mais, si, comme il faut l'espérer, le Gouver-
« nement satisfait à tous les besoins, veille à
« tous les intérêts ; si l'industrie fleurit, si les
« richesses augmentent, les impositions en

« seront d'autant diminuées, et par cela même
« le cens électoral sera abaissé.

« Je pourrais vous citer mille exemples ; je
« vais seulement vous présenter le mien. Il y
« a cinq ans je payais 1800 francs; j'ai été ré-
« duit à 1200 francs. Si l'on m'avait réduit de
« 200 francs, comme ma fortune n'avait en
« rien changé, je donnais plus de garantie, car
« j'avais 800 francs de plus. (*On rit.*) La loi ac-
« tuelle dit ceci : « Vous avez tant de revenu,
« vous êtes éligible; vous payez moins d'im-
« positions et vous avez plus de revenu, et vous
« n'êtes plus éligible. » Cela est absurde. Il est
« indispensable que nous mettions un terme à
« la diminution des électeurs, qui arrive néces-
« sairement avec la prospérité publique. »

M. Bernard. « Pour rassurer l'opinion il faut
« donc que vous ajoutiez les mots *qui seront.* »

M. Dupin aîné. « Quelle a été la pensée de
« la commission? c'est de ne pas prendre sur elle
« de décider des choses qui auraient composé
« une longue discussion, et qui tenaient à un
« système de législation. Si l'on mettait le pré-
« sent *qui sont*, vous n'auriez pas d'avenir,
« et si vous mettiez l'avenir *qui seront*, vous
« n'auriez pas d'élections possibles pour un cas
« présent. Voilà ce qui nous a fait mettre seu-
« lement *déterminées*. »

M. Bernard. « J'admets avec le préopinant
« que ce langage est celui de la loi; cependant
« cela laisse une lacune et de l'incertitude :
« il faut que vous mettiez cette disposition par
« voie transitoire à la fin de la Charte. »

M. Dupin aîné. « Ce n'est pas une disposi-
« tion comme celle du double vote qui a été
« ajoutée comme article transitoire. »

« La Chambre adopte la rédaction de la
« commission. »

« La commission propose la suppression de
« l'article 39 de la Charte.

M. de Montozon. « En attendant qu'une
« nouvelle loi électorale soit adoptée, je pro-
« pose d'ajouter cette disposition transitoire :
« *Le cens fixé par l'article* 38 *sera conservé.* »

M. Berryer : « Je propose que l'article 39 soit
« maintenu en ces termes : *Si néanmoins il ne*
« *se trouvait pas dans le département* 50 *indi-*
« *vidus payant le cens indiqué par la loi, leur*
« *nombre sera complété par les plus imposés*
« *au-dessous du taux du cens.* Cette disposition
« est dans l'intérêt des départements pauvres. »

« M. le Président met aux voix cette disposition. — Adopté.

« Berryer a eu le bon esprit de ne pas bouder,
comme l'ont fait quelques députés de son opinion. Ses observations ont en général été jus-

tes, et ont contribué à améliorer une œuvre trop imparfaite.

« La commission a rédigé ainsi l'article 40 :

« *Nul n'est électeur s'il a moins de 25 ans, et s'il ne réunit les autres conditions déterminées par la loi.* — Adopté.

« La commission propose la rédaction sui-
« vante pour l'article 41 : *Les présidents des col-
« léges électoraux sont nommés par les électeurs.*

M. Charles Dupin : « Je demande comment
« sera formé le bureau provisoire, puisque la
« nomination n'appartient plus au Roi. »

Un Membre. « Comme dans toute assemblée:
« le doyen d'âge est de droit président, et les
« secrétaires sont choisis parmi les plus jeunes. »

« La nouvelle rédaction de l'article 41 est adoptée. »

« La Chambre adopte aussi l'article 43 ainsi
« modifié par la commission : *Le président de la
« Chambre des députés est élu par elle à l'ouver-
« ture de chaque session.* »

« La suppression des articles 46 et 47 est
« adoptée.

« La suppression de l'article 56 l'est égale-
« ment.

« La commission propose de substituer à
« l'article 63 celui-ci : *Il ne pourra, en consé-
« quence, être créé des commissions, des tribu-*

« *naux extraordinaires, à quelque titre et sous*
« *quelque dénomination que ce puisse être.*

M. Duris-Dufresne. « Je propose la disposition suivante :

« *La magistrature sera soumise à une institution nouvelle.* »

Voix nombreuses. « La question préalable !
« la question préalable ! »

« La question préalable est mise aux voix et adoptée, et par conséquent la proposition de M. Duris-Dufresne écartée sans même qu'il ait pu la développer.

« Je n'ai pas besoin de faire remarquer combien l'opinion défavorable à la révolution domine encore dans cette circonstance, et combien elle influe sur l'empressement avec lequel on rejette la proposition de Duris-Dufresne.

« L'article 63 de la commission est adopté.

« Art. 73. Les colonies seront régies par des
« lois et des règlements particuliers. »

« La commission propose de substituer cet article :

« *Les colonies sont régies par des lois particulières.* »

M. Delaborde. « Je demande qu'il soit ajouté :
« *par des lois particulières qui seront rendues*
« *dans la prochaine session.*

« Le mot de *lois particulières* se trouve éga-

« lement dans la Charte, et cependant depuis
« 1815 on n'a pas fait de lois pour les colonies,
« qui se trouvent dans un état de souffrance dé-
« plorable. »

M. DE TRACY. « L'article proposé par la com-
« mission remplit d'une manière très-impar-
« faite mon vœu particulier. Je reconnais l'ex-
« trême difficulté, dans une circonstance comme
« celle-ci, de protéger les colonies contre les
« injustices dont elles sont les victimes depuis
« si long-temps. Toutefois comme nous savons
« tous que les principaux instruments employés
« contre elles sont ces règlements dont on a tant
« abusé, nous avons pensé qu'il fallait retran-
« cher le mot *règlements*, et nous avons laissé
« le mot *loi*. Depuis long-temps des lois sont
« promises à cette intéressante et malheureuse
« population : j'ai rappelé cette promesse de-
« puis que j'ai l'honneur de siéger sur ces bancs,
« et j'espère qu'enfin elle ne sera pas illusoire. »

« L'article de la commission est adopté.

« ART. 74, modifié par la commission: *Le Roi*
« *et ses successeurs jureront à leur avénement,*
« *en présence des Chambres réunies, d'observer*
« *fidèlement la présente Charte constitutionnelle.*

« Cet article est mis aux voix et adopté.

« ARTICLE ADDITIONNEL, formant l'article 75 :
« *La présente Charte et tous les droits qu'elle con-*

« *sacre demeurent confiés au patriotisme et au
« courage des gardes nationales et de tous les
« citoyens français.*

« Cet article est adopté par acclamation. On
« passe à la discussion des dispositions particu-
« lières.

« *Toutes les nominations et créations nouvelles
« de pairs faites sous le règne du Roi Charles X
« sont déclarées nulles et non avenues.*

« *Et, pour prévenir le retour des graves abus
« qui ont altéré le principe de la pairie, l'article
« 27 de la Charte, qui donne au Roi la faculté
« illimitée de nommer des pairs, sera soumis à
« un nouvel examen dans la session de* 1831.

M. Bérard. « Je viens proposer au second
« paragraphe une modification qui consiste dans
« la suppression de ces mots *qui donne au Roi
« la faculté illimitée de nommer des pairs.* Cette
« faculté semblerait restreindre le droit d'exa-
« men qui nous est réservé. Je pense que l'exa-
« men de l'article 27 doit être aussi complet
« que possible. C'est pourquoi je demande qu'il
« n'y ait aucune espèce de restriction. » (*Appuyé!
appuyé!*)

« J'avais remarqué dans diverses parties de la
Chambre des dispositions qui me détermi-
nèrent à présenter cet amendement. D'une
part les doctrinaires, à qui se joignaient dans

cette circonstance, comme presque toujours, les hommes de la droite, voulaient restreindre notre droit d'examen à la seule question de savoir si la faculté donnée au Roi de nommer des pairs devait être *illimitée* ou non. D'une autre part, le côté gauche préparait des amendements pour demander la suppression de l'hérédité de la pairie. Je n'avais pas encore une opinion définitivement arrêtée sur ce point. J'inclinais même à penser qu'en renouvelant le personnel de la Chambre des pairs, et en n'y conservant que des hommes sincèrement attachés à la révolution, l'hérédité pouvait être bonne à maintenir. Dans tous les cas, je ne voulais pas que la discussion sur ce point pût être étranglée; je voulais, au contraire, qu'elle fût libre et consciencieuse. Dans la situation où nous nous trouvions, on pouvait craindre que la Chambre, cédant aux sentiments de la majorité, ne rendît toute amélioration future impossible dans la Chambre des pairs, et l'on pouvait craindre aussi que la terreur inspirée par les mouvements populaires qui s'étaient prononcés contre l'hérédité de la pairie ne fît sacrifier sans un examen suffisant une institution utile.

« Beaucoup d'autres considérations justifiaient encore à mes yeux et l'article et l'amendement; si j'avais connu l'avenir, j'aurais peut-être pensé que ce n'était pas la peine de retarder une décision que le temps n'a pas rendue meilleure. Mais qui eût pu croire alors que la Chambre de 1831 ne vaudrait pas mieux, sous beaucoup de rapports, que celle du double vote?

« M. le général Lafayette demande la pa-
« role. (*Mouvement marqué d'attention.*)

M. LE GÉNÉRAL LAFAYETTE. « Lorsque je viens
« énoncer une opinion contestée par beaucoup
« d'amis de la liberté, on ne me soupçonnera
« pas d'être entraîné par un sentiment d'effer-
« vescence, ou de courtiser une popularité que
« je ne préférerai jamais à mes devoirs. Les
« sentiments républicains que j'ai manifestés
« dans tous les temps et devant tous les pou-
« voirs ne m'ont pas empêché d'être le défen-
« seur d'un trône constitutionnel. C'est ainsi,
« Messieurs, que dans la crise actuelle il nous
« a paru convenable d'élever un autre trône
« national, et je dois dire que mon vœu pour
« le Prince dont le choix vous occupe s'est for-
« tifié lorsque je l'ai connu davantage; mais je
« différerai d'avec beaucoup de vous sur la
« question de la pairie héréditaire. Disciple de
« l'école américaine, j'ai toujours pensé que le
« corps législatif devait être divisé en deux

« chambres avec des différences dans leur or-
« ganisation ; cependant je n'ai jamais compris
« qu'on pût avoir des législateurs et des juges
« héréditaires. L'aristocratie, Messieurs, est
« un mauvais ingrédient dans les institutions
« publiques. J'exprime donc aussi fortement
« que je le puis mon vœu pour l'abolition de
« la pairie héréditaire, et en même temps je
« prie mes collègues de ne pas oublier que, si
« j'ai toujours été *l'homme de la liberté*, je n'ai
« jamais cessé d'être l'homme de l'ordre public. »

(*Bravo! Bravo!*)

M. Berryer. « Deux questions graves nous
« occupent en ce moment : l'une est la propo-
« sition faite par M. Bérard ; l'autre tend à atta-
« quer l'hérédité de la pairie. Permettez-moi
« de m'expliquer en peu de mots sur ces deux
« questions.

« D'abord, je pourrai invoquer vos délibé-
« rations précédentes pour demander que la
« discussion se renferme dans les limites de la
« proposition de M. Bérard.

« La pairie semble se lier essentiellement à
« la monarchie constitutionnelle. Je serais témé-
« raire si j'entreprenais en ce moment de trai-
« ter à fond une question qui demande des
« méditations auxquelles aucun de nous n'a pu
« encore se livrer. Je crois donc qu'il ne s'agit

« pas en ce moment de savoir si l'on maintien-
« dra ou non l'hérédité de la pairie, et que
« nous n'avons pas à soulever une question
« d'une aussi haute importance, capable d'ab-
« sorber toutes nos facultés.

« Quant à la question principale qui s'agite
« en ce moment, j'ai déclaré au commencement
« de la séance, qu'il n'était pas possible de
« voter l'annulation des actes émanés de la
« volonté royale et faits en vertu de la Charte.
« J'espère, Messieurs, que vous rendrez, dans
« la position où nous sommes, justice au zèle
« qui nous anime pour le bien public; vous
« comprendrez que nous sommes dévorés par
« l'amour de notre pays. (*Mouvement à gau-*
« *che.*) Vous comprendrez que nous sommes
« animés du désir de maintenir la tranquillité;
« que nous sommes ardents à la recherche des
« moyens propres à assurer la sécurité de l'a-
« venir, lorsque nous, dont le cœur est brisé
« de douleur, nous nous mêlons avec con-
« stance à des délibérations qui nous absorbent.

« Quand on a tenté, il y a quarante ans, la
« conquête de la liberté, si elle ne fut pas assu-
« rée, c'est qu'on tomba dans une voie odieuse,
« dans la voie de la rétroactivité; c'est qu'on
« voulut abolir ce principe fondamental de la
« société. Aujourd'hui n'entrons pas dans la

« même carrière ; n'anéantissons pas ce qui fut
« fait légalement. Ne donnons pas un exemple
« si funeste; il s'agit pour nous de conquérir
« les garanties de l'avenir. N'autorisons pas nos
« descendants à détruire un jour ce que nous
« faisons dans ce moment sous l'inspiration de
« nos consciences, en faisant violence aux tour-
« ments de nos ames. »

M. PETOU. « Comme le préopinant, je suis
« dévoré de l'amour du bien public; comme
« lui, j'éprouve des émotions qui troublent
« mon esprit : néanmoins il est des choses qu'on
« peut dire et que l'amour du bien public dicte
« en ce moment. J'applaudis de toutes mes for-
« ces à la disposition particulière qui concerne
« les nominations et créations nouvelles de
« pairs faites sous le règne de Charles X.

« La pairie, la véritable pairie s'indignait de
« cette odieuse intrusion. On a vu des membres
« de la Chambre vénale, pour obtenir le salaire
« de leur basse servilité, voter à découvert les
« lois désastreuses qui faisaient le désespoir du
« pays; sûrs d'échapper à la vindicte électo-
« rale, et pour trouver dans la Chambre des pairs
« de l'impunité pour leur conduite parlemen-
« taire, ils bravaient là, comme dans un refuge
« assuré, l'opinion publique justement déchaî-
« née contre eux. C'est donc un acte de bonne

« justice que de purger la Chambre des pairs
« de ces hommes qui avilissaient sa dignité ;
« mais pour rehausser cette dignité, ne serait-
« il pas nécessaire de supprimer cette hérédité
« qui, selon moi, est un contre-sens pour un
« gouvernement constitutionnel ?

« Je ne dissimule pas la gravité de cette
« question. Le temps me manque pour l'appro-
« fondir autant que je le voudrais conscien-
« cieusement ; mais je juge par l'agitation qui
« se manifeste autour de nous qu'il fallait que
« l'article 27 de la Charte, en ce qui concerne
« l'hérédité, fut sacrifié en holocauste sur l'au-
« tel de la patrie, pour le sang versé pour la
« défense de nos droits les plus chers et pour
« la conservation des jours des membres de
« cette Chambre, par cette héroïque popula-
« tion de Paris.

M. Arthur de la Bourdonnaye. « Vous
« calomniez la population de Paris. » (*Vives réclamations de toutes parts.*)

Voix à gauche. « C'est assez ; descendez de
« la tribune. »

« M. Petou prononce encore quelques mots
« au milieu de l'agitation de l'assemblée, qui
« couvre sa voix. Il descend de la tribune.

M. le général Sébastiani : « Je viens ap-
« puyer l'amendement qui vous est proposé
« par M. Bérard.

« La nomination des pairs sous le règne de
« Charles X fut une usurpation de pouvoir sur
« la Chambre, une usurpation flagrante. Elle
« a brisé le pacte social.

« On se récrie contre la proposition qui vous
« est faite de déclarer ces nominations nulles
« et non avenues. L'exemple n'est pas nou-
« veau. Louis XVIII, en rentrant, n'a-t-il pas
« éliminé 20 pairs ? la chambre des pairs en
« a-t-elle été moins puissante ? a-t-elle moins
« contribué à la conservation de l'ordre en
« France ? Lorsque vous venez de prendre une
« délibération qui déclare le trône vacant en
« fait et en droit, vous pouviez certainement
« compléter cette opération en écartant les
« pairs qui ont osé travailler à la destruction
« du pacte social.

« Les circonstances sont impérieuses. Je ne
« parle pas de celles qu'on a voulu signaler,
« et sous l'influence desquelles nous ne serons
« jamais. (M. PETOU : *Je n'ai pas dit cela.*) Paris,
« héroïque par sa résistance; Paris, qui a com-
« battu ceux qui avaient rompu le pacte; Paris,
« qui a sauvé la liberté, jamais ne viendra me-
« nacer celle dont vous devez jouir. C'est donc
« en présence d'une tranquillité imposante que
« vous avez à prendre ici une mesure impo-
« sante.

« Quant à la question de l'hérédité, j'appuie
« encore l'amendement proposé par M. Bérard,
« parce que c'est une question difficile, ardue,
« qui a besoin de toutes nos méditations. Nous
« pourrons à la session prochaine discuter
« toutes les questions qui se rattachent à ce
« grand principe. Nous pourrons alors prendre
« un parti qui assure l'indépendance du trône;
« car sans la liberté il n'y a pas de trône, et
« il n'y a pas de liberté sans un trône fondé
« sur le pacte social. »

M. Berryer. « Le préopinant vient d'in-
« voquer un exemple que je ne discuterai pas.
« S'il fut mauvais à vos yeux, vous ne devez
« pas l'imiter. Quelle différence dans la posi-
« tion! Au Roi appartient la nomination des
« pairs; le Roi a usé d'un droit, bien ou mal,
« en éliminant des pairs : mais de quel droit
« la Chambre des députés interviendrait-elle
« dans la question de savoir si des pairs nom-
« més par le Roi doivent être ou non éliminés?
« Qu'elle les accuse, alors c'est un procès fait
« aux personnes; qu'ils soient jugés indignes
« de ce que l'autorité royale a fait pour eux,
« à la bonne heure; mais c'est au Roi seul, au
« pouvoir royal, à les exclure. »

M. Bernard. « Le préopinant me semble se
« tromper sur l'atmosphère de cette Chambre.

« En présence des événements qui viennent
« de se passer, quand le trône a été brisé, quand
« la légitimité n'existe plus, quand, il y a qua-
« tre jours, un immense bateau pavoisé de cou-
« leurs funèbres descendait la Seine, et que la
« population en sanglots l'escortait (c'étaient les
« derniers adieux des pères et des enfants), où
« voulez-vous chercher la légalité? n'est-elle
« pas tout entière enterrée sous les cadavres? »
(*Bravo! bravo!*)

« Quant à l'hérédité de la pairie, comme les
« meilleurs esprits sont partagés sur cette ques-
« tion, et qu'elle demande d'être examinée avec
« maturité, je propose de remplacer la seconde
« partie de l'article de la commission par
« celui-ci :

« *L'article 27 de la Charte sera soumis à un
« nouvel examen dans la session de 1831.* »

Appuyé! appuyé!

M. Benjamin Constant. « Cela est plus net,
« plus clair, et je voulais proposer la même chose.
« On pourra dans un moment plus calme exa-
« miner la question de l'hérédité de la pairie.
« Je ne veux pas fatiguer la Chambre, je ne
« parlerai pas de mes opinions particulières;
« mais je la supplie de se réunir à l'amende-
« ment de M. Bernard, parce qu'il doit suffi-
« samment rassurer et satisfaire toutes les opi-
« nions. »

« On demande la division des deux disposi-
« tions formant deux paragraphes séparés ; elles
« sont successivement mises aux voix, et adop-
« tées avec la rédaction de M. Bernard, substi-
« tuée à celle de la commission.

M. de Brigode. « Je propose un article ad-
« ditionnel ainsi conçu : *Les juges recevront
« une nouvelle institution avant le 1er jan-
« vier 1831.* »

Voix diverses. « La question préalable a déja
« été adoptée sur une proposition semblable. »

M. de Sade. « C'est sur l'amendement pro-
« posé par M. Duris-Dufresne. »

M. Gaétan de Larochefoucauld. « Des no-
« minations de juges ont été faites sous divers
« ministères. Vous pourriez confondre les no-
« minations faites sous le ministère Portalis
« avec celles faites sous le ministère Polignac.
« Vous allez mettre le trouble dans la magis-
« trature. La proposition rentre tout-à-fait dans
« celle de M. Duris-Dufresne, que vous avez
« écartée par la question préalable sans la lais-
« ser développer. »

M. de Sade. « Lisez la proposition de M.
« Duris-Dufresne. »

M. le Président. « La voici : *La magistrature
« sera soumise à une institution nouvelle.* »

Plusieurs voix. « C'est la même chose. La
« question préalable ! »

M. Benjamin Constant. « Je demande que
« M. de Brigode soit entendu : vous ne pouvez
« pas voter sur une proposition avant d'en
« avoir entendu les développements, sans tuer
« toute liberté de discussion. »

M. le Président. « M. de Brigode réunit sa
« proposition à celle de M. Mauguin.

« Elle serait ainsi conçue : « Les magistrats
« actuels cesseront leurs fonctions dans le dé-
« lai de six mois, s'ils ne reçoivent d'ici à cette
« époque une nouvelle institution. »

« M. de Brigode a la parole. »

M. de Brigode. « Messieurs, l'inamovibilité
« des juges est un principe qui ne peut se sé-
« parer de l'hérédité de la couronne.

« Dans l'ordre monarchique, rien n'est in-
« terrompu par la mort. Le Roi meurt, le trône
« n'est pas vacant. Tout ce qui est émané de
« lui subsiste et persiste. Tout est continué.

« Il n'en est plus de même lorsqu'il survient
« un changement de dynastie. Il y a interrup-
« tion, discontinuité ; il n'est pas possible d'ad-
« mettre que le nouveau Roi reconnaisse né-
« cessairement (sauf, bien entendu, conditions
« particulières) ce qui a été fait par son prédé-
« cesseur.

« C'est en vertu de ce principe qu'à l'épo-
« que de la restauration l'institution des juges
« fut différée d'un an.

« Napoléon, en revenant de l'île d'Elbe,
« se réserva, à son tour, de la conférer; et
« Louis XVIII, en 1815, différa de nouveau.

« Aujourd'hui nous nous trouvons dans des
« circonstances absolument identiques. Il sem-
« ble conforme aux règles les plus naturelles
« du raisonnement que l'inamovibilité des ju-
« ges soit soumise à une nouvelle institution.

« Cette disposition ne peut suspendre sans
« doute le cours de la justice ordinaire. Les
« magistrats continueront à exercer les fonc-
« tions dont ils sont actuellement investis; mais
« le caractère d'inamovibilité, si nécessaire à
« l'indépendance de la magistrature, ne peut
« leur être réellement attribué que lorsqu'ils
« l'auront reçu du nouveau Roi des Français. »

M. Dupin aîné. « Il serait étonnant, lorsque
« nous cherchons à conserver les situations so-
« ciales, afin que l'interruption ne soit, pour
« ainsi dire, que momentanée, que chacun
« reprenne à l'instant ses affaires, ses occupa-
« tions, et qu'il n'y ait de nouveau dans l'État
« que de bonnes lois et un gouvernement sin-
« cère et ami du bien public; il serait éton-
« nant, dis-je, qu'on voulût porter l'esprit de

« réforme sur ce qui semble le plus demander
« de stabilité. (*Mouvement d'adhésion.*)

« Je ne le nierai pas, et souvent je l'ai dit, il
« y a eu de mauvais choix dans l'organisation
« judiciaire. Trop souvent l'esprit de parti, le
« désir d'y introduire une politique funeste et
« une solidarité fâcheuse, ont inspiré ces choix
« aux différents ministres.

« Je sais qu'en matière criminelle on aurait
« voulu des juges pour opprimer, et en ma-
« tière civile des juges disposés à consommer
« la ruine du parti contraire.

« Je n'ignore pas non plus qu'à chaque mu-
« tation de gouvernement on a voulu s'emparer
« du pouvoir judiciaire pour le faire servir à
« l'intérêt d'un parti. Sans doute le mouve-
« ment qui s'opère aujourd'hui n'a pas ce ca-
« ractère. Il a, au contraire, quelque chose d'im-
« muable; car nous ne voulons pas refaire la
« société, mais seulement faire cesser une
« perturbation violente, et en prévenir le re-
« tour pour l'avenir.

« Je ne prétends pas que nous dussions
« nous abstenir d'y porter la main, si la ma-
« gistrature recélait dans son sein un principe
« de tyrannie, car la nécessité devient la loi
« suprême. Mais remarquez, au contraire, quelle
« force vous vous donnez en maintenant l'or-

« ganisation judiciaire, même malgré ses vices!

« C'est sur le parquet, qui est amovible, que
« doivent porter les réformes. Qu'on y fasse
« entrer les talents qui étaient restés dans l'ou-
« bli, ou bien qu'on avait redoutés et écartés
« d'une carrière qui devait être ouverte à toutes
« les capacités du barreau. S'il y a des places
« vacantes parmi les juges, remplissez-les con-
« venablement.

« Sous l'ancien ministère, la magistrature a
« donné de nobles exemples. Souvent nous
« avons eu l'occasion de louer ses arrêts. Dans
« le temple de la Justice il y a quelque chose
« de magique qui se communique à toutes les
« consciences. L'obligation d'opiner à haute
« voix, la vertu d'un collègue qui fait trembler
« le vice, voilà les éléments de la justice.

« Vous ne voulez pas attacher au mouve-
« ment que vous imprimez et que vous régu-
« larisez un caractère odieux qui ressemble
« à une réaction.

« Il y a perturbation, mais de qui est-elle
« venue? du pouvoir. Nous l'avions prévue
« d'avance. Le gouvernement peut être sédi-
« tieux comme les particuliers. Il a conspiré
« contre nos libertés, il a violé ses serments,
« et il en est puni par la perte du pouvoir; de
« même qu'on perd sa liberté quand on en

« abuse. Nous allons fonder un gouvernement
« régulier. Maintenons ce qui existe et qui
« est organisé ; songeons qu'il faut marcher à
« l'avenir. Si vous avez porté la main sur la
« pairie, c'est que vous y avez été forcés par
« la loi d'une impérieuse nécessité. Vous avez
« dû déclarer une partie de la pairie déchue ;
« car, si vous l'aviez laissée dans le gouverne-
« ment, vous auriez rendu sa marche impossi-
« ble. Il n'en est pas de même de la magistra-
« ture. Comptez sur l'atmosphère qui environne
« les juges ; et, s'il s'est trouvé des hommes
« assez lâches pour faire le mal parce qu'on le
« leur commandait, croyez que, dans un autre
« ordre de choses, ils sauront, à plus forte rai-
« son, faire le bien. (*Bravo ! bravo !*) »

« Je suis convaincu que Dupin était de bonne foi dans le langage qu'il tenait ; mais son erreur n'en a été que plus préjudiciable. Une opinion consciencieuse, même erronée, est bien plus communicative qu'une opinion fondée sur un calcul politique ; et c'est ce qui explique le succès de Dupin en cette circonstance.

M. Eusèbe Salverte. « L'honorable préopi-
« nant est allé au-devant d'une objection que
« je voulais faire. Depuis quelques années les
« nominations, dans la magistrature, ont été

« faites pour mettre la justice entre les mains
« du pouvoir; et, pour seconder cette conspi-
« ration flagrante qui ne date pas seulement du
« dernier ministère, tous les actes du ministère
« Peyronnet et Villèle appartiennent à cette
« conspiration. Si vous avez pu frapper soixante-
« seize pairs, et même davantage, ceux dont la
« nomination remonte bien avant le ministère
« Polignac, vous pouvez frapper pour arriver
« au même but les nominations faites dans les
« tribunaux.

« Nous avons vu des journalistes condamnés
« pour avoir publié les manifestes des associa-
« tions qui se formaient, et dont le but était
« de refuser l'impôt dans le cas où il eût été
« voté illégalement. On les a condamnés comme
« calomniateurs des ministres. Je vous demande
« s'ils calomniaient. (*On rit.*) En même temps
« on appliquait des condamnations dérisoires
« à ceux qui faisaient bien mieux que d'attri-
« buer aux ministres ce projet. Tous les tribu-
« naux avaient été souillés dans le but d'arri-
« ver à des mesures contre-révolutionnaires,
« et de rendre toute résistance impossible.

« L'objection la plus forte est de dire qu'il y
« a des hommes honorables; mais, s'il y a des
« hommes honorables, on les maintiendra dans
« la nouvelle organisation. Il est très-aisé de

« faire cette opération sans nuire au cours de
« la justice, d'autant mieux que nous touchons
« aux vacances. Je persiste dans mon amende-
« ment, qui a pour objet de compléter la me-
« sure que vous venez de prendre relative-
« ment à la pairie. »

M. VILLEMAIN. « J'essaie d'ajouter quelque
« chose aux considérations qu'a présentées l'é-
« loquent défenseur de la dignité des tribu-
« naux; je parle de la dignité des tribunaux
« en thèse générale; elle se lie à leur inamo-
« vibilité. Si cette inamovibilité doit être en ce
« moment acquise et maintenue par une es-
« pèce d'effort sur nos propres impressions,
« elle n'en vaudra que mieux; le principe sor-
« tira de cette épreuve plus fortement consa-
« cré. En 1815, des voix que je ne prétends
« pas accuser aujourd'hui réclamèrent un re-
« tard à l'institution royale de la magistrature
« déja trop décimée; elles demandèrent que
« pendant une année toutes les positions judi-
« ciaires fussent incertaines, pour favoriser
« par là une immense épuration. Alors des voix
« indépendantes s'élevèrent. Que disaient-elles ?
« Elles disaient: « Considérez les choix en grand,
« à la fois dans le présent et dans l'avenir; ne
« vous arrêtez pas à tel nom qui déplaît, à tels
« souvenirs qui blessent; envisagez le grand

« principe de l'inamovibilité dans l'influence
« qu'il exerce sur les esprits; l'inamovibilité
« rend excellents des choix médiocres. » Eh
« bien! Messieurs, c'est la doctrine que nous
« défendons aujourd'hui. A cette époque,
« comme aujourd'hui, j'aurais réclamé la con-
« sécration du principe de l'inamovibilité ju-
« diciaire. Mais dans la situation présente je
« trouve de nouveaux arguments pour fortifier
« ce principe. Les tribunaux désormais seront
« exclusivement chargés des intérêts privés,
« des intérêts civils; ils sont étrangers à la po-
« litique; du moins ils doivent l'être, surtout
« quand vous aurez déclaré, par plusieurs dis-
« positions qui feront l'objet de votre examen,
« que les délits politiques et toutes les affaires
« de la presse, c'est-à-dire ce qu'il y a d'émi-
« nemment politique dans les attributions ac-
« tuelles des tribunaux, leur sera enlevé pour
« être irrévocablement attribué au jury.

« J'ajouterai que ce principe de l'inamovi-
« bilité, que je loue dans le passé et que je ré-
« clame dans l'avenir, a déjà porté d'heureux
« fruits; en effet, s'il y a eu quelques juge-
« ments qui ont fait justement éprouver une
« indignation que je partage, d'un autre côté,
« le principe de l'inamovibilité a élevé et af-
« franchi les juges, malgré l'intrusion trop fré-

« quente de choix arbitraires et fâcheux. N'a-
« vez-vous pas vu des cours royales déclarer
« que supposer possible la violation des lois,
« c'était supposer une chose monstrueuse,
« et par cette forme judiciaire frapper d'avance
« d'anathème les coups d'état qu'on prévoyait?
« Si les tribunaux n'avaient été que des com-
« missions provisoires, ils n'auraient pas mon-
« tré cette salutaire fermeté. En Angleterre, ce
« sont les tribunaux qui ont résisté, qui ont
« refusé les taxes arbitraires à Cromwell, comme
« à Charles II. C'est en eux qu'on a trouvé le
« principe de résister à l'injustice, de quelque
« part qu'elle vienne.

« Ne décidez pas à l'instant cette grande,
« cette immense question de l'inamovibilité ju-
« diciaire, que je ne puis, avec mon inexpé-
« rience, aborder sans frémir, que je n'oserais
« pas juger en ce moment sans frissonner de
« tout mon corps. Ne proclamons pas qu'en
« un seul jour, en une heure, ce grand prin-
« cipe a été détruit. » (*Vive adhésion.*)

M. Mauguin. « Quand vous vous occupez
« de choses aussi graves, ce n'est pas par des
« motifs de sentiment que vous devez décider.»
« (M. Villemain. « Ce sont des raisons de jus-
« tice. ») Vous devez vous mettre, Messieurs, à
« la hauteur de votre mission. Vous organisez un

« état; car il ne faut pas vous tromper sur ce
« que vous faites. Vous êtes maintenant le pro-
« duit d'une révolution, et vous la consacrez.
« Quel est le premier principe qui doit vous
« guider? Lorsque vous partez d'un principe,
« il faut le suivre dans toutes ses conséquences.
« Or le principe d'après lequel vous agissez,
« c'est la souveraineté nationale, c'est la cou-
« ronne déléguée par le pays à un Prince di-
« gne de la porter. Il y a quinze jours, vous
« étiez sous le principe de la légitimité du droit
« divin. Combien votre position est changée!
« Que devez-vous faire? Vous devez tout or-
« ganiser, en partant du principe de la souve-
« raineté nationale; et, dans l'intérêt même de
« ce que vous faites, vous devez partout lui
« chercher des appuis. Quand vous placez ce
« principe à la sommité nationale, laisserez-
« vous des ennemis secrets qui ne chercheront
« qu'à vous entraver, qu'à vous opposer des
« résistances qui peuvent être dangereuses?
« Pensez-vous que les corps constitués sous
« l'empire du droit divin et de la congréga-
« tion vont vous aider à soutenir le principe
« de la souveraineté nationale? Ce serait ne
« pas connaître les hommes. Non, ceux qui
« ont reçu des fonctions sous un système les
« exerceront conformément à ce système. De là

« ce principe, applicable dans tous les temps,
« que, lorsqu'une révolution s'accomplit, il
« faut qu'elle descende dans toutes les parties
« inférieures. (*Murmures.*)

« Je dis que, si vous voulez établir un gou-
« vernement solide, il faut que partout vous
« trouviez des appuis; partout il faut faire ces-
« ser la résistance. Dans l'ordre administratif
« vous mettrez des gens du nouveau pouvoir.
« Mais l'autorité judiciaire est, dites-vous, pla-
« cée sous l'abri de l'inamovibilité. Quel est
« donc le principe de l'inamovibilité ? la cer-
« titude pour le juge de rester en fonctions
« tant que le gouvernement qui l'a institué
« subsistera; mais il n'y en a plus dès que le
« gouvernement est renversé. Un gouverne-
« ment renversé ne peut promettre l'effet du
« gouvernement qui renverse, il ne peut don-
« ner l'inamovibilité pour un autre ordre de
« choses. La Charte qui, sous Louis XVIII et
« Charles X, rendait les juges inamovibles est
« renversée. (*Réclamations animées au centre.*)

« Ne nous querellons pas sur les mots. Quand
« vous venez de faire un acte tout nouveau,
« irez-vous dire que c'est encore la Charte ? Il
« y a tant de différences essentielles que vous
« ne pouvez prendre l'une pour l'autre!

« Je le répète donc, quand vous réorganisez,

« réorganisez partout. Le principe de l'inamo-
« vibilité tombe avec le gouvernement qui l'a
« institué. Ainsi Louis XVIII, revenant en
« France en 1815, changea tous les magistrats. »

« *Voix à droite*. Non ! non ! »

« *Voix à gauche*. C'est un fait. Tous furent renvoyés ! »

M. Mauguin. « En 1814, il y avait des juges
« nommés pour un temps déterminé; en 1815,
« on refusa l'institution royale à un grand nom-
« bre de ces juges, qui par là même perdirent
« leurs fonctions. On fit alors précisément ce
« que je propose de faire.

« Nous ne voulons pas de réactions, dites-
« vous; mais ont-ils tenu ce langage ? Mainte-
« nant, qu'avez-vous à faire ? à vous remettre
« de la réaction dont vous avez été les victimes.
« Quoi ! vous avez vu placer partout les enne-
« mis de vos principes, les partisans d'un sys-
« tème dont les fauteurs ont donné au prince
« des conseils tels qu'il est tombé lui-même avec
« eux, et vous voulez conserver ces agents !

« Nous changerons les parquets ! à la bonne
« heure; mais c'est la magistrature assise qui
« rend les arrêts ! Vous avez pu la juger par un
« arrêt de la cour royale de Caen qui traduisait
« un de nos collègues pour n'avoir pas prêté
« un serment illégal. Son influence se fera sen-

« tir dans une foule de causes politiques; et,
« lorsqu'on vous dit que l'opinion du juge ne
« fait rien à la justice, on prouve seulement
« qu'on n'a pas eu à se plaindre de la justice.
« L'orateur dont je rappelle les paroles est fort
« heureux. Quant à nous, nous savons que
« même dans les intérêts privés, les intérêts
« politiques décident trop souvent de la justice
« d'une cause. (*Murmures à droite.*)

« Je vous en conjure, quand vous réorgani-
« sez, partez du principe que vous réorganisez
« partout. Il faut que la révolution partie du
« sommet redescende jusqu'à la base; sinon
« vous vous donnez chez vous-mêmes des en-
« nemis, vous leur laissez le pouvoir, et vous
« vous exposez à de nouvelles commotions, ou
« du moins à des obstacles. » (*Aux voix! aux voix!*)

M. Madier de Montjau. « Sans le vouloir,
« ce n'est pas seulement l'inamovibilité qu'on
« attaque, c'est aussi la réputation de tous les
« magistrats. (*Vives réclamations à gauche.*) Tout
« comme un autre, plus qu'un autre, j'ai gémi
« des tristes aberrations dans lesquelles sont
« tombés quelques magistrats; mais, je ne crains
« pas de le déclarer, l'immense majorité est
« incapable de se laisser aller à prononcer dans
« des matières civiles sous l'inspiration de leurs

« sentiments politiques. (*C'est vrai! c'est vrai!*)

« On calomnie sans le vouloir par la douleur
« qu'on ressent encore de quelques arrêts.

« Vous avez dit : « Si l'on veut être fort, il faut
« que la révolution, partie d'en haut, descende
« jusqu'à la base; « c'est-à-dire que tout le monde
« doit être ébranlé dans son existence et dans
« son état. (*Rumeurs à gauche.*) C'est ainsi que
« le comprendront tous les magistrats de France.
« Je vous dirai, au contraire : « Voulez-vous être
« forts? soyez généreux. » (*Rires à gauche, bruit
« prolongé.*) Si vous n'avez pas la bonté de m'é-
« couter en silence, je serai bientôt hors d'état
« de me faire entendre.

« Voulez-vous être forts? soyez généreux.
« Voyez-en les effets admirables, dont l'histoire
« d'aucun peuple n'offre d'exemple. Un grand
« nombre de nos collègues, accablés par les
« événements, n'en sont pas moins venus
« dans cette enceinte pour être témoins de ce
« qui pourrait s'y passer, pour prendre part à
« vos délibérations. Eh bien! vaincus par notre
« longanimité, on les voit prêter la sanction de
« leur vote à des mesures si éminemment utiles,
« et prouver la liberté de nos délibérations par
« leur vive opposition : c'est un spectacle non
« moins admirable que celui qu'a offert la ville
« de Paris. (*Bruits en sens divers; interrup-
« tion.*)

« Vous ne me comprenez pas. Je dis que le
« spectacle que nous avons tous offert dans
« cette circonstance, notre respect pour des
« opinions qui ne sont pas les nôtres, est une
« chose aussi admirable que l'héroïsme des
« habitants de Paris. Voilà ce que je voulais
« dire.

« Notre condition sera sans doute plus
« laborieuse avec des collègues, avec des ma-
« gistrats tels que ceux qu'on a signalés;
« mais la révolution la plus complète ne
« la rendrait que plus pénible. Un homme en-
« tré en France il y a quinze ans avait dit (et
« sans doute il le pensait): Il n'y a qu'un Fran-
« çais de plus. Il se trompait, il n'y avait parmi
« nous qu'un insensé de plus. Le Français, nous
« l'avons trouvé, et tous nos maux vont être
« réparés. Vous avez fait de grands change-
« ments à la Charte; mais je vous conjure de
« ne pas porter atteinte à l'inamovibilité: vous
« renverserez la société dans ses fondements. »
(*Dénégations à gauche.*)

M. LE VICE-PRÉSIDENT. « La Chambre a à
« délibérer sur deux propositions : celle de
« MM. Mauguin et de Brigode et celle de M. Sal-
« verte.

« La proposition de M. Mauguin est ainsi
« conçue :

« Les magistrats actuels cesseront leurs fonc-
« tions dans le délai de six mois, s'ils ne reçoi-
« vent d'ici là une nouvelle institution. »

Voix au centre. « Je demande la question
« préalable. » (*Voix à droite :* « Appuyé! »)

(La proposition mise aux voix est rejetée à
une grande majorité.)

M. LE VICE-PRÉSIDENT. « Voici la proposition
« de M. E. Salverte. »

« Les juges nommés sous le règne de Char-
« les X seront soumis à une nouvelle insti-
« tution. »

« Dans cette partie de la discussion qui a eu
un résultat si déplorable, et dont la France
souffrira si long-temps, Salverte a été ce qu'il
est toujours, plein de raison, de logique et de
patriotisme. Mauguin a également professé
les vrais principes de la révolution; aussi a-t-il
donné lieu plusieurs fois aux murmures du
centre. Quant à Villemain, il s'est montré docile
instrument des volontés ministérielles. Madier
de Montjau, parlant pour la première fois, exci-
tait vivement la curiosité de la Chambre, et
m'inspirait le plus vif intérêt. Je le connaissais
depuis long-temps, et je l'avais reçu à Paris
lors des honorables circonstances dans lesquelles, pour avoir publiquement dénoncé les
crimes des assassins politiques de Nîmes, des

Trestaillons et consorts, il avait été traduit devant la cour de cassation et admonesté par elle. Depuis je l'avais vu souvent à Nîmes, où je l'avais trouvé constamment animé d'un ardent amour de la patrie, et d'une haine vigoureuse contre ses oppresseurs. Je m'attendais à le voir ce qu'il avait été toujours à mes yeux, intrépide défenseur de nos libertés et fonctionnaire indépendant du pouvoir. Je le croyais aussi destiné à jouer un rôle important à la tribune et à remplacer en quelque sorte Manuel. Que d'illusions m'ont été ravies en un jour!

M. LE VICE-PRÉSIDENT. « Maintenant vous « allez passer au troisième chapitre. La Cham- « bre des députés déclare : 3º qu'il est néces- « saire de pourvoir successivement, par des « lois séparées et dans le plus court délai pos- « sible, aux objets qui suivent, etc. »

« Après ces mots du 5ᵉ paragraphe : *l'appli-* « *cation du jury aux délits de la presse*, M. de « Podenas propose d'ajouter ceux-ci : *et aux* « *délits politiques.* »

M. DE PODENAS. « Les bons esprits sont au- « jourd'hui d'accord que le pays doit interve- « nir dans toutes les affaires qui l'intéressent « directement. Rien ne l'intéresse plus éminem- « ment que sa politique. C'est l'opinion publi-

« que qui seule en apprécie les écarts, en pèse
« les avantages. C'est donc elle seule qui doit
« intervenir par son organe naturel, le jury,
« dans le jugement des délits qui se réfèrent
« aux matières politiques. On a remarqué trop
« souvent la funeste tendance de certains tri-
« bunaux à seconder aveuglément les caprices
« du pouvoir qui vient de s'écrouler; il ne faut
« pas que de tels abus puissent se reproduire.
« L'application du jury aux délits politiques
« en sera la plus solide garantie. Par-là cette
« institution, déjà en vigueur pour le jugement
« des crimes autres que ceux de la compé-
« tence de la cour des pairs, étendue par le
« projet de votre commission aux délits de la
« presse, acquerra son entier développement et
« rassurera les citoyens sur la jouissance libre
« et paisible de tous leurs droits consacrés par
« le pacte fondamental.

« Dans ce but, je vous propose, sur le n° 1er
« du 3e paragraphe du titre intitulé Dispo-
« sitions particulières, d'ajouter à l'application
« du jury aux délits de la presse, proposée
« par votre commission, son application aux
« délits politiques. » (*Appuyé !*)

M. Voisin de Gartempe. « Il n'y a de délits
« politiques que les délits de la presse. »

M. de Podenas. « N'y a-t-il pas les délits d'in-

« jures, d'outrages, les cris séditieux, jugés par
« les tribunaux correctionnels? Ils le sont en
« vertu du code pénal.... » (Le bruit qui règne dans la salle nous empêche de recueillir les paroles de l'orateur; nous comprenons seulement qu'il cite plusieurs textes de lois, et s'attache à prouver qu'il est facile de distinguer les délits politiques des délits ordinaires.)

« L'amendement et l'article amendé sont
« adoptés.

« N° 2. (Adopté.)

« N° 3. Réélection des députés promus à des
« fonctions publiques. »

« M. Méchin propose d'ajouter : *salariées.* »
(Adopté.)

« N°s 4 et 5. (Adoptés.)

« N° 6. Des dispositions assurant d'une ma-
« nière légale l'état des officiers de tous grades. »

« M. de Tracy propose d'ajouter: de terre et
« de mer. » (Adopté.)

« N°s 7, 8 et 9. (Adoptés.)

M. LE VICE-PRÉSIDENT. « On a proposé plu-
« sieurs articles additionnels. »

M. VIENNET. « En voici un qui se rattache
« au dernier numéro adopté.

« Par les différentes annulations que vous
« avez prononcées, et que vous pouvez pro-

« noncer encore, de députés élus par des col-
« léges de département, il y aura des réélec-
« tions à faire; je ne sais si vous entendez
« qu'elles auront lieu conformément aux lois
« existantes. »

Voix nombreuses. « Non! non! »

M. Viennet. « En ce cas, je propose à la suite
« de l'article 9 d'ajouter : « Toutefois, en cas de
« réélection d'un député de département avant
« la promulgation d'une nouvelle loi, tous les
« électeurs de ce département seront appelés
« à y concourir. » *(Réclamations au centre.)*

M. Dupin aîné. « Je dois faire remarquer à
« la Chambre qu'en revêtant l'acte *additionnel*
« on n'a fait de modifications que celles qu'un
« consentement unanime avait d'avance signa-
« lées; ce qui était susceptible de controverse,
« et qui demandait une mûre réflexion, on l'a
« renvoyé aux lois à faire. En indiquant ces
« lois, on s'est borné au titre; mais si chacun
« voulait voir dans la proposition l'exposé de
« la loi entière, on n'en finirait pas. Il est bien
« entendu au reste que ces lois seront faites
« dans le sens du mouvement qui nous anime
« aujourd'hui. Vous-mêmes ferez ces lois, et
« vous les pénétrerez du sentiment que vous
« y désirez. »

M. Viennet. « Avant de présenter mon amen-

« dement, je vous ai demandé si vous entendiez
« faire les réélections conformément aux lois
« existantes, et vous m'avez répondu : Non.
« (*Si ! si !*) Il fallait bien prévoir ce cas. » (*C'est inutile.*)

M. LE VICE-PRÉSIDENT. « Voici d'autres arti-
« cles additionnels :

« Prohiber à l'avenir la constitution des ma-
« jorats, et limiter aux droits acquis l'effet des
« majorats existants. »

« Pourvoir dans toute la France à l'établisse-
« ment de l'instruction primaire gratuite. »

« Déclarer que toutes les lois et ordonnan-
« ces contraires à la réforme de la Charte sont
« dès ce moment abrogées et abolies. »

M. DE RAMBUTEAU. « L'initiative accordée
« aux Chambres rend inutiles ces demandes
« d'améliorations de détail que les orateurs
« pourront toujours proposer aux Chambres. »

M. DE SALVERTE. « Vous avez adopté plusieurs
« articles moins fondamentaux que celui que
« je présente, comme devant servir de base à
« des lois réclamées par les intérêts publics.
« Les majorats ne sont en réalité que des sub-
« stitutions, et les substitutions ayant pour ré-
« sultat de priver les créanciers de leur gage,
« sont contraires à la morale; elles sont con-
« traires à l'un des éléments de la liberté chez

« un peuple agricole, la division de la pro-
« priété. C'est donc avec quelque raison que
« je mets les majorats au nombre des articles
« sur lesquels la Chambre reconnaît qu'il est
« nécessaire de pourvoir par une loi. » (*Appuyé ! appuyé !*)

M. DE RAMBUTEAU. « Il faudra bien qu'il y
« ait des majorats, puisque vous conservez la
« pairie. »

M. SALVERTE. « Il n'est pas sûr qu'elle soit
« héréditaire. »

« (Au moment où M. le Vice-Président va mettre aux voix la première addition de M. Salverte, il s'élève des murmures d'impatience qui déterminent l'honorable membre à renvoyer à un autre temps sa proposition.) »

M. GAÉTAN DE LAROCHEFOUCAULD. « La 2e ad-
« dition rentre évidemment dans l'article 8. »

« M. Berryer sous-amende la 3e addition, en proposant l'abrogation des lois et ordonnances : « En ce qu'elles ont de contraire à la ré-
« forme de la Charte. » (Adopté.)

« M. de Corcelles propose cet autre article additionnel : « Déclarer que tous les décrets de
« l'empire, ordonnances royales, de police et
« municipales, contraires aux lois constitution-
« nelles, sont abrogés. »

Voix à droite. « Ils le sont de droit. »

Voix à gauche. « On les invoque sans cesse. »

« M. de Podenas propose un article addition-
« nel, portant : « S'occuper dans le plus bref dé-
« lai possible d'une loi de procédure pour la
« Cour des pairs et la Chambre des députés
« en matière criminelle. » (*Mouvement d'impatience au centre.*)

M. DE PODENAS. « Puisqu'on doit s'occuper
« prochainement d'une loi sur la responsabilité
« des ministres, celle sur la procédure y ren-
« trera nécessairement, et je retire en consé-
« quence ma proposition. »

M. LE VICE-PRÉSIDENT. « La troisième partie
« de la proposition de M. Bérard se termine
« ainsi : « Moyennant l'acceptation de ces dis-
« positions, etc. »

M. FLEURY DE L'ORNE. « Messieurs, si je ne
« consultais que mes forces, je n'aurais pas
« monté à cette tribune.

« Mais je suis mû puissamment par l'amour
« de mon pays; et, d'après les explications
« qu'a fournies la discussion, je ne balance pas
« à parler aussi.

« Les motifs d'urgence ont toujours été des
« motifs mis en avant dans les circonstances
« les plus difficiles de notre révolution. Au-
« jourd'hui, Messieurs, en nous résumant, les
« événements qui se sont passés ont ramené

« les choses au point de l'abdication de Charles X
« et de son fils.

« Il y a nomination d'un Lieutenant-général
« d'abord par les Députés de la France et par
« les Princes qui ont abdiqué; des deux côtés
« le duc d'Orléans est investi de la Lieutenance-
« générale.

« Tout se trouve donc aujourd'hui rassuré,
« comme par enchantement, de ce qu'il n'y a
« qu'un moment tout était compromis.

« Ainsi donc, point de précipitation, point
« d'allégations possibles d'urgence; suivons,
« Messieurs, la marche tracée par nos intérêts
« intérieurs et extérieurs, par nos intérêts en-
« fin les plus précieux, les plus chers. Ceux
« de la patrie avant tout.

« Qu'on ne m'allègue point qu'il y a péril
« dans la demeure, que l'affection en faveur de
« la famille d'Orléans serait de nature à se re-
« froidir; rien de tout cela; je soutiendrai au
« contraire que l'exercice de la Lieutenance-
« générale ne fera que l'accroître tous les jours
« jusqu'à l'enthousiasme.

« Modifions la Charte, perfectionnons nos
« institutions, votons les impôts, faisons en
« un mot tout ce qu'il faut pour que l'admi-
« nistration marche et marche bien. Tout est
« bien, tout est au mieux; mais, pour décider

« une question si importante que l'érection
« d'un Roi, que le Lieutenant-général convo-
« que de suite ou dans quelque temps, suivant
« qu'il le jugera à propos, les colléges électo-
« raux pour envoyer un député ayant mandat
« *ad hoc* pour une circonstance si importante.

« Je crois, Messieurs, qu'en consultant ainsi
« vos commettants, vous aurez satisfait à un
« devoir rigoureux, vous vous serez assuré à
« toujours, en conservant votre estime à vous-
« mêmes, celle de la France et de l'Europe
« entière. »

M. Casimir Périer. « Allons donc. » (*Rumeurs à gauche.*)

« La demande de M. Fleury n'ayant pas de
« suite, M. le Vice-Président met aux voix la
« proposition de M. Bérard.

« Elle est adoptée à une grande majorité.
« Une trentaine de membres de la droite ne
« prennent aucune part à cette délibération.

« Après ces mots : « A prendre le titre de
« Roi des Français, » M. de Corcelles propose
« d'ajouter : « Sauf l'acceptation du peuple. »

« Cet amendement n'est pas appuyé. »

« M. le Vice-Président. « Maintenant je crois
« que la Chambre, comme pour les lois ordi-
« naires, voudra procéder au scrutin secret. »
(*Non! Oui! oui!*)

« M. Jacqueminot commence l'appel nomi-
« nal. »

M. le Vice-Président. « Quand le vote sera
« connu, on propose de porter les proposi-
« tions à S. A. R. le Lieutenant-général du
« royaume, et d'en envoyer une expédition à
« la Chambre des pairs. (*Oui! oui!*) Quelques
« membres pensent qu'il ne faut pas, dans une
« circonstance semblable, se borner à une dé-
« putation ordinaire, et qu'il faut que la Cham-
« bre entière soit de la députation. » (*Oui! oui!*)

M. Labbey de Pompières. « Je demande que
« les membres, à mesure qu'ils déposeront
« leur vote, écrivent leur nom sur un regis-
« tre. » (*Non! non!*)

M. Petou. « J'appuie cette proposition. »

M. Étienne. « Deux commissions se sont
« réunies pour l'examen du projet que nous
« venons d'adopter, je pense qu'il n'y a pas
« d'autre adresse à présenter au Prince. » (*Appuyé.*)

M. Bérard « Je demande la parole pour ap-
« puyer la proposition de M. Labbey de Pom-
« pières. Je pense que toutes les personnes, qui
« voteront dans une circonstance aussi solen-
« nelle, doivent écrire leur nom à côté de leur
« vote. » (*Non! non!.. c'est contraire au règlement.*)

M. Bérard. « Ce que nous venons de faire
« est assurément plus qu'un article de règle-
« ment. Nous sommes hors des circonstances
« ordinaires. »

« J'attachais une grande importance à cette
proposition, et j'aurais vivement desiré qu'elle
fût adoptée. Il me semble qu'en général rien
ne devrait être secret dans les opérations, de
quelque nature qu'elles soient, du gouvernement représentatif. J'ai souvent été tenté de
proposer la publicité des votes dans la
Chambre des députés, ainsi qu'elle existe en
Angleterre dans la Chambre des communes.
La presque certitude d'un insuccès m'a seule
arrêté. J'espère qu'il viendra un moment où il
ne suffira pas qu'une proposition soit favorable à la liberté, pour qu'elle soit en quelque
sorte nécessairement repoussée.

M. Petou. « Je demande seulement qu'on
« écrive les noms des votants à mesure qu'ils
« se présenteront à la tribune. » (Non! non!)

« La proposition de M. Labbey de Pom-
« pières est rejetée.

« La Chambre adopte celle de M. Étienne.

« L'appel nominal presque terminé, M. Du-
« pin aîné se présente à la tribune.

M. Dupin. « Déja nous avons tous un ruban
« tricolore à notre boutonnière; déja la garde

« nationale et toute la France ont pris ces cou-
« leurs; déja une ordonnance du Prince Lieu-
« tenant-général du royaume a déclaré qu'il
« n'en serait point porté d'autres; mais il est
« nécessaire de faire cesser en point de droit
« les dispositions des lois qui fixeraient un autre
« mode de ralliement. Je propose donc l'article
« additionnel suivant :

« La France reprend ses couleurs : à l'ave-
« nir il ne sera plus porté d'autre cocarde que
« la cocarde tricolore. »

Cette proposition est adoptée par acclamation.

« Voici quel a été le résultat du scrutin :
« Nombre des votants..... 252.
« Boules blanches......... 219.
« Boules noires........... 33.
« La Chambre a adopté. »

« Pendant qu'on votait au scrutin secret sur cet acte important, comme s'il se fût agi de la loi la plus ordinaire, je sortis un moment de la Chambre, et trouvai dans la salle des pas perdus MM. de Marbois, Seguier et de Bastard, tous trois pairs de France, qui, me félicitant sur ce que je venais de faire, me dirent : « Vous avez sauvé la pairie, en fai-
« sant ajourner la discussion qui la concerne.
« —Je le crois, leur répondis-je; mais à présent
« c'est à elle à se sauver elle-même. »

« Indépendamment des députés qui déclarèrent hautement ne pas vouloir participer à la proclamation de la royauté nouvelle, quelques-uns s'abstinrent timidement et en secret. Parmi ces derniers, il en est qu'il a déjà été plusieurs fois question d'appeler au ministère, ou dont on a fait des pairs de France.

« Le scrutin terminé, et son résultat proclamé, le Président nous proposa, non d'envoyer une députation, mais de nous rendre en masse au Palais-Royal, afin d'y porter nous-mêmes au duc d'Orléans l'acte par lequel nous venions d'en faire un Roi; cette proposition fut adoptée avec empressement, et mise immédiatement à exécution.

« Au moment où nous partions, je me trouvai à côté de M. de Martignac, à qui je demandai s'il nous accompagnait. « Je ne puis
« m'y résoudre, me dit-il, mes douleurs sont
« encore trop saignantes. » Deux ou trois jours après les journaux annonçaient qu'il avait demandé et obtenu une audience du Roi.

« Nous arrivâmes au Palais-Royal un peu avant cinq heures. Tout ce qui environnait le duc d'Orléans nous reçut avec une joie que l'on peut aisément s'expliquer. Le Prince était dans un vaste salon entouré de sa famille entière. Le long avenir que semblait dérouler devant nous un si grand nombre d'enfants ajoutait encore à la satisfaction que nous faisait éprouver notre ouvrage. Il nous semblait que nous avions établi la tranquillité du pays sur une base éternelle et inébranlable.

« Laffitte lut à haute voix le nouveau pacte social que nous venions de donner à la France, dans les termes suivants :

« La Chambre des députés, prenant en con-
« sidération l'impérieuse nécessité qui résulte
« des événements des 26, 27, 28, 29 juillet der-
« nier, et jours suivants, et de la situation gé-
« nérale où la France s'est trouvée placée à la
« suite de la violation de la Charte constitu-
« tionnelle ;

« Considérant en outre que par suite de
« cette violation et de la résistance héroïque des
« citoyens de Paris, S. M. Charles X, S. A. R.
« Louis-Antoine, dauphin, et tous les membres
« de la branche aînée de la maison royale sor-
« tent en ce moment du territoire français ;

« Déclare que le trône est vacant en fait et en
« droit et qu'il est indispensable d'y pourvoir.

« La Chambre des députés déclare, seconde-
« ment, que, selon le vœu et dans l'intérêt du
« peuple français, le préambule de la Charte con-
« stitutionnelle est supprimé, comme blessant
« la dignité nationale, en paraissant octroyer aux

« Français des droits qui leur appartiennent es-
« sentiellement, et que les articles suivants de la
« même Charte doivent être supprimés ou mo-
« difiés de la manière qui va être indiquée :

« Art. 6. (Supprimé.)

« Art. 7. Les ministres de la religion catho-
« lique, apostolique et romaine, professée par
« la majorité des Français, et ceux des autres
« cultes chrétiens reçoivent des traitements du
« trésor public.

« Art. 8. Les Français ont le droit de publier
« et de faire imprimer leurs opinions, en se
« conformant aux lois.

« La censure ne pourra jamais être rétablie.

« Art. 14. Le Roi est le chef suprême de l'é-
« tat, il commande les forces de terre et de
« mer, déclare la guerre, fait des traités de paix,
« d'alliance et de commerce, nomme à tous les
« emplois d'administration publique et fait les
« règlements et ordonnances nécessaires pour
« l'exécution des lois, sans pouvoir jamais ni
« suspendre les lois elles-mêmes, ni dispenser
« de leur exécution.

« Toutefois aucune troupe étrangère ne
« pourra être admise au service de l'état qu'en
« vertu d'une loi.

« Art. 15. Suppression des mots *des dépar-*
« *tements*.

« Art. 16 et 17. La proposition des lois ap-
« partient au Roi, à la Chambre des pairs et
« à la Chambre des députés.

« Néanmoins toute loi d'impôt doit être d'a-
« bord votée par la Chambre des députés.

« Art. 19, 20 et 21. Supprimés. Remplacés
« par la disposition suivante :

« Si une proposition de loi a été rejetée par
« l'un des trois pouvoirs, elle ne pourra être
« représentée dans la même session.

« Art. 26. Toute assemblée de la Chambre
« des pairs tenue hors du temps de la session de
« la Chambre des députés est illicite et nulle de
« plein droit, sauf le seul cas où elle est réunie
« comme cour de justice, et alors elle ne peut
« exercer que des fonctions judiciaires.

« Art. 30. Les princes du sang sont pairs
« par droit de naissance; ils siégent immédia-
« tement après le Président.

« Art. 31. (Supprimé.)

« Art. 32. Les séances de la Chambre des
« pairs sont publiques comme celles de la
« Chambre des députés.

« Art. 36. (Supprimé.)

« Art. 37. Les députés sont élus pour cinq
« ans.

« Art. 38. Aucun député ne peut être ad-
« mis dans la Chambre s'il n'est âgé de trente

« ans, et s'il ne réunit les autres conditions
« déterminées par la loi.

« Art. 39. Si néanmoins il ne se trouvait pas
« dans le département cinquante personnes de
« l'âge indiqué, payant le cens de l'éligibilité
« déterminé par la loi, leur nombre sera com-
« plété par les plus imposés au-dessous du taux
« de ce cens, et ceux-ci pourront être élus con-
« curremment avec les premiers.

« Art. 40. Nul n'est électeur s'il a moins de
« vingt-cinq ans, et s'il ne réunit les autres
« conditions déterminées par la loi.

« Art. 41. Les Présidents des colléges élec-
« toraux sont nommés par les électeurs.

« Art. 43. Le Président de la Chambre des
« députés est nommé par elle à l'ouverture de
« chaque session.

« Art. 46 et 47. (Supprimés en conséquence
« de l'initiative.)

« Art. 56. (Supprimé.)

« Art. 63. Il ne pourra, en conséquence, être
« créé de commissions et de tribunaux ex-
« traordinaires, à quelque titre et sous quel-
« que dénomination que ce puisse être.

« Art. 73. Les colonies sont régies par des
« lois particulières.

Art. 74. Le Roi et ses successeurs jureront
« à leur avénement, en présence des Chambres

« réunies, d'observer fidèlement la Charte con-
« stitutionnelle.

« Art. 75. La présente Charte et tous les
« droits qu'elle consacre demeurent confiés au
« patriotisme et au courage des gardes natio-
« nales et de tous les citoyens français.

« Art. 76. La France reprend ses couleurs.
« A l'avenir il ne sera plus porté d'autre cocarde
« que la cocarde tricolore.

« Art. 75 et 76. (Supprimés.)

DISPOSITIONS PARTICULIÈRES.

« Toutes les nominations et créations nou-
« velles de pairs, faites sous le règne du Roi
« Charles X, sont déclarées nulles et non ave-
« nues.

« L'article 27 de la Charte sera soumis à un
« nouvel examen dans la session de 1831.

« La Chambre des députés déclare, troisiè-
« mement, qu'il est nécessaire de pourvoir suc-
« cessivement, par des lois séparées, et dans le
« plus court délai possible, aux objets qui sui-
« vent :

« 1° L'application du jury aux délits de la
« presse et aux délits politiques;

« 2° La responsabilité des ministres et des
« autres agents du pouvoir;

« 3° La réélection des députés promus à
« des fonctions publiques salariées;

« 4° Le vote annuel du contingent de l'ar-
« mée;

« 5° L'organisation de la garde nationale,
« avec intervention des gardes nationaux dans
« le choix de leurs officiers;

« 6° Des dispositions qui assurent d'une
« manière légale l'état des officiers de tout
« grade de terre et de mer;

« 7° Des institutions départementales et
« municipales fondées sur un système électif;

« 8° L'instruction publique et la liberté de
« l'enseignement;

« 9° L'abolition du double vote, et la fixa-
« tion des conditions électorales et de l'éligi-
« bilité;

« 10° Déclare que toutes les lois et ordon-
« nances, en ce qu'elles ont de contraire aux
« dispositions adoptées pour la réforme de la
« Charte, sont dès à présent et demeurent an-
« nulées et abrogées :

« Moyennant l'acceptation de ces disposi-
« tions et propositions, la Chambre des députés
« déclare enfin que l'intérêt universel et pressant
« du peuple français appelle au trône S. A. R.
« Louis-Philippe d'Orléans, duc d'Orléans, Lieu-
« tenant-général du royaume, et ses descen-

« dants à perpétuité, de mâle en mâle, par
« ordre de primogéniture, et à l'exclusion per-
« pétuelle des femmes et de leur descendance.

« En conséquence, S. A. R. Louis-Philippe
« d'Orléans, duc d'Orléans, Lieutenant-géné-
« ral du royaume, sera invité à accepter et à
« jurer les clauses et engagements ci-dessus
« énoncés, l'observation de la Charte constitu-
« tionnelle et des modifications indiquées, et,
« après l'avoir fait devant les Chambres assem-
« blées, à prendre le titre de Roi des Français.

« Délibéré au palais de la Chambre des dé-
« putés, le 7 août 1830.

« Les Président et Secrétaires,

« Laffitte, Vice-Président,

« Jacqueminot, Pavée de Vandoeuvre, Cunin Gridaine, Jars, Secrétaires. »

« Le duc d'Orléans, qui avait écouté cette lecture avec la plus sérieuse attention, répondit aussitôt : « Je reçois avec une profonde
« émotion la déclaration que vous me présen-
« tez ; je la regarde comme l'expression de la
« volonté nationale, et elle me paraît conforme
« aux principes politiques que j'ai professés
« toute ma vie.

« Rempli de souvenirs qui m'avaient tou-
« jours fait désirer de n'être jamais destiné à
« monter sur le trône, exempt d'ambition, et
« habitué à la vie paisible que je menais dans
« ma famille, je ne puis vous cacher tous les
« sentiments qui agitent mon cœur dans cette
« grande conjoncture; mais il en est un qui les
« domine tous, c'est l'amour de mon pays; je
« sens ce qu'il me prescrit, et je le ferai. »

« Cette réponse était parfaitement convenable; elle fut prononcée avec une émotion
réelle, et, en la terminant, le Prince se pré-
cipita dans les bras de Laffitte. L'enthousiasme
était universel. Les cris, encore anticipés, de
*vive le Roi! vive la Reine! vive la Famille
royale!* se firent entendre de toutes parts. Ces
instants d'espoir, peut-être d'illusion, sont au
nombre des plus beaux de ma vie. Le bonheur
de la France me semblait à jamais assuré, et
j'étais assez heureux pour y avoir puissamment concouru. Mon peu de goût pour tout
ce qui ressemble à de l'éclat ne me laissait
pourtant pas insensible à ce qu'il pouvait y
avoir de gloire à trouver mon nom indissolu-
blement lié à de si grands événements.

« Le soir, une illumination spontanée, et la
plus générale que l'on ait jamais vue, inonda
pour ainsi dire la ville de clarté. Des drapeaux,

des emblèmes, des devises exprimaient l'allégresse des citoyens. Toutes les haines semblaient oubliées, toutes les opinions confondues. Ceux qui la veille encore exprimaient leur mécontentement, cédaient à un entraînement irrésistible. Aucune force armée n'était chargée de maintenir l'ordre, et sur aucun point le besoin ne s'en faisait sentir. Pourquoi de tels moments n'ont-ils pas duré toujours?

« A dix heures du soir la Chambre des pairs, qu'on n'avait pas appelée à délibérer sur la nouvelle Charte, et à qui l'on n'avait fait en quelque sorte qu'une simple communication de politesse, mais qui cependant ne voulait pas rester étrangère à ce grand acte politique, vint à son tour au Palais-Royal apporter son adhésion. Pour n'avoir pas été demandée, cette adhésion n'en fut pas moins bien reçue. La Chambre évitait de s'expliquer sur la disposition relative aux pairs du règne de Charles X, et elle déclarait s'en rapporter à cet égard à la haute prudence du Prince Lieutenant-général. Par cela même elle prouvait qu'elle eût dû rester en dehors d'une discussion que la force des choses avait dévolue à la Chambre des députés. S'il en eût été autrement, elle ne fût pas restée indifférente, au moins en apparence, à la mutilation dont elle était l'objet, et il eût été de son devoir d'exprimer une opinion sur ce point. Peut-être y a-t-il eu quelque légèreté à faire une communication qui n'avait pas été délibérée par la Chambre des députés. Si on ne l'eût pas faite, beaucoup d'embarras eussent été évités lors de la discussion définitive des articles relatifs à la pairie.

« Le discours que prononça M. Pasquier, en sa qualité de président de la Chambre des pairs, est adroitement rédigé. Le voici :

« Monseigneur,

« La Chambre des pairs vient présenter à
« Votre Altesse Royale l'acte qui doit assurer
« nos destinées. Vous avez autrefois défendu
« les armes à la main nos libertés encore nou-
« velles et inexpérimentées; aujourd'hui vous
« allez les consacrer par les institutions et les
« lois. Votre haute raison, vos penchants, le
« souvenir de votre vie entière, nous promet-
« tent un Roi citoyen. Cette noble famille que
« nous voyons autour de vous, élevée dans
« l'amour de la patrie, de la justice et de la
« vérité, assurera à nos enfants la paisible jouis-
« sance de cette Charte que vous allez jurer,
« et les bienfaits d'un gouvernement à la fois
« stable et libre. »

« Le duc d'Orléans fit la réponse suivante :

« Messieurs,

« En me présentant cette déclaration vous
« me témoignez une confiance qui me touche
« profondément. Attaché de conviction aux
« principes constitutionnels, je ne désire rien
« tant que la bonne intelligence des deux
« Chambres. Je vous remercie de me donner
« le droit d'y compter. Vous m'imposez une
« grande tâche; je m'efforcerai de m'en mon-
« trer digne. »

« La journée du dimanche 8 août ne fut signalée par aucun événement politique. Tout le monde était dans l'ivresse, et semblait se reposer du grand enfantement qui venait d'avoir lieu. On se préparait d'ailleurs à la fête du lendemain.

« Des députations commençaient aussi à arriver de tous les points où l'on pouvait déja connaître ce que nous avions fait, et elles étaient unanimes dans leur assentiment. Les partisans même du régime déchu, reconnaissant toute l'étendue des fautes commises par leurs chefs, confessaient leur incapacité, convenaient qu'ils avaient mérité leur sort, et se soumettaient sans murmurer au parti qui avait été pris. Ils faisaient plus, ils avouaient que ce parti était le meilleur que l'on pût prendre. Il est vrai qu'un moment ils avaient craint la république, ce qui leur faisait trouver bon d'avoir un Roi, quel qu'il fût. Ils espéraient d'ailleurs rencontrer en lui de la sympathie pour eux, et la suite n'a que trop prouvé qu'ils ne se trompaient pas complétement. Mais ils n'ont pas tardé à se montrer trop exigeants, et ont ainsi forcé d'être sévère à leur égard. Devenus mécontents, ils ont bientôt changé de langage, et conçu de coupables espérances. S'ils avaient été plus adroits ou plus patients, ils auraient facilement atteint leur but, celui d'être les hommes les plus influents de la nouvelle cour; car non-seulement Louis-Philippe tenait beaucoup à les rallier, mais il voyait en eux ses appuis naturels. Le Roi regarde ce qu'il appelle les hautes classes, comme destinées à soutenir son trône, et cette manière de voir a causé la plus grande partie de ses fautes. Il a trop tôt oublié que son trône est un véritable trône populaire, c'est-à-dire un trône établi au nom du peuple et par le peuple, et que le peuple seul peut lui donner de la force et de la durée.

« Notre révolution était un objet d'étonnement et d'admiration pour les peuples étrangers. Plusieurs même étaient tentés de nous suivre dans la carrière que nous venions d'ouvrir. Les souverains éprouvaient une terreur qui eût été salutaire, si on avait su la mettre à profit. Il n'était pas nécessaire de leur faire la guerre, il suffisait de la leur faire craindre, pour nous replacer en Europe dans la situation prépondérante que la restauration nous avait fait perdre. En sachant user des circonstances, nous nous établissions sur un pied tellement respectable, qu'aucun effort n'eût pu nous empêcher de nous y maintenir.

« Quelques mois s'étaient à peine écoulés, et tout ce que cette position avait de force et de grandeur était disparu. Les doctrinaires, en essayant de nous ramener à la Charte de 1814, avaient semé la défiance et amorti l'élan patriotique. Le réseau de la diplomatie nous environnait d'ailleurs de toutes parts, et s'occupait sans cesse à restreindre notre influence extérieure. Au mois d'août 1830, l'Europe tremblait devant nous. Elle eût payé de tous les sacrifices qu'il nous eût plu de lui imposer le repos dont il dépendait de nous de la priver. Aujourd'hui elle nous méprise, elle, nous intime ses ordres, et nous sommes trop heureux de lui obéir. Ne sommes-nous plus Français ?

« Pendant que tout se préparait pour l'avénement d'un nouveau Roi, Charles X poursuivait lentement son voyage, et à peine songeait-on encore à lui. Sa lenteur était calculée; elle avait pour motif l'espoir de voir naître quelques soulèvements en sa faveur. Cet espoir fut complétement trompé, et, si des soulèvements avaient pu avoir lieu, c'était contre le monarque déchu qu'on les aurait dirigés. Lorsqu'il fut convaincu qu'une froide et stérile indifférence était le sentiment le plus favorable qu'il pût espérer des populations qu'il traversait, il se décida, en prenant la poste, à hâter son arrivée à Cherbourg. On évita soigneusement dans ce voyage le séjour ou même la traversée de trop grandes villes. Là l'indignation publique étant plus vivement excitée, on aurait craint de ne pas être suffisamment maître des ressentiments populaires.

« Dans le cours de ce triste voyage, l'ex-famille royale recevait et lisait avec beaucoup d'empressement les journaux de Paris. Je tiens de M. d'André, alors colonel de la gendarmerie des chasses, qui ne quitta son ancien souverain qu'à Cherbourg, que, lorsque le journal où se trouvait ma proposition arriva, la duchesse d'Angoulême, après l'avoir lue à haute voix, ajouta en parlant de moi : « Celui-là du « moins, nous n'avons pas de reproches à lui « faire. Il ne nous a jamais rien demandé, et

« peut-être même a-t-il eu à se plaindre de
« nous. » Elle se trompait, il n'y avait pas plus
d'inimitié que d'intérêt dans la conduite que
je venais de tenir. Si j'avais pu penser que le
maintien de l'ancienne dynastie valait mieux
pour le bonheur du pays que l'établissement
d'une dynastie nouvelle, je n'aurais pas hésité
à en faire la proposition.

« Le même M. d'André me dit que la famille
de Charles X, et ceux qui l'accompagnaient,
étaient convaincus que la révolution qui venait
d'éclater était le résultat d'une vaste conspiration, tramée de longue main, et à la tête de
laquelle était le duc d'Orléans. Cette opinion
ayant été partagée par un grand nombre de
personnes en France, il est convenable de la
détruire. Il se peut qu'il y ait eu, et je suis
même persuadé qu'il y avait beaucoup de gens
qui regardaient comme une chose heureuse
la possibilité de l'avénement du duc d'Orléans
au trône de France; mais j'ai la certitude qu'ils
se bornaient à former des vœux, ou tout au
plus à exprimer des désirs à cet égard. Le duc
d'Orléans, retenu par des liens de famille qu'il
hésitait même à rompre le 31 juillet, lorsque
le peuple avait non seulement prononcé, mais
effectué la déchéance de Charles X, ne les
aurait jamais brisés volontairement. Il n'a pas

d'ailleurs en lui, il faut en convenir, cette décision d'esprit, cette force de volonté qui font concevoir et accomplir de tels desseins; et l'on me démontrerait qu'il existait une conspiration organisée en faveur du duc d'Orléans, que je dirais encore qu'elle a été sans aucune influence sur la révolution de juillet. Le crime d'un gouvernement qui voulait détruire d'un seul coup les libertés qu'il avait juré de respecter, la colère du peuple qui a puni un manque de foi, voilà les causes réelles, immédiates de la révolution. Sans doute il existait, et depuis long-temps, ce que les médecins appellent des prédispositions, mais elles étaient loin d'être suffisantes pour déterminer la crise, et le gouvernement de Charles X ne serait probablement pas au fond de l'abîme s'il ne s'y fût pas lui-même précipité.

« Une seconde semaine s'est à peine écoulée depuis le jour où la révolution a éclaté, et déja l'on peut la regarder comme terminée. Quelles que soient les fautes commises depuis cette époque, lorsque l'impartiale histoire jugera les grands événements dont je viens de raconter une partie, elle trouvera que, s'il y a eu quelque bonheur, il y a eu peut-être aussi quelque habileté à circonscrire dans un aussi court espace les perturbations que pouvaient entraîner avec eux les immenses changements dont nous étions à la fois les acteurs et les témoins.

« Nous allons proclamer le Roi. A dater d'aujourd'hui, nous rentrons dans un ordre de choses légal et régulier. Les dissentiments sont calmés, les haines sont assoupies, et il ne tient qu'à ceux qui vont nous gouverner qu'elles soient tout-à-fait éteintes. Jamais aurore de bonheur ne s'est levée plus brillante sur l'horizon d'un grand peuple. Si des nuages viennent en troubler la sérénité, si plus tard des orages éclatent, c'est aux erreurs, aux fautes, et peut-être même aux crimes de ceux à qui l'on aura confié le pouvoir, qu'il faudra l'attribuer.

« La ville de Paris est à la fois tranquille et animée. Dès le matin chacun semble se préparer pour une fête; et véritablement c'en est une pour la population qu'un événement qui assure sa tranquillité. Le duc d'Orléans ne doit se rendre à la Chambre des députés qu'à deux heures, et avant neuf heures une foule immense en obstrue déjà tous les abords. A midi les personnes assez heureuses pour avoir des billets arrivent, et sont placées dans le petit nombre de tribunes destinées à ce public de choix. Les autres tribunes sont réservées pour la famille du duc d'Orléans, pour le corps diplomatique, et pour quelques autorités. Les dames, qui sont en général fort élégantes, et parmi lesquelles il s'en trouve d'une beauté remarquable, occupent en majorité les tribunes. Les couloirs à droite et à gauche du bureau sont transformés en amphithéâtres, afin de placer quelques personnes de plus.

« Vers une heure les députés commencent à arriver. Labbey de Pompières, Benjamin Constant, Salverte et moi, nous sommes des premiers. Lafayette, Laffitte, Marchal, Audry de Puyraveau, et une foule d'autres membres de l'ancienne opposition, arrivent successivement. Les députés des centres, et surtout ceux de la droite, sont moins zélés. Parmi ces derniers, je suis étonné d'en voir, tels que Pas-de-Beaulieu et d'autres encore, qui me semblaient avoir donné leur démission en refusant de prendre part à nos délibérations. Jacquinot Pampelune, Martignac, Berryer se trouvent dans nos rangs. Il est vrai que la partie droite de la salle a été réservée pour placer les pairs. Les députés sont au nombre d'environ 300.

« Les pairs de France, encore étourdis de leur récente mutilation, sont proportionnellement moins nombreux. J'en compte au moment de l'ouverture de la séance environ 80, en comprenant ceux qui par suite de leurs fonctions se trouvent placés sur les marches du trône. Parmi les pairs présents je remarque MM. d'Alligre, d'Ambrugeac, Belliard, de Broglie, de Castellane, de Castries, Chaptal, Chollet, Claparède, Mollien, Montalivet, Montebello, de Monville, de Pontécoulant, Portal, Portalis, Roy, Saint-Aulaire, Siméon, Soulès, Talleyrand, La Trémouille. Je cherche M. de Chateaubriand sans l'apercevoir. Quelques pairs sont en petit costume. Tous les députés, sans exception, sont en habit de ville.

« La tribune ainsi que les bureaux du président et des secrétaires de la Chambre ont été remplacés par une estrade sur laquelle se trouvent un fauteuil de velours rouge et quelques pliants de la même étoffe. Deux tables, recouvertes aussi de velours rouge, sont à droite et à gauche. Sur l'une on voit une écritoire et des plumes, qui vont servir à signer l'engagement que contracte le duc d'Orléans de rendre la France heureuse. Sur l'autre sont les insignes de la royauté, la couronne, le sceptre, l'épée et la main de justice. Un dais de velours rouge, garni de crépines d'or et surmonté de plumes blanches, s'élève au-dessus de ce trône modeste, que de nombreux drapeaux tricolores ombragent de toutes parts.

« La duchesse d'Orléans entre dans sa tribune avec ses enfants, si brillants de jeunesse et si riches d'avenir. Elle est mise simplement, et paraît profondément émue des vives acclamations dont elle est l'objet.

« Des salves d'artillerie annoncent la prochaine arrivée du Prince, qui doit entrer dans l'enceinte de la Chambre duc d'Orléans, et en sortir Roi. Une députation de vingt membres va le recevoir à la porte du palais de la Chambre. Des airs patriotiques retentissent, et, à l'instant de son entrée, le Prince est accueilli par d'universels cris de *Vive le duc d'Orléans! Vive le Roi!* Il monte sur l'estrade, salue à plusieurs reprises l'assemblée, et s'assied, ainsi que le duc de Chartres, qui est à sa droite, et le duc de Nemours, qui est à sa gauche, sur des pliants placés en avant du trône. Les maréchaux Oudinot, Mortier, Macdonald et Molitor prennent sur la table les insignes qui y ont été déposés. Les ministres, savoir le maréchal Jourdan, commissaire aux affaires étrangères, le général Gérard, de la guerre, Dupont de l'Eure, de la justice, Guizot, de l'intérieur, Bignon, de l'instruction publique, et Louis, des finances, les quatre derniers en habit de ville, se placent des deux côtés du trône. Athalin, Rumigny, Heymès, Dumas, etc., aides-de-camp du Prince, se tiennent debout derrière.

« Je ne puis mieux faire encore que d'emprunter au *Moniteur* le procès-verbal authentique de cette auguste cérémonie. Le voici :

« L'an mil-huit-cent-trente, le 9 août, Mes« sieurs les pairs et Messieurs les députés,
« étant réunis au palais de la Chambre des
« députés, sur la convocation de Monseigneur
« Louis-Philippe d'Orléans, duc d'Orléans,
« Lieutenant-général du royaume; son Altesse
« Royale est entrée suivie de LL. AA. RR. les ducs
« de Chartres et de Nemours, et des officiers
« de sa maison, et s'est rendue à la place qui
« lui était destinée sur l'estrade en avant du
« trône.

« Les pairs et les députés étaient debout et
« découverts. Son Altesse Royale ayant pris
« séance, Monseigneur a dit aux pairs et aux
« députés : Messieurs, asseyez-vous.

« S'adressant ensuite à Monsieur le Président
« de la Chambre des députés, Monseigneur
« lui a dit :

« Monsieur le Président de la Chambre des
« députés, veuillez lire la déclaration de la
« Chambre.

« Monsieur le Président en a donné lecture,
« et l'a portée à son Altesse Royale, qui l'a re-
« mise à M. le Commissaire provisoire chargé
« du département de l'intérieur.

« S'adressant également à M. le Président de
« la Chambre des pairs : M. le Président de la
« Chambre des pairs, veuillez me remettre
« l'acte d'adhésion de la Chambre des pairs.

« Ce que M. le Président a fait, et il a remis
« l'expédition entre les mains de Monseigneur,
« qui en a chargé M. le Commissaire provi-
« soire au département de la justice.

« Alors Monseigneur a lu son acceptation,
« ainsi conçue :

« Messieurs les pairs et Messieurs les dé-
« putés,

« J'ai lu avec une grande attention la dé-
« claration de la Chambre des députés et l'acte
« d'adhésion de la Chambre des pairs. J'en ai
« pesé et médité toutes les expressions.

« J'accepte sans restriction ni réserve les
« clauses et engagements que renferme cette
« déclaration, et le titre de Roi des Français
« qu'elle me confère, et je suis prêt à en jurer
« l'observation. »

« Son Altesse Royale s'est ensuite levée, et,
« la tête découverte, a prêté le serment dont
« la teneur suit :

« En présence de Dieu, je jure d'observer
« fidèlement la Charte constitutionnelle avec
« les modifications exprimées dans la déclara-
« tion, de ne gouverner que par les lois et
« selon les lois, de rendre bonne et exacte jus-
« tice à chacun selon son droit, et d'agir en
« toutes choses dans la seule vue de l'intérêt, du
« bonheur et de la gloire du peuple fran-
« çais. »

« M. le Commissaire provisoire au dépar-
« tement de la justice a ensuite présenté la
« plume à Son Altesse Royale, qui a signé le
« présent, en trois originaux, pour rester dé-
« posés aux archives royales, et dans celles de
« la Chambre des pairs et de la Chambre des
« députés.

« S. M. Louis-Philippe Ier, Roi des Français,
« s'est alors placée sur le trône, où elle a été
« saluée par les cris mille fois répétés de *Vive*
« *le Roi!*

« Le silence s'étant établi, sa Majesté a
« prononcé le discours suivant :

« Messieurs les pairs et Messieurs les dé-
« putés,

« Je viens de consommer un grand acte ; je
« sens profondément toute l'étendue des de-
« voirs qu'il m'impose ; j'ai la conscience que
« je les remplirai. C'est avec pleine conviction

« que j'ai accepté le pacte d'alliance qui m'é-
« tait proposé.

« J'aurais vivement désiré ne jamais occu-
« per le trône, auquel le vœu national vient
« de m'appeler; mais la France, attaquée dans
« ses libertés, voyait l'ordre public en péril;
« la violation de la Charte avait tout ébranlé,
« il fallait rétablir l'action des lois, et c'était
« aux Chambres qu'il appartenait d'y pour-
« voir. Vous l'avez fait, Messieurs; les sages
« modifications que nous venons de faire à la
« Charte garantissent la sécurité de l'avenir, et
« la France, je l'espère, sera heureuse au de-
« dans, respectée au dehors, et la paix de
« l'Europe de plus en plus affermie. »

« M. le Commissaire provisoire au départe-
« ment de la justice a ensuite invité Messieurs
« les pairs et Messieurs les députés à se retirer
« dans leurs Chambres respectives, où le ser-
« ment de fidélité au Roi, à la Charte consti-
« tutionnelle et aux lois du royaume, serait
« individuellement prêté par chacun d'eux. Et
« la séance a été levée.

« Fait et dressé, le présent procès-verbal, à
« Paris, le 9 août mil-huit-cent-trente.

« LOUIS-PHILIPPE. »

« Pasquier, président de la Chambre des pairs.

« Marquis de Mortemart; duc de Plai-
« sance; comte Lanjuinais, secrétaires de la
« Chambre des pairs.

« Casimir Périer, président de la Cham-
« bre des députés.

« J. Laffitte, vice-président; Dupin aîné,
« vice-président; Benj. Delessert, vice-prési-
« dent; Jacqueminot, Cunin Gridaine, Pavée
« de Vandoeuvre, Jars, secrétaires de la Cham-
« bre des députés.

« Dupont (de l'Eure), commissaire provi-
« soire au département de la justice.

« Guizot, commissaire provisoire au dé-
« partement de l'intérieur. »

« Casimir Périer avait lu d'une voix forte,
et tant soit peu déclamatoire, la déclaration
de la Chambre des députés. Au moment où il
prononçait ces paroles : « L'intérêt universel et
pressant du peuple français appelle au trône
S. A. R. Philippe d'Orléans, » le Lieutenant-
général l'interrompit en disant : Louis-Philippe.
Casimir Périer, se reprenant, dit : Louis-Phi-

lippe d'Orléans, etc. » Cela me rappela qu'au nombre des combinaisons imaginées par les ministres doctrinaires s'était trouvé le projet de nommer le roi, soit Louis XIX, soit Philippe VII, afin de le rattacher d'une manière non interrompue à la chaîne des rois de la troisième race. On avait aperçu de graves inconvénients à cette idée bizarre, ce qui avait empêché de l'adopter; mais on n'avait cependant pas voulu la rejeter d'une manière complète; ainsi qu'on l'eût fait en adoptant la dénomination de Philippe Ier ou de Louis Ier. C'est ce qui avait fait préférer le nom de Louis-Philippe, qui, n'ayant pas de précédents dans l'histoire, ne faisait pas obstacle à ce que l'on revînt tôt ou tard à cet étrange projet. On assurait que ce désir de légitimité émanait de la pensée même du Roi; mais j'avoue que je ne pouvais le croire. J'aimais bien mieux supposer que cette dégoûtante flatterie était l'ouvrage de quelques courtisans empressés, qui, ayant été à diverses reprises les plats valets du régime précédent, se montraient conséquents en voulant que celui-ci en fût la continuation.

« La cérémonie terminée, le Roi sortit en donnant de nombreuses poignées de main aux députés, aux pairs et aux citoyens, dont il traversait la foule pour rejoindre son cortége. J'ai blâmé les poignées de main du Lieutenant-général le 31 juillet 1830. Je n'approuve pas davantage celles du Roi le 9 août. Ce n'est pas, je m'empresse de le dire, par un sentiment monarchique, ou par suite d'une idée exagérée de la dignité royale, que je repousse ce signe de familiarité ; c'est parce qu'il est l'expression de quelque chose de faux. Il semble indiquer un acte d'égalité qui n'est, et ne peut être, ni dans la pensée de celui qui donne la main, ni dans celle de celui qui la reçoit.

« La Reine sortit immédiatement après le Roi. Elle s'arrêta quelques instants dans la salle des Conférences, où elle adressa à diverses personnes des paroles de bienveillance et de bonté. Elle a en général dans toutes ses actions une dignité affectueuse, dont la convenance est parfaite.

« Un billet signé par l'un des aides-de-camp du Roi m'avait prévenu le matin que j'étais invité à dîner au Palais-Royal. J'y arrivai un peu tard, et au moment où l'on allait se mettre à table. Je me glissai, sans pour ainsi dire être aperçu, dans les rangs des nombreux convives. Les principaux acteurs de la révolution assistaient à ce repas, qui n'eut de royal que sa magnificence; chacun était à son aise comme s'il eût été chez son égal; et cependant, il faut qu'on le sache, personne ne s'écartait des bornes d'une respectueuse familiarité. Cette royauté vraiment citoyenne, du moins dans les formes, n'a pas duré long-temps. Ceux qui par état se trouvaient le plus habituellement auprès du Roi ne se sont pas souciés que leur privilége fût partagé par un trop grand nombre de personnes, et ils ont poussé à l'établissement d'une espèce de cour. Le Roi n'a pas tardé à se trouver plus ou moins isolé des simples citoyens, et, peu à peu, il n'a plus connu leurs besoins, il a oublié leurs désirs; et, en un mot, il est devenu un roi comme un autre.

« Je n'avais parlé ni au Roi ni à la Reine, et je n'en cherchais pas l'occasion, lorsque, après dîner, me promenant sur la terrasse qui sépare la cour du Palais-Royal du jardin, je fus rencontré par le Roi. Il vint à moi de l'air le plus affable, et, après quelques mots d'une politesse bienveillante, il ajouta : « M. Bérard, « je n'oublierai jamais à quel point vous con- « naissez le prix des instants. Dans deux circon- « stances bien importantes, vous avez vu le pre- « mier ce qu'il fallait faire, et le premier vous « l'avez fait. — Sire, lui répondis-je, quand on

« est inspiré par l'intérêt de son pays, on se
« trompe rarement, et l'on est toujours pressé
« d'atteindre son but. Celui auquel nous som-
« mes arrivés recevra l'approbation de la France
« entière. » Le Roi me demanda ensuite si je
connaissais la Reine, ou si je l'avais déja vue,
et, sur ma réponse négative, il courut à quelques pas, la prit par la main, et l'amena de
mon côté : « Je te présente, lui dit-il, l'homme
« qui nous a rendu tant de services, et à qui
« nous avons de si grandes obligations.» La Reine
m'adressant quelques mots obligeants : « Je
« suis heureux, lui répliquai-je, que ce qui mé-
« ritait mon respect et mon affection se soit
« trouvé d'accord avec les intérêts de la France.
« S'ils eussent exigé autre chose, j'aurais fait
« autrement.» Cette franchise, peut-être un peu
brusque, fut très-bien prise, et me valut de
nouveaux compliments. J'en reçus aussi du
duc de Chartres et de Madame Adelaïde.

J'étais alors un homme considérable, à qui
l'on avouait hautement que l'on devait quelque
reconnaissance, dont on ne croyait jamais
pouvoir dire assez de bien. Ma faveur, pour
employer le langage des courtisans, était telle,
qu'elle semblait exciter leur envie, et je conçus pendant cette soirée ce que doit être, pour
les hommes qui en sont susceptibles, l'enivre-

ment des cours. Je ne fus pas séduit toutefois, et, dès que la bienséance le permit, je me retirai avec la ferme résolution de ne rien faire pour cultiver une faveur que tant d'autres auraient achetée volontiers au prix de leur indépendance, et qui jamais n'eut la plus légère influence sur la mienne.

« A l'exception de quelques députations de mon département, que je ne pus pas me dispenser de présenter, je ne retournai au Palais-Royal que, lorsqu'une fonction importante m'ayant été confiée, ce fut un devoir pour moi d'exprimer ma reconnaissance et d'entretenir des relations avec le chef de l'État.

« Voilà, ma bonne amie, le second grand acte de ma conduite politique dans la révolution de 1830. Je n'ai rien dissimulé, je n'ai rien ajouté; j'ai écrit aujourd'hui comme j'aurais écrit au moment où je t'adressais ma première lettre. Seulement, je n'ai pas dû m'interdire des réflexions qui sortaient en quelque sorte malgré moi de mon sujet. Elles sont quelquefois sévères, mais elles ne sont jamais hostiles. Je pense que l'on aurait pu tirer un meilleur parti de l'édifice que nous avons construit; mais je n'ai pas cessé de penser que nous avons fait en juillet et en août 1830 ce que l'on pouvait faire de mieux, ce qu'il y avait de plus convenable dans les intérêts du pays; et, si je me retrouvais dans des circonstances exactement semblables, dût-on m'accuser d'un opiniâtre aveuglement, je ferais encore ce que j'ai fait. Seulement, je l'avoue, je croirais devoir prendre plus de précautions pour l'avenir. »

# PIÈCES JUSTIFICATIVES.

PIÈCES JUSTIFICATIVES.

J'aurais pu joindre à ma relation beaucoup de pièces plus ou moins curieuses, qui toutes doivent leur origine à la révolution de 1830. Je me suis borné à celles qui ont le rapport le plus direct avec ce que j'ai écrit, et qui en forment pour ainsi dire le complément. Ces pièces sont peu nombreuses, mais deux surtout sont d'une grande importance.

La première est le texte même des procès-verbaux de celles des séances de la réunion des députés auxquelles M. D. de La Garde, secrétaire rédacteur de la chambre, a été admis. Ce jeune fonctionnaire était venu dès le jeudi matin nous offrir ses services avec le dévoûment le plus patriotique. Ces procès-verbaux ne sont pas aussi détaillés qu'on pourrait le desirer, mais dans les moments qu'ils retracent, on ne s'amusait ni à improviser, ni à rédiger des phrases. Quels qu'ils soient, ce sont des documents originaux, et par cela même très-précieux.

La seconde pièce que j'ai indiquée, est la rédaction faite par MM. de Broglie et Guizot du projet de proposition que j'avais communiqué à Dupont de l'Eure et à Laffitte, le 4 août au matin, et que le premier avait porté au conseil des ministres.

Comme je n'ai pas voulu que la plus légère erreur pût se glisser dans l'impression d'une pareille pièce, j'en ai fait faire le *fac-simile*. On sait avec quelle perfection la lithographie parvient à reproduire l'écriture; aussi ceux qui connaissent celle de M. de Broglie reconnaîtront-ils que cette pièce est entièrement de sa main. La note marginale relative aux pairs de Charles X est seule de la main de M. Guizot.

Cette pièce a un intérêt *d'actualité* bien grand, aujourd'hui que l'origine de notre gouvernement est plus ou moins contestée. Elle prouve que ses auteurs repoussaient le principe de la *souveraineté du peuple*, mais elle sert également à établir que, sur ma proposition, ce principe a été adopté. Il n'y a pas de sophismes de subterfuges, qui puissent faire qu'il en soit autrement.

Les indications *d'absence* sur la liste des députés qui sont *censés* avoir signé le 28 juillet, chez moi, la protestation rédigée par Guizot, et présentée le matin chez Audry de Puyraveau, ont été faites deux jours après par plusieurs de mes collègues dont les souvenirs n'étaient pas moins présents que les miens; aussi j'ai tout lieu de croire qu'elles ne contiennent pas d'erreurs. S'il en était autrement, je m'empresserais de rectifier celles que l'on me ferait connaître. Il est probable, au surplus, que le nombre des personnes qui attachent de l'importance à avoir joué un rôle dans la révolution de 1830 est beaucoup moins grand aujourd'hui qu'il ne l'était alors.

La liste des signataires de *l'invitation* adressée le 30 juillet au duc d'Orléans pour accepter la lieutenance-générale, que je donne sous le n° 4, est d'autant plus exacte que Bondy, alors questeur, retrouva chez l'imprimeur de la chambre une épreuve qui avait été déja tirée, lorsque Laffitte donna l'ordre de ne pas publier *l'invitation*. Cette épreuve fit reconnaître que plusieurs personnes se vantaient d'avoir signé qui n'avaient pas osé le faire. Je ne vois aucun avantage à livrer leurs noms à la publicité.

La disparition de cette pièce des archives de la maison d'Orléans me rappelle que la proclamation faite en réponse, le 31 juillet, par le duc d'Orléans, laquelle donna lieu à une discussion sur la question de savoir si elle finissait par les mots : « *une charte* ou *la charte* sera désormais une vérité, » a également disparu des archives de la Chambre des députés. Il est assez étrange que des nuages enveloppent déja l'origine de la royauté du 7 août. J'espère avoir contribué à les dissiper.

L'état des officiers, sous-officiers et soldats tués ou blessés dans les journées des 27, 28 et 29 juillet 1830, est un document émané du ministère de la guerre, et sur l'authenticité duquel il ne peut exister aucun doute. On s'étonnera peut-être du petit nombre d'ennemis qu'il a suffi au peuple de mettre hors de combat pour remporter une aussi éclatante victoire. Cela s'explique lorsque l'on sait que le peuple voyait dans les soldats mêmes qui tiraient sur lui, des concitoyens égarés. C'est une nouvelle preuve de cette admirable magnanimité qu'il faudrait se garder de lasser.

J'avais eu d'abord l'intention de ne publier comme *pièces justificatives* que des *pièces inédites*. La réflexion m'a amené à penser qu'il était nécessaire de reproduire ici les ordonnances du 25 juillet 1830, et le rapport qui les accompagnait. Ces pièces sont la cause ou plutôt le prétexte de la révolution. Je dis le prétexte, parce que, selon moi, la cause remonte plus haut. Je la trouve dans la marche décevante, anti-nationale du gouvernement de la restauration. Cette marche avait rendu la révolution inévitable, et elle eût éclaté, plus tard sans doute, mais elle eût certainement éclaté, même sans les ordonnances. Telle est la conséquence invincible de tous les gouvernements qui veulent marcher en sens inverse de l'opinion publique, ou qui se montrent infidèles à leur origine.

Le rapport qui précède les ordonnances de 1830 a d'ailleurs cela de remarquable, qu'il présente à l'appui des mesures dont il est à la fois le programme et la justification, des raisons exactement semblables à celles que les organes du ministère actuel ont employées pour nous convaincre de la nécessité d'adopter des mesures violentes afin de réprimer le *désordre moral* qui, selon eux, afflige la société.

A la suite des ordonnances, j'ai placé la protestation des journalistes. On ne lira pas sans étonnement aujourd'hui les noms de quelques-uns des signataires.

Les pièces que je n'ai pas cru devoir publier, parce qu'elles ne se rapportent pas à l'origine même de la révolution, et qu'elles en sont seulement des conséquences, ont été réunies par moi sous le titre de *Souvenirs politiques et administratifs de ma Direction générale*. Ces *souvenirs* sont en quelque sorte une histoire secrète des vingt-et-un mois environ pendant lesquels j'ai rempli une grande fonction publique. Ils ne sont pas destinés à voir le jour.

Nº 1.

RAPPORT AU ROI.

Sire,

Vos ministres seraient peu dignes de la confiance dont Votre Majesté les honore, s'ils tardaient plus long-temps à placer sous vos yeux un aperçu de notre situation intérieure, et à signaler à votre haute sagesse les dangers de la presse périodique.

A aucune époque, depuis quinze années, cette situation ne s'était présentée sous un aspect plus grave et plus affligeant. Malgré une prospérité matérielle dont nos annales n'avaient jamais offert d'exemple, des signes de désorganisation et des symptômes d'anarchie se manifestent sur presque tous les points du royaume.

Les causes successives qui ont concouru à affaiblir les ressorts du gouvernement monarchique, tendent aujourd'hui à en altérer et à en changer la nature : déchue de sa force morale, l'autorité, soit dans la capitale, soit dans les provinces, ne lutte plus qu'avec désavantage contre les factions; des doctrines pernicieuses et subversives, hautement professées, se répandent et se propagent dans toutes les classes de la population ; des inquiétudes trop généralement accréditées agitent les esprits et tourmentent la société. De toutes parts on demande au présent des gages de sécurité pour l'avenir.

Une malveillance active, ardente, infatigable, travaille à ruiner tous les fondements de l'ordre et à ravir à la France le bonheur dont elle jouit sous le sceptre de ses Rois. Habile à exploiter tous les mécontentements et à soulever toutes les haines, elle fomente, parmi les peuples, un esprit de défiance et d'hostilité envers le pouvoir, et cherche à semer partout des germes de troubles et de guerre civile.

Et déjà, Sire, des événements récents ont prouvé que les passions politiques, contenues jusqu'ici dans les sommités de la société, commencent à en pénétrer les profondeurs et à émouvoir les masses populaires. Ils ont prouvé aussi que ces masses ne s'ébranleraient pas toujours sans danger pour ceux-là même qui s'efforcent de les arracher au repos.

Une multitude de faits, recueillis dans le cours des opérations électorales, confirment ces données, et nous offriraient le présage trop certain de nouvelles commotions, s'il n'était au pouvoir de Votre Majesté d'en détourner le malheur.

Partout aussi, si l'on observe avec attention, existe un besoin d'ordre, de force et de permanence, et les agitations qui y semblent le plus contraires n'en sont en réalité que l'expression et le témoignage.

Il faut bien le reconnaître : ces agitations qui ne peuvent s'accroître sans de grands périls sont presque exclusivement produites et excitées par la liberté de la presse. Une loi sur les élections, non moins féconde en désordres, a sans doute concouru à les entretenir ; mais ce serait nier l'évidence que de ne pas voir dans les journaux le principal foyer d'une corruption dont les progrès sont chaque jour plus sensibles, et la première source des calamités qui menacent le royaume.

L'expérience, Sire, parle plus hautement que les théories. Des hommes éclairés sans doute, et dont la bonne foi d'ailleurs n'est pas suspecte, entraînés par l'exemple mal compris d'un peuple voisin, ont pu croire que les avantages de la presse périodique en balanceraient les inconvénients, et que ses excès se neutraliseraient par des excès contraires. Il n'en a pas été ainsi, l'épreuve est décisive, et la question est maintenant jugée dans la conscience publique.

A toutes les époques, en effet, la presse périodique a été, et il est dans sa nature de n'être qu'un iustrument de désordre et de sédition.

Que de preuves nombreuses et irrécusables à apporter à l'appui de cette vérité ! C'est par l'action violente et non interrompue de la presse que s'expliquent les variations trop subites, trop fréquentes de notre politique intérieure. Elle n'a pas permis qu'il s'établît en France un système régulier et stable de gouvernement, ni qu'on s'occupât avec quelque suite d'introduire dans toutes les branches de l'administration publique les améliorations dont elles sont susceptibles. Tous les ministères depuis 1814, quoique formés sous des influences diverses et soumis à des directions opposées, ont été en butte aux mêmes traits, aux mêmes attaques et au même déchaînement de passions. Les sacrifices de tout genre, les concessions de pouvoir, les alliances de parti, rien n'a pu les soustraire à cette commune destinée.

Ce rapprochement seul, si fertile en réflexions, suffirait pour assigner à la presse son véritable, son invariable caractère. Elle s'applique, par des efforts soutenus, persévérants, répétés chaque jour, à relâcher tous les liens d'obéissance et de subordination, à user les ressorts de l'autorité publique, à la rabaisser, à l'avilir dans l'opinion des peuples et à lui créer partout des embarras et des résistances.

Son art consiste, non pas à substituer à une trop facile soumission d'esprit une sage liberté d'examen, mais à réduire en problème les vérités les plus positives; non pas à provoquer sur les questions politiques une controverse franche et utile, mais à les présenter sous un faux jour et à les résoudre par des sophismes.

La presse a jeté ainsi le désordre dans les intelligences les plus droites, ébranlé les convictions les plus fermes, et produit, au milieu de la société, une confusion de principes qui se prête aux tentatives les plus funestes. C'est par l'anarchie dans les doctrines qu'elle prélude à l'anarchie dans l'État.

Il est digne de remarque, Sire, que la presse périodique n'a pas même rempli sa plus essentielle condition : celle de la publicité. Ce qui est étrange, mais ce qui est vrai à dire, c'est qu'il n'y a pas de publicité en France, en prenant ce mot dans sa juste et rigoureuse acception. Dans l'état des choses, les faits, quand ils ne sont pas entièrement supposés, ne parviennent à la connaissance de plusieurs millions de lecteurs que tronqués, défigurés, mutilés de la manière la plus odieuse. Un épais nuage, élevé par les journaux, dérobe la vérité et intercepte en quelque sorte la lumière entre le Gouvernement et les peuples. Les Rois vos prédécesseurs, Sire, ont toujours aimé à se communiquer à leurs sujets : c'est une satisfaction dont la presse n'a pas voulu que Votre Majesté pût jouir.

Une licence qui a franchi toutes les bornes n'a respecté, en effet, même dans les occasions les plus solennelles, ni les volontés expresses du Roi, ni les paroles descendues du haut du trône. Les unes ont été méconnues et dénaturées, les autres ont été l'objet de perfides commentaires ou d'amères dérisions. C'est ainsi que le dernier acte de la puissance royale, la proclamation, a été discréditée dans le public avant même d'être connue des électeurs.

Ce n'est pas tout. La presse ne tend pas moins qu'à subjuguer la souveraineté et à envahir les pouvoirs de l'État. Organe prétendu de l'opinion publique, elle aspire à diriger les débats des deux chambres, et il est incontestable qu'elle y apporte le poids d'une influence non moins fâcheuse que décisive. Cette domination a pris, surtout depuis deux ou trois ans, dans la Chambre des députés un caractère manifeste d'oppression et de tyrannie. On a vu, dans cet intervalle de temps, les journaux poursuivre de leurs insultes et de leurs outrages les membres dont le vote leur paraissait incertain ou suspect. Trop souvent, Sire, la liberté des délibérations dans cette Chambre a succombé sous les coups redoublés de la presse.

On ne peut qualifier en termes moins sévères la conduite des journaux de l'opposition dans des circonstances plus récentes. Après avoir eux-mêmes provoqué une adresse attentatoire aux prérogatives du trône, ils n'ont pas craint d'ériger en principe la réélection des 221 députés dont elle est l'ouvrage. Et cependant votre Majesté avait repoussé cette adresse comme offensante; elle avait porté un blâme public sur le refus de concours qui y était exprimé; elle avait annoncé sa résolution immuable de défendre les droits de sa couronne si ouvertement compromis. Les feuilles périodiques n'en ont tenu compte; elles ont pris, au contraire, à tâche de renouveler, de perpétuer et d'aggraver l'offense. Votre Majesté décidera si cette attaque téméraire doit rester plus longtemps impunie.

Mais de tous les excès de la presse, le plus grave peut-être nous reste à signaler. Dès les premiers temps de cette expédition dont la gloire jette un éclat si pur et si durable sur la noble couronne de France, la presse en a critiqué avec une violence inouïe les causes, les moyens, les préparatifs, les chances de succès. Insensible à l'honneur national, il n'a pas dépendu d'elle que notre pavillon ne restât flétri des insultes d'un barbare. Indifférente aux grands intérêts de l'humanité, il n'a pas dépendu d'elle que l'Europe ne restât asservie à un esclavage cruel et à des tributs honteux.

Ce n'était point assez : par une trahison que nos lois auraient pu atteindre, la presse s'est attachée à publier tous les secrets de l'armement, à porter à la connaissance de l'étranger l'état de nos forces, le dénombrement de nos troupes, celui de nos vaisseaux, l'indication des points de station, les moyens à employer pour dompter l'inconstance des vents, et pour aborder la côte. Tout, jusqu'au lieu du débarquement, a été divulgué comme pour ménager à l'ennemi une défense plus assurée. Et, chose sans exemple chez un peuple civilisé, la presse, par de fausses alarmes sur les périls à courir, n'a pas craint de jeter le découragement dans l'armée ; et signalant à sa haine le chef même de l'entreprise, elle a pour ainsi dire excité les soldats à lever contre lui l'étendard de la révolte ou à déserter leurs drapeaux ! Voilà ce qu'ont osé faire les organes d'un parti qui se prétend national !

Ce qu'il ose faire chaque jour, dans l'intérieur du royaume, ne va pas moins qu'à disperser les éléments de la paix publique, à dissoudre les liens de la société, et, qu'on ne s'y méprenne point, à faire trembler le sol sous nos pas. Ne craignons pas de révéler ici toute l'étendue de nos maux pour pouvoir mieux apprécier toute l'étendue de nos ressources. Une diffamation systématique, organisée en grand, et dirigée avec une persévérance sans égale, va atteindre, ou de près ou de loin, jusqu'au plus humble des agents du pouvoir. Nul de vos sujets, Sire, n'est à l'abri d'un outrage, s'il reçoit de son souverain la moindre marque de confiance ou de satisfaction. Un vaste réseau, étendu sur la France, enveloppe tous les fonctionnaires publics; constitués en état permanent de prévention, ils semblent en quelque sorte retranchés de la société civile; on n'épargne que ceux dont la fidélité chancelle; on ne loue que ceux dont la fidélité succombe; les autres sont notés par la faction pour être plus tard sans doute immolés aux vengeances populaires.

La presse périodique n'a pas mis moins d'ardeur à poursuivre de ses traits envenimés la religion et le prêtre. Elle veut, elle voudra toujours déraciner, dans le cœur des peuples, jusqu'au dernier germe des sentiments religieux. Sire, ne doutez pas qu'elle n'y parvienne, en attaquant les fondements de la foi, en altérant les sources de la morale publique, et en prodiguant à pleines mains la dérision et le mépris aux ministres des autels.

Nulle force, il faut l'avouer, n'est capable de résister à un dissolvant aussi énergique que la presse. A toutes les époques où elle s'est dégagée de ses entraves, elle a fait irruption, invasion dans l'État. On ne peut qu'être singulièrement frappé de la similitude de ses effets depuis quinze ans, malgré la diversité des circonstances, et malgré le changement des hommes qui ont occupé la scène politique. Sa destinée est, en un mot, de recommencer la révolution, dont elle proclame hautement les principes. Placée et replacée à plusieurs intervalles sous le joug de la censure, elle n'a autant de fois ressaisi la liberté que pour reprendre son ouvrage interrompu. Afin de le continuer avec plus de succès, elle a trouvé un actif auxiliaire dans la presse départementale qui, mettant aux prises les jalousies et les haines locales, semant l'effroi dans l'ame des hommes timides, harcelant l'autorité par d'interminables tracasseries, a exercé une influence presque décisive sur les élections.

Ces derniers effets, Sire, sont passagers; mais des effets plus durables se font remarquer dans les mœurs et dans le caractère de la nation. Une polémique ardente, mensongère et passionnée, école de scandale et de licence, y produit des changements graves et des altérations profondes; elle donne une fausse direction aux esprits, les remplit de préventions et de préjugés, les détourne des études sérieuses, nuit ainsi au progrès des arts et des sciences, excite parmi nous une fermentation toujours croissante, entretient, jusque dans le sein des familles, de funestes dissensions, et pourrait par degrés nous ramener à la barbarie.

Contre tant de maux, enfantés par la presse périodique, la loi et la justice sont également réduites à confesser leur impuissance.

Il serait superflu de rechercher les causes qui ont atténué la répression, et en ont fait insensiblement une arme inutile dans la main du pouvoir. Il nous suffit d'interroger l'expérience, et de constater l'état présent des choses.

Les mœurs judiciaires se prêtent difficilement à une répression efficace. Cette vérité d'observation avait depuis long-temps frappé de bons esprits; elle a acquis nouvellement un caractère plus marqué d'évidence. Pour satisfaire aux besoins qui l'ont fait instituer, la répression aurait dû être prompte et forte : elle est restée lente, faible, et à peu près nulle. Lorsqu'elle intervient, le dommage est commis; loin de le réparer, la punition y ajoute le scandale du débat.

La poursuite juridique se lasse, la presse séditieuse ne se lasse jamais. L'une s'arrête, parce qu'il y a trop à sévir; l'autre multiplie ses forces, en multipliant ses délits.

Dans des circonstances diverses, la poursuite a eu ses périodes d'activité ou de relâchement. Mais zèle ou tiédeur de la part du ministère public, qu'importe à la presse? Elle cherche dans le redoublement de ses excès la garantie de leur impunité.

L'insuffisance ou plutôt l'inutilité des précautions établies dans les lois en vigueur, est démontrée par les faits. Ce qui est également démontré par les faits, c'est que la sûreté publique est compromise par la licence de la presse. Il est temps, il est plus que temps d'en arrêter les ravages.

Entendez, Sire, ce cri prolongé d'indignation et d'effroi qui part de tous les points de votre royaume. Les hommes paisibles, les gens de bien, les amis de l'ordre, élèvent vers Votre Majesté des mains suppliantes. Tous lui demandent de les préserver du retour des calamités dont leurs pères ou eux-mêmes eurent tant à gémir. Ces alarmes sont trop réelles pour n'être pas écoutées, ces vœux sont trop légitimes pour n'être pas accueillis.

Il n'est qu'un seul moyen d'y satisfaire, c'est de rentrer dans la Charte. Si les termes de l'article 8 sont ambigus, son esprit est manifeste. Il est certain que la Charte n'a pas concédé la liberté des journaux et des écrits périodiques. Le droit de publier ses opinions personnelles n'implique sûrement pas le droit de publier, par voie d'entreprise, les opinions d'autrui. L'un est l'usage d'une faculté que la loi a pu laisser libre ou soumettre à des restrictions, l'autre est une spéculation d'industrie qui, comme les autres et plus que les autres, suppose la surveillance de l'autorité publique.

Les intentions de la Charte, à ce sujet, sont exactement expliquées dans la loi du 21 octobre 1814, qui en est en quelque sorte l'appendice; on peut d'autant moins en douter que cette loi fut présentée aux Chambres le 5 juillet, c'est-à-dire un un mois après la promulgation de la Charte. En

1819, à l'époque même où un système contraire prévalut dans les Chambres, il y fut hautement proclamé que la presse périodique n'était point régie par la disposition de l'article 8. Cette vérité est d'ailleurs attestée par les lois même qui ont imposé aux journaux la condition d'un cautionnement.

Maintenant, Sire, il ne reste plus qu'à se demander comment doit s'opérer ce retour à la Charte et à la loi du 21 octobre 1814. La gravité des conjonctures présentes a résolu cette question.

Il ne faut pas s'abuser. Nous ne sommes plus dans les conditions ordinaires du gouvernement représentatif. Les principes sur lesquels il a été établi, n'ont pu demeurer intacts, au milieu des vicissitudes politiques. Une démocratie turbulente, qui a pénétré jusque dans nos lois, tend à se substituer au pouvoir légitime. Elle dispose de la majorité des élections par le moyen de ces journaux et le concours d'affiliations nombreuses. Elle a paralysé, autant qu'il dépendait d'elle, l'exercice régulier de la plus essentielle prérogative de la couronne, celle de dissoudre la Chambre élective. Par cela même, la constitution de l'État est ébranlée : Votre Majesté seule conserve la force de la rasseoir et de la raffermir sur ses bases.

Le droit, comme le devoir, d'en assurer le maintien, est l'attribut inséparable de la souveraineté. Nul gouvernement sur la terre ne resterait debout, s'il n'avait le droit de pourvoir à sa sûreté. Ce pouvoir est préexistant aux lois, parce qu'il est dans la nature des choses. Ce sont là, Sire, des maximes qui ont pour elles et la sanction du temps, et l'aveu de tous les publicistes de l'Europe.

Mais ces maximes ont une autre sanction plus positive encore, celle de la Charte elle-même. L'article 14 a investi Votre Majesté d'un pouvoir suffisant, non sans doute pour changer nos institutions, mais pour les consolider et les rendre plus immuables.

D'impérieuses nécessités ne permettent plus de différer l'exercice de ce pouvoir suprême. Le moment est venu de recourir à des mesures qui rentrent dans l'esprit de la Charte, mais qui sont en-dehors de l'ordre légal, dont toutes les ressources ont été inutilement épuisées.

Ces mesures, Sire, vos ministres, qui doivent en assurer le succès, n'hésitent pas à vous les proposer, convaincus qu'ils sont que force restera à justice.

Nous sommes avec le plus profond respect,

Sire,

De Votre Majesté,

Les très-humbles et très-fidèles sujets,

Le président du conseil des ministres,

Prince DE POLIGNAC.

Le garde-des-sceaux de France, ministre de la justice,

CHANTELAUZE.

Le ministre secrétaire-d'état de la marine et des colonies,

Baron D'HAUSSEZ.

Le ministre secrétaire-d'état de l'intérieur,
Comte de Peyronnet.

Le ministre secrétaire-d'état des finances,
Montbel.

Le ministre secrétaire-d'état des affaires ecclésiastiques et de l'instruction publique,
Comte de Guernon-Ranville.

Le ministre secrétaire-d'état des travaux publics,
Baron Capelle.

ORDONNANCES DU ROI.

Charles, par la grace de Dieu, Roi de France et de Navarre,

A tous ceux qui ces présentes verront, salut.
Sur le rapport de notre conseil des ministres,
Nous avons ordonné et ordonnons ce qui suit :
Art. 1er. La liberté de la presse périodique est suspendue.

2. Les dispositions des art. 1er, 2 et 9 du titre 1er de la loi du 21 octobre 1814 sont remises en vigueur.

En conséquence, nul journal et écrit périodique ou semi-périodique, établi ou à établir, sans distinction des matières qui y seront traitées, ne pourra paraître, soit à Paris, soit dans les départements, qu'en vertu de l'autorisation qu'en auront obtenue de nous séparément les auteurs et l'imprimeur.

Cette autorisation devra être renouvelée tous les trois mois.

Elle pourra être révoquée.

3. L'autorisation pourra être provisoirement accordée et provisoirement retirée par les préfets aux journaux et ouvrages périodiques ou semi-périodiques publiés ou à publier dans les départements.

4. Les journaux et écrits, publiés en contravention à l'art. 2, seront immédiatement saisis.

Les presses et caractères qui auront servi à leur impression seront placés dans un dépôt public et sous scellés, ou mis hors de service.

5. Nul écrit au-dessous de vingt feuilles d'impression ne pourra paraître qu'avec l'autorisation de notre ministre secrétaire-d'état de l'intérieur, à Paris, et des préfets dans les départements.

Tout écrit de plus de vingt feuilles d'impression qui ne constituera pas un même corps d'ouvrage sera également soumis à la nécessité de l'autorisation.

Les écrits publiés sans autorisation seront immédiatement saisis.

Les presses et caractères qui auront servi à leur impression seront placés dans un dépôt public et sous scellés, ou mis hors de service.

6. Les mémoires sur procès et les mémoires des sociétés savantes ou littéraires sont soumis à l'autorisation préalable, s'ils traitent en tout ou en par-

tie de matières politiques, cas auquel les mesures prescrites par l'art. 5 leur seront applicables.

7. Toute disposition contraire aux présentes restera sans effet.

8. L'exécution de la présente ordonnance aura lieu en conformité de l'art. 4 de l'ordonnance du 27 novembre 1816 et de ce qui est prescrit par celle du 18 janvier 1817.

9. Nos ministres secrétaires-d'état sont chargés de l'exécution des présentes.

Donné en notre château de Saint-Cloud, le vingt-cinq de juillet de l'an de grace 1830, et de notre règne le sixième.

CHARLES.

Par le Roi :

Le président du conseil des ministres,
Pce DE POLIGNAC.

Le garde-des-sceaux ministre secrétaire-d'état de la justice,
CHANTELAUZE.

Le ministre secrétaire-d'état de la marine et des colonies,
Bon 'HAUSSEZ.

Le ministre secrétaire-d'état des finances,
MONTBEL.

Le ministre secrétaire-d'état des affaires ecclésiastiques et de l'instruction publique,
Cte DE GUERNON-RANVILLE.

Le ministre secrétaire-d'état des travaux publics,

Bon CAPELLE.

CHARLES, par la grace de Dieu, Roi de France et de Navarre;

A tous ceux qui ces présentes verront, salut.

Vu l'art. 50 de la Charte constitutionnelle,

Étant informé des manœuvres qui ont été pratiquées sur plusieurs points de notre royaume, pour tromper et égarer les électeurs pendant les dernières opérations des colléges électoraux,

Notre conseil entendu,

Nous avons ordonné et ordonnons :

Art. 1er. La chambre des députés des départements est dissoute.

2. Notre ministre secrétaire-d'état de l'intérieur est chargé de l'exécution de la présente ordonnance.

Donné à Saint-Cloud, le 25e jour du mois de juillet de l'an de grace mil huit cent trente, et de notre règne le sixième.

CHARLES.

Par le Roi :
Le ministre secrétaire-d'état de l'intérieur,

Cte DE PEYRONNET.

CHARLES, par la grace de Dieu, Roi de France et de Navarre :

A tous ceux qui ces présentes verront, salut :

Ayant résolu de prévenir le retour des manœuvres qui ont exercé une influence pernicieuse sur les dernières opérations des colléges électoraux ;

Voulant en conséquence réformer, selon les principes de la Charte constitutionnelle, les règles d'élection dont l'expérience a fait sentir les inconvéniens,

Nous avons reconnu la nécessité d'user du droit qui nous appartient, de pourvoir, par des actes émanés de nous, à la sûreté de l'État et à la répression de toute entreprise attentative à la dignité de notre couronne.

A ces causes,

Notre conseil entendu,

Nous avons ordonné et ordonnons :

Art. 1er. Conformément aux articles 15, 36 et 30 de la Charte constitutionnelle, la chambre des députés ne se composera que de députés de département.

2. Le cens électoral et le cens d'éligibilité se composeront exclusivement des sommes pour lesquelles l'électeur et l'éligible seront inscrits personnellement, en qualité de propriétaire ou d'usufruitier, au rôle de l'imposition foncière et de l'imposition personnelle et mobilière.

3. Chaque département aura le nombre de dépu-

tés qui lui est attribué par l'article 36 de la Charte constitutionnelle.

4. Les députés seront élus et la chambre sera renouvelée dans la forme et pour le temps fixés par l'art. 37 de la Charte constitutionnelle.

5. Les colléges électoraux se diviseront en colléges d'arrondissement et colléges de département.

Sont toutefois exceptés les colléges électoraux des départements auxquels il n'est attribué qu'un seul député.

6. Les colléges électoraux d'arrondissement se composeront de tous les électeurs dont le domicile politique sera établi dans l'arrondissement.

Les colléges électoraux de département se composeront du quart le plus imposé des électeurs du département.

7. La circonscription actuelle des colléges électoraux d'arrondissement est maintenue.

8. Chaque collége électoral d'arrondissement élira un nombre de candidats égal au nombre des députés de département.

9. Le collége d'arrondissement se divisera en autant de sections qu'il devra nommer de candidats.

Cette division s'opérera proportionnellement au nombre des sections et au nombre total des électeurs du collége, en ayant égard, autant qu'il sera possible, aux convenances des localités et du voisinage.

10. Les sections du collége électoral d'arrondissement pourront être assemblées dans des lieux différents.

11. Chaque section du collége électoral d'arrondissement élira un candidat et procédera séparément.

12. Les présidents des sections du collége électoral d'arrondissement seront nommés par les préfets, parmi les électeurs de l'arrondissement.

13. Le collége de département élira les députés.

La moitié des députés du département devra être choisie dans la liste générale des candidats proposés par les colléges d'arrondissement.

Néanmoins si le nombre des députés du département est impair, le partage se fera sans réduction du droit réservé au collége du département.

14. Dans le cas où par l'effet d'omissions, de nominations nulles ou de doubles nominations, la liste de candidats proposés par les colléges d'arrondissement serait incomplète; si cette liste est réduite au-dessous de la moitié du nombre exigé, le collége de département pourra élire un député de plus hors de la liste; si la liste est réduite au-dessous du quart, le collége de département pourra élire hors de la liste, la totalité des députés du département.

15. Les préfets, les sous-préfets et les officiers-généraux commandant les divisions militaires et les départements ne pourront être élus dans les départements où ils exercent leurs fonctions.

16. La liste des électeurs sera arrêtée par le préfet en conseil de préfecture. Elle sera affichée cinq jours avant la réunion des colléges.

17. Les réclamations sur la faculté de voter aux-

quelles il n'aura pas été fait droit par les préfets seront jugées par la chambre des députés en même temps qu'elle statuera sur la validité des opérations des colléges.

18. Dans les colléges électoraux de département les deux électeurs les plus âgés et les deux électeurs le plus imposés rempliront les fonctions de scrutateurs.

La même disposition sera observée dans les sections de collége d'arrondissement, composées de plus de cinquante électeurs.

Dans les autres sections de collége, les fonctions de scrutateur seront remplies par le plus âgé et par le plus imposé des électeurs.

Le secrétaire sera nommé dans le collége des sections de collége par le président et les scrutateurs.

19. Nul ne sera admis dans le collége ou section de collége s'il n'est inscrit sur la liste des électeurs qui en doivent faire partie. Cette liste sera remise au président, et restera affichée dans le lieu des séances du collége pendant la durée de ses opérations.

20. Toute discussion et toute délibération quelconques seront interdites dans le sein des colléges électoraux.

21. La police du collége appartient au président. Aucune force armée ne pourra, sans sa demande, être placée auprès du lieu des séances. Les commandants militaires seront tenus d'obtempérer à ses réquisitions.

22. Les nominations seront faites dans les colléges et sections de collége, à la majorité absolue des votes exprimés.

Néanmoins, si les nominations ne sont pas terminées après deux tours de scrutin, le bureau arrêtera la liste des personnes qui auront obtenu le plus de suffrages au deuxième tour. Elle contiendra un nombre de noms double de celui des nominations qui resteront à faire. Au troisième tour, les suffrages ne pourront être donnés qu'aux personnes inscrites sur cette liste, et la nomination sera faite à la majorité relative.

23. Les électeurs voteront par bulletins de liste. Chaque bulletin contiendra autant de noms qu'il y aura de nominations à faire.

24. Les électeurs écriront leur vote sur le bureau, ou l'y feront écrire par l'un des scrutateurs.

25. Le nom, la qualification et le domicile de chaque électeur qui déposera son bulletin, seront inscrits par le secrétaire sur une liste destinée à constater le nombre des votants.

26. Chaque scrutin restera ouvert pendant six heures et sera dépouillé séance tenante.

27. Il sera dressé un procès-verbal pour chaque séance. Ce procès-verbal sera signé par tous les membres du bureau.

28. Conformément à l'art. 46 de la Charte constitutionnelle, aucun amendement ne pourra être fait à une loi, dans la chambre, s'il n'a été proposé ou consenti par nous, et s'il n'a été renvoyé et discuté dans les bureaux.

29. Toutes dispositions contraires à la présente ordonnance resteront sans effet.

30. Nos ministres secrétaires-d'état sont chargés de l'exécution de la présente ordonnance.

Donné à Saint-Cloud, le 25e jour du mois de juillet de l'an de grace mil huit cent trente, et de notre règne le sixième.

CHARLES.

Par le Roi :

Le président du conseil des ministres,
P^{ce} DE POLIGNAC.

Le garde-des-sceaux, ministre de la justice,
CHANTELAUZE.

Le ministre de la marine et des colonies,
B^{on} D'HAUSSEZ.

Le ministre de l'intérieur,
Cte DE PEYRONNET.

Le ministre des finances,
MONTBEL.

Le ministre des affaires ecclésiastiques et de l'instruction publique,
Cte DE GUERNON-RANVILLE.

Le ministre des travaux publics,
CAPELLE.

CHARLES, par la grace de Dieu, Roi de France et de Navarre,

A tous ceux qui ces présentes verront, salut.

Vu l'ordonnance royale en date de ce jour, relative à l'organisation des colléges électoraux;

Sur le rapport de notre ministre secrétaire-d'état au département de l'intérieur,

Nous avons ordonné et ordonnons ce qui suit :

Art. 1er. Les colléges électoraux se réuniront, savoir, les colléges électoraux d'arrondissement, le 6 septembre prochain, et les colléges électoraux de département, le 18 du même mois.

2. La chambre des pairs et la chambre des députés des départements sont convoquées pour le 28 du mois de septembre prochain.

3. Notre ministre secrétaire-d'état de l'intérieur est chargé de l'exécution de la présente ordonnance.

Donné au château de Saint-Cloud, le 25e jour du mois de juillet de l'an de grace 1830, et de notre règne le sixième.

CHARLES.

Par le Roi :

Le ministre secrétaire-d'état de l'intérieur,

Cte de Peyronnet.

N° 2.

Protestation des Journalistes (27 juillet 1830).

On a souvent annoncé, depuis six mois, que les lois seraient violées, qu'un coup d'état serait frappé; le bon sens public se refusait à le croire. Le ministère repoussait cette supposition comme une calomnie. Cependant le *Moniteur* a publié enfin ces mémorables ordonnances, qui sont la plus éclatante violation des lois. Le régime légal est donc interrompu; celui de la force est commencé.

Dans la situation où nous sommes placés, l'obéissance cesse d'être un devoir. Les citoyens appelés les premiers à obéir sont les écrivains des journaux; ils doivent donner les premiers l'exemple de la résistance à l'autorité qui s'est dépouillée du caractère de la loi. Les raisons sur lesquelles ils s'appuient sont telles, qu'il suffit de les énoncer.

Les matières que règlent les ordonnances publiées aujourd'hui sont de celles sur lesquelles l'autorité royale ne peut, d'après la Charte, prononcer toute seule. La Charte, art. 8, dit que les Français, en matière de presse, seront tenus de se conformer *aux lois;* elle ne dit pas aux ordonnances. La Charte, art. 35, dit que l'organisation des colléges électoraux sera réglée *par les lois;* elle ne dit pas par les ordonnances.

La Couronne avait elle-même jusqu'ici reconnu ces articles; elle n'avait point songé à s'armer contre eux, soit d'un prétendu pouvoir constituant, soit du pouvoir faussement attribué à l'article 14.

Toutes les fois, en effet, que des circonstances, prétendues graves, lui ont paru exiger une modification soit au régime de la presse, soit au régime électoral, elle a eu recours aux deux Chambres. Lorsqu'il a fallu modifier la Charte pour établir la septennalité et le renouvellement intégral, elle a eu recours non à elle-même, comme auteur de cette Charte, mais aux Chambres. La Royauté a donc reconnu, pratiqué elle-même, ces articles 8 et 35, et ne s'est arrogé à leur égard, ni une autorité constituante, ni une autorité dictatoriale qui n'existent nulle part.

Les tribunaux, qui ont droit d'interprétation, ont solennellement reconnu ces mêmes principes. La cour royale de Paris et plusieurs autres ont condamné les publicateurs de l'*Association bretonne*, comme auteurs d'outrages envers le gouvernement. Elle a considéré comme un outrage la supposition que le gouvernement pût employer l'autorité des ordonnances, là où l'autorité de la loi peut seule être admise. Ainsi le texte formel de la Charte, la pratique suivie jusqu'ici par la Couronne, les décisions des tribunaux, établissent qu'en matière de presse et d'organisation électorale, les lois, c'est-à-dire le Roi et les Chambres, peuvent seules statuer.

Aujourd'hui donc, le gouvernement a violé la légalité. Nous sommes dispensés d'obéir; nous essaierons de publier nos feuilles sans demander l'autorisation qui nous est imposée : nous ferons nos efforts pour qu'aujourd'hui, au moins, elles puissent arriver à toute la France.

Voilà ce que notre devoir de citoyens nous impose, et nous le remplissons.

Nous n'avons pas à tracer ses devoirs à la Chambre illégalement dissoute; mais nous pouvons la supplier, au nom de la France, de s'appuyer sur son droit évident et de résister autant qu'il sera en elle à la violation des lois. Ce droit est aussi certain que celui sur lequel nous nous appuyons. La Charte dit, art. 5o, que le Roi peut dissoudre la Chambre des députés ; mais il faut pour cela qu'elle ait été réunie, constituée en Chambre ; qu'elle ait soutenu enfin un système capable de provoquer sa dissolution. Mais, avant la réunion, la constitution de la Chambre, il n'y a que des élections faites. Or, nulle part la Charte ne dit que le Roi peut casser les élections. Les ordonnances publiées aujourd'hui ne font que casser des élections, elles sont donc illégales, car elles font une chose que la Charte n'autorise pas. Les députés élus, convoqués pour le 3 août, sont donc bien et dûment élus et convoqués. Leur droit est le même aujourd'hui qu'hier. La France les supplie de ne pas l'oublier. Tout ce qu'ils pourront pour faire prévaloir ce droit, ils le doivent.

Le gouvernement a perdu aujourd'hui le caracère de légalité qui commande l'obéissance. Nous lui résistons pour ce qui nous concerne; c'est à la France à juger jusqu'où doit s'étendre sa propre résistance.

Ont signé les gérants et rédacteurs des journaux actuellement présents à Paris :

MM. Gauja, gérant du *National*.
Thiers, Mignet, Carrel, Chambolle, Peysse, Albert Stapher, Dubochet, Rolle, rédacteurs du *National*.
Leroux, gérant du *Globe*.
De Guizard, rédacteur du *Globe*.
Sarrans jeune, gérant du *Courrier des Électeurs*.
B. Dejean, rédacteur du *Globe*.
Guyet, Mousette, rédacteurs du *Courrier*.
Auguste Fabre, rédacteur en chef de la *Tribune des Départements*.
Année, rédacteur du *Constitutionnel*.
Cauchois-Lemaire, rédacteur du *Constitutionnel*.
Senty, rédacteur du *Temps*.
Haussman, rédacteur du *Temps*.
Avenel, rédacteur du *Courrier Français*.
Dussard, rédacteur du *Temps*.

Levasseur, rédacteur de la *Révolution*.
Évariste Dumoulin.
Alexis de Jussieu, rédacteur du *Courrier Français*.
Châtelain, gérant du *Courrier Français*.
Plagnol, rédacteur en chef de la *Révolution*.
Fazy, rédacteur de la *Révolution*.
Busoni, Barbaroux, rédacteurs du *Temps*.
Chalas, rédacteur du *Temps*.
A. Billiard, rédacteur du *Temps*.
Ader, rédacteur de la *Tribune des Départements*.
F. Larreguy, rédacteur du *Journal du Commerce*.
J. F. Dupont, avocat, rédacteur du *Courrier Français*.
Ch. de Rémusat, rédacteur du *Globe*.
V. de Lapelouze, l'un des gérants du *Courrier Français*.
Bohain et Roqueplan, rédacteurs du *Figaro*.
Coste, gérant du *Temps*.
J. J. Baude, rédacteur du *Temps*.
Bert, gérant du *Journal du Commerce*.
Léon Pillet, gérant du *Journal de Paris*.
Vaillant, gérant du *Sylphe*.

N° 3.

LISTE DES DÉPUTÉS DONT LES NOMS SE TROUVENT A LA SUITE DE LA PROTESTATION CONTRE LES ORDONNANCES DU 25 JUILLET 1830, PUBLIÉE PAR M. COSTE, GÉRANT DU JOURNAL *le Temps*, LE 28 DU MÊME MOIS.

(Un astérisque indique les députés qui n'étaient pas à la réunion et dont les noms ont été ajoutés.)

Audry de Puyraveau (*Charente-Inférieure*).
Baillot (*Seine-et-Marne*).
Bavoux (*Seine*).
*Benjamin Constant (*Bas-Rhin*).
Bérard (*Seine-et-Oise*).
Bernard (*Ille-et-Vilaine*).
Bertin de Vaux (*Seine-et-Oise*).
Bondy (comte de) (*Indre*).
*Champlouis (Nau de) (*Vosges*).
Chardel (*Seine*).
(1) Daunou (*Finistère*).

Delessert (Benjamin) (*Maine-et-Loire*).
Didot (Firmin) (*Eure-et-Loire*).
Duchaffault (*Vendée*).
Dugas-Montbel (*Rhône*).
Dumas (le comte Matthieu) (*Seine*).
*Dupin (Charles) (*Tarn*).
*Dupont (de l'Eure) (*Eure*).
*Duris-Dufresne (*Indre*).
*Estourmel (comte d') (*Nord*).
*Froidefond de Bellisle (*Dordogne*).
Garcias (*Pyrénées-Orientales*).
Gallot (André) (*Charente-Inférieure*).
Gérard (comte) (*Dordogne*).
*Girod de l'Ain (*Indre-et-Loire*).
Guizot (*Calvados*).
*Harcourt (comte Eugène d') (*Seine-et-Marne*).
*Hernoux (*Côte-d'Or*).
*Jouvencel (*Seine-et-Oise*).
*Kératry (*Vendée*).
Labbey de Pompières (*Aisne*).
Laborde (comte de) (*Seine*).
Lafayette (le général) (*Seine-et-Marne*).
*Lafayette (George) (*Id.*).
Laffitte (Jacques) (*Basses-Pyrénées*).
*Laisné de Villevêque (*Loiret*).
*Lameth (comte de) (*Seine-et-Oise*).
Lefebvre (Jacques) (*Seine*).
*Levaillant de Bovent (*Oise*).
Lobau (comte de) (*Meurthe*).
Louis (baron) (*Seine*).

Marchal (*Meurthe*).
Mauguin (*Côte-d'Or*).
Méchin (*Aisne*).
Milleret (*Moselle*).
Montguyon (le comte de) (*Oise*).
Odier (*Seine*).
Périer (Casimir) (*Marne*).
Périer (Camille) (*Sarthe*).
Persil (*Gers*).
Poulmaire (*Moselle*).
* Riboissière (le comte de la) (*Ille-et-Vilaine*).
* Rochefoucauld (Gaétan de la) (*Cher*).
Saint-Aignan (Auguste de) (*Loire-Inférieure*).
* Salverte (Eusèbe) (*Seine*).
Schonen (baron de) (*Id.*).
Sébastiani (comte de) (*Aisne*).
* Ternaux (baron) (*Haute-Vienne*).
Tronchon (*Oise*).
Vassal (*Seine*).
Villemain (*Eure*).
* Voysin de Gartempe (baron) (*Creuse*).

N° 4.

LISTE DES SIGNATAIRES DE L'INVITATION ADRESSÉE AU DUC D'ORLÉANS POUR L'ENGAGER A ACCEPTER LA LIEUTENANCE-GÉNÉRALE DU ROYAUME, LE 30 AOÛT 1830.

(Les noms sont placés dans l'ordre des signatures.)

Corcelles (*Saône-et-Loire*).
Eusèbe Salverte (*Seine*).
J. Laffitte (*Basses-Pyrénées*).
S. Bérard (*Seine-et-Oise*).
Benj. Delessert (*Maine-et-Loire*).
Guizot (*Calvados*).
Caumartin (*Somme*).
Horace Sébastiani (*Aisne*).
Méchin (*Aisne*).
Dupin aîné (*Nièvre*).
Paixhans (*Moselle*).
Baron Charles Dupin (*Tarn*).
Bertin de Vaux (*Seine-et-Oise*).
Vassal (*Seine*).

Odier (*Seine*).
André Gallot (*Charente-Inférieure*).
Louis (*Seine*).
Kératry (*Vendée*).
Girod de l'Ain (*Indre-et-Loire*).
Matthieu Dumas (*Seine*).
Bignon (*Eure*).
Baillot (*Seine-et-Marne*).
Duchaffault (*Vendée*).
Bernard de Rennes (*Ille-et-Vilaine*).
G. L. Ternaux (*Haute-Vienne*).
Persil (*Gers*).
Dugas-Montbel (*Rhône*).
Alex. Delaborde (*Seine*).
Champlouis (*Vosges*).
Benj. Constant (*Bas-Rhin*).
Pompières (*Aisne*).
Général Minot (*Charente-Inférieure*).
Vicomte Tirlet (*Marne*).
Lobau (*Meurthe*).
Comte de Bondy (*Indre*).
Camille Périer (*Sarthe*).
Prévôt de Leygonie (*Dordogne*).
Casimir Périer (*Aube*).
Firmin Didot (*Eure-et-Loir*).
De Schonen (*Seine*).

N° 5.

ÉTAT des Officiers, Sous-Officiers et Soldats tués ou blessés dans les journées des 27, 28 et 29 juillet 1830.

DÉSIGNATION des RÉGIMENTS.	NOMS de MM. LES OFFICIERS.	GRADES.	TUÉS. Nombre.	Total par régiment.	BLESSÉS. Nombre.	Total par régiment.	OBSERVATIONS.
CUIRASSIERS de l'ex-Garde-royale.	D'Osembray	Capitaine en 2e	»	1	1	2	
	Bevalot	Lieutenant en 2e	»		1		
	Thevenet	Sous-lieut., porte-étendard.	1		»		
DRAGONS, id...	Gault	Lieutenant en 1er	»	»	1	1	
	Le duc d'Esclignac.	Lieutenant-colonel	»		»		
LANCIERS, id...	Petit Lamontagne.	Capitaine adjudant-major.	1	2	»	2	
	D'Hatentot	Sous-lieutenant	1		»		
	Prat	Porte-étendard	»		1		
1er RÉGIMENT D'INFANTERIE de l'ex-Garde-roy^e.	Couturier St.-Clair.	Chef de bataillon	»	3	1	4	
	De Bonchamp	Capitaine	»		1		
	De Bousmard	Id	»		1		
	De Lamothe	Id	»		1		
	Le Motheux	Id	1		»		
	Dumolard	Lieutenant	1		»		
	Sellonneau	Id	1		»		
3e id. id....	De Pleineselve	Colonel	1	4	»	5	
	De Lavieuville	Capitaine	»		1		
	De Lablanchetée	Id	»		1		
	D'Ast	Id	»		1		
	De Lachapelle	Lieutenant	1		»		
	Charpentier	Id	1		»		
	De St.-Germain	Id	»		1		
	Noirot	Id	»		1		
	De Geraudon	Sous-lieutenant	»		1		
6e id. id....	Menusier	Capitaine	1	2	»	4	
	Ferran	Sous-lieutenant	1		»		
	Mougène de St.-Avid	Capitaine	»		1		
	De Conchy	Id	»		1		
	Cochereau	Lieutenant	»		1		
	Carradot	Sous-lieutenant	»		1		
7e RÉGIMENT D'INF^e SUISSE de l'ex-Garde-roy^e.	De Muralt	Chef de bataillon	»	2	1	1	
	Dufay	Major	1		»		
	De Treuler	Capitaine	1		»		

PIÈCES JUSTIFICATIVES.

DÉSIGNATION des RÉGIMENTS.	NOMS de MM. LES OFFICIERS.	GRADES.	TUÉS. Nombre.	TUÉS. Total par régiment.	BLESSÉS. Nombre.	BLESSÉS. Total par régiment.	OBSERVATIONS.
		report.....	2				
7ᵉ RÉGIMENT D'INFᵉ SUISSE le l'ex-Garde-royᵉ.	MONNEY	Capitaine	»	3	1	8	
	GALLATY	Id.	»		1		
	BLAZER	Id.	»		1		
	TALLER	Lieutenant	»		1		
	D'AUCHAMP	Sous-lieutenant	»		1		
	DE DIESBACH	Id.	»		1		
	JUD	Adjudant	»		1		
	GARTMANN	Id.	1		»		
5ᵉ RÉGIMENT D'INFᵉ DE LIGNE.	BOUCHER	Porte-drapeau	»	»	1	3	
	COMEIRAS	Capitaine	»		1		
	COMMAN	Id.	»		1		
	DICHÉ	Id.	»		1		
10ᵉ id. id.	JOURDAN	Aide-major	»	1	1	3	
	LAFORE	Capitaine	»		1		
	BRÈS	Sous-lieutenant	1		1		
3ᵉ id. id.	JACMINOT	Capitaine adjudant-major	»		1		
5ᵉ RÉGIMENT D'INFᵉ LÉGÈRE.	OBRY	Capitaine	1	2	»	3	
	MARY	Lieutenant	1		»		
	GUARDIA	Id.	»		1		
	LENOTRE	Sous-lieutenant	»		1		
	MARY	Id.	»		1		
		TOTAL GÉNÉRAL DES OFFICIERS...	18		36		

Sous-Officiers et Soldats.

DÉSIGNATION DES RÉGIMENTS.	SOUS-OFFICIERS ET SOLDATS tués.	SOUS-OFFICIERS ET SOLDATS blessés.	OBSERVATIONS.
1ᵉʳ Régiment de Cuirassiers (ex-Garde)	3	8	Non compris 100 hommes environ dont le sort est inconnu.
Lanciers............... Id.	»	12	
Artillerie............. Id.	2	7	
Gendarmerie d'élite	2	6	
Id. de Paris	5	6	
1ᵉʳ Régiment d'Infanterie (ex-Garde)	18	69	On n'est pas certain de la mort de 21 des hommes portés dans les 30 tués.
3ᵉ Id. .... Id.	15	75	
6ᵉ Id. .... Id.	30	78	
7ᵉ Id. Suisse..... Id.	51	217	
5ᵉ Id. DE LIGNE.. Id.	3	14	Il y a de plus 37 sous-officiers et soldats dont on n'a aucun renseignement.
50ᵉ Id. .... Id.	8	23	
53ᵉ Id. .... Id.	»	2	
15ᵉ Id. LÉGÈRE	8	25	
TOTAL des Sous-officiers et Soldats...	145	542	

RÉCAPITULATION.

Officiers	18	36
Sous-officiers et Soldats	145	542
TOTAL GÉNÉRAL	163	578

N° 6.

RÉUNION DES DÉPUTÉS.

Séance du 29 juillet 1830 (1).

Chez M. Laffitte, président.

Un rendez-vous de députés avait été assigné pour le jeudi chez M. Laffitte, à qui de vives douleurs de jambes ne permettaient pas de se transporter au dehors. La réunion eut lieu vers midi.

Parmi les membres présents figuraient MM. Guizot, baron Louis, Villemain, Labbey de Pompières, Gérard, Lafayette, Matthieu-Dumas, Méchin, d'Estourmel, Dupin aîné, Bérard, Mauguin, André Gallot, de Bondy, Audry de Puyraveau, Duchaffault, Bertin de Vaux, Martin Laffitte, de Schonen, Milleret, Salverte, de Laborde, et autres membres, au nombre de huit ou dix.

La séance était présidée par M. J. Laffitte. La

---

(1) Il n'a pas été rédigé de procès-verbaux des séances précédentes.

séance était ouverte, et la discussion commencée, lorsque M. Denis Lagarde, secrétaire rédacteur de la Chambre, a été introduit, et a réclamé l'honneur d'exercer ses fonctions au sein de la réunion des députés.

Voici la partie de la discussion qu'il a pu recueillir :

M. le Président.— Dans la situation où nous nous trouvons, il est plus que jamais indispensable de nous emparer de la direction des affaires, non sous le titre de gouvernement provisoire, mais avec notre caractère de députés. Si une direction régulière n'était pas donnée au grand mouvement de la population, il serait possible que le découragement s'emparât des esprits; que le désordre surgît de toutes parts; que des incendies même éclatassent dans la ville. Il faut d'ailleurs que les régiments disposés à venir à nous sachent à qui s'adresser. En un mot, tout le monde appelle une direction; elle est impérieusement commandée par les circonstances. J'appelle sur ce point toute votre attention.

M. Bérard.— D'après le nouvel aspect qu'ont pris les événements, je suis également convaincu que le salut général serait compromis si nous n'adoptions des mesures promptes et efficaces.

M. le Président.— Le peuple est exténué de fatigue et de faim; notre premier devoir est de lui porter secours, et d'organiser sur tous les points des distributions de vivres. Nous ferons tous des sacrifices pour pourvoir à d'aussi urgents besoins. (*Assentiment unanime.*)

M. le général Lafayette est introduit, et adresse aussitôt à ses collègues l'allocution suivante :

Messieurs, vous me croirez sans peine quand je vous dirai que j'ai reçu ce matin la première nouvelle de ma nomination comme commandant de la garde nationale. Il m'est démontré que la volonté d'un grand nombre de citoyens est que j'accepte, non comme député, mais comme individu, la mission qui m'est offerte. Je dois vous soumettre les motifs qui me paraissent de nature à déterminer mon acceptation. Un vieux nom de 89 peut être de quelque utilité dans les circonstances graves où nous sommes; attaqués de toutes parts, nous devons nous défendre.

(Un officier de la garde nationale vient annoncer que le Louvre est pris).

M. le général Lafayette poursuit en ces termes :

On m'invite à me charger du soin d'organiser la défense. J'apprends que de semblables propositions ont été faites à mon collègue et ami M. de Laborde. Il serait étrange et même inconvenant que ceux surtout qui ont donné de vieux gages de dévouement à la cause nationale refusassent de répondre à l'appel qui leur est adressé. Ce refus nous rendrait responsables des événements futurs. Des instructions, des ordres me sont demandés de toutes parts. On attend mes réponses. Croyez-vous qu'en présence des dangers qui nous menacent, l'immobilité convienne à ma vie passée et à ma situation présente? Non ; ma conduite sera à 73 ans ce qu'elle a été à 32.

Il importe, je le sens, que la Chambre se réserve en sa qualité de Chambre; mais à moi, citoyen, mon devoir me prescrit de répondre à la confiance publique, et de me dévouer à la défense commune.

M. Guizot.—Il est impossible que l'honorable général ne se rende pas au vœu de ses concitoyens. La sécurité de Paris dépend de sa détermination. Nous aussi, nous avons des devoirs à remplir. Il est urgent que nous établissions, non pas un gouvernement provisoire, mais une autorité publique, qui, sous une forme municipale, s'occupe du rétablissement et du maintien de l'ordre.

M. Mauguin.—Nous nous occuperons tous, sans titre, de la direction des affaires actuelles.

M. Bertin de Vaux.—J'adhère complétement à la proposition de M. Guizot. Il importe de régulariser au plus vite le mouvement de la capitale. Si nous ne pouvons retrouver le vertueux maire de Paris en 89, applaudissons-nous d'avoir reconquis l'illustre chef de la garde nationale.

M. Méchin.—Il est urgent d'établir une autorité qui se charge de pourvoir aux subsistances de la ville.

M. le Président.—Dans toutes les opinions qui ont été émises, je crois apercevoir l'expression d'un vœu unanime, c'est qu'il soit formé une commission municipale parisienne qui veillera à la défense, à l'approvisionnement et à la sécurité de la capitale. Je vais mettre aux voix la proposition de créer cette commission.

La proposition est adoptée à l'unanimité. On décide ensuite que la commission municipale sera composée de cinq membres.

M. le général Lafayette est invité à désigner les membres de cette commission. L'honorable général se refuse à cette désignation, et dit que, pour mieux établir l'échafaudage d'un gouvernement provisoire, il importe que la commission municipale soit nommée par la Chambre.

M. Villemain fait observer que les députés agissent, en cette occurrence, non comme Chambre, mais comme réunion de députés.

M. Méchin.—La ville de Paris a nommé le commandant de sa garde nationale, c'est à elle qu'il appartient d'instituer son administration municipale ; vingt-quatre heures suffiront pour cette opération.

M. Bérard fait observer que le mode de nomination proposé par le préopinant entraînerait une perte de temps énorme et qu'il serait impraticable.

M. Mauguin pense qu'il faut ou aller au scrutin, ou inviter M. Laffitte à désigner les membres de la commission.

M. le Président se refuse à nommer lui-même les membres de la commission ; et insiste pour la nomination au scrutin.

M. Bertin de Vaux dit qu'une grande agitation

règne au dehors ; que le nom du général Lafayette est partout prononcé, et qu'il importe que l'honorable général aille se montrer aux citoyens.

M. le Président annonce que le général Lafayette accepte le commandement de la garde nationale, qui vient de lui être déféré par de notables citoyens réunis dans l'intérêt de la défense de la capitale.

M. le général Lafayette quitte la réunion.

M. le général Gérard, à qui est décerné le commandement des troupes, déclare qu'il sera heureux de servir sous les ordres de son vénérable collègue et ami le général Lafayette.

M. le Président. — Le procès-verbal mentionnera, non pas le courage du général Gérard, c'est de l'histoire ancienne, mais sa modestie.

On annonce que les officiers du 53e régiment de ligne, qui ont demandé à servir sous les ordres du général Gérard, sollicitent l'honneur d'être introduits au sein de la réunion.

Plusieurs officiers de ce corps, précédés de leur colonel et de leur lieutenant-colonel, sont admis dans l'assemblée.

M. le colonel du régiment déclare, au nom de ses frères d'armes, que, profondément affligés des scènes sanglantes dont Paris a été le théâtre, ils viennent offrir le secours de leurs bras et de leurs épées pour le rétablissement de l'ordre. L'honneur leur prescrit de stipuler qu'ils ne combattront pas contre leurs anciens compagnons d'armes.

M. le Président félicite ces officiers de leur

noble conduite, et leur garantit qu'ils n'auront à subir aucune condition injurieuse pour leur honneur. Il leur adresse l'expression de la reconnaissance nationale.

Après la sortie de MM. les officiers du 53e, la séance est quelque temps interrompue par des coups de fusil tirés au dehors, et par toutes les apparences extérieures d'une alerte. Au milieu du désordre que cause cette méprise, M. le président reste immobile et calme sur le fauteuil où l'enchaînent de vives souffrances, et, lorsque le tumulte est apaisé, il invite ses collègues à reprendre leurs délibérations.

On procède à un scrutin pour la nomination des cinq membres de la commission municipale.

Voici les noms qui ont réuni la majorité des suffrages :

> MM. J. Laffitte.
> Casimir Périer.
> Gérard.
> Lobau.
> Odier (1).

M. le Président annonce que divers rédacteurs

---

(1) M. le général Gérard n'ayant pas cru devoir cumuler ces fonctions avec celles de commandant des troupes, et M. Odier s'étant refusé à les accepter, ils ont été remplacés par MM. de Schonen et Audry de Puyraveau qui avaient, après eux, obtenu le plus grand nombre de suffrages. M. Mauguin a été plus tard appelé au sein de la Commission, qui avait la faculté de s'adjoindre de nouveaux collègues.

de journaux offrent de publier toutes les lettres et avis, et de répandre avec profusion et *gratis* toutes les décisions des députés.

M. de Schonen informe la réunion que M. Duverger, imprimeur, propose également de se charger sans aucune rétribution de toutes les impressions ordonnées par MM. les députés.

M. de Las-Cases est introduit et annonce que M. le général Dubourg a pris un commandement à l'Hôtel-de-Ville, et qu'un sauf-conduit a été accordé à un colonel pour y amener douze officiers supérieurs. Il ajoute qu'on a grand besoin de grosses épaulettes. Le Louvre, les Tuileries sont pris. Il n'y a plus dans Paris que des citoyens; mais il importe de rétablir et de maintenir l'ordre.

M. le Président proclame les cinq membres de la Commission municipale.

Un citoyen est introduit, qui remet à M. le président un paquet renfermant une dépêche adressée par le gouvernement anglais à son ambassadeur à Paris.

M. le Président propose d'envoyer immédiatement ce paquet à son adresse.

M. Mauguin pense qu'il conviendrait peut-être de prendre connaissance du contenu.

M. Labbey de Pompières combat cette opinion en signalant le danger de se mettre en guerre avec l'Angleterre.

M. Mauguin déclare qu'il adhère à l'avis du préopinant.

M. le Président ordonne l'envoi immédiat des dépêches à lord Stuart, ambassadeur d'Angleterre.

MM. les députés décident que la Commission municipale aura la faculté de s'adjoindre de nouveaux collègues.

M. le général Sébastiani, qui vient d'être introduit, se charge d'aller inspecter le Louvre et l'Hôtel-de-Ville.

Le secrétaire rédacteur, M. Denis Lagarde, est chargé d'aller informer les journaux des principales résolutions adoptées par la réunion des députés.

RÉUNION DES DÉPUTÉS.

Séance du 29 juillet 1830,

Chez M. Laffitte, président.

Huit heures du soir.

Sont présents la plupart des membres qui assistaient à la réunion du matin.

M. Bérard est autorisé à tirer des bons sur le trésor pour l'approvisionnement des 5e et 53e régiments de ligne.

M. le Président donne lecture d'une lettre écrite de Chaillot par M. Victor d'Estaing, à qui a été déféré le commandement de la garde nationale de cette localité, et qui annonce que Chaillot renferme deux cents hommes de bonne volonté, et que cent gardes royaux y ont été faits prisonniers.

Le contrôleur des diligences de Versailles fait savoir qu'une partie de la garde royale s'était dirigée vers cette ville, mais qu'elle a trouvé les grilles fermées, et que tout Versailles est en armes.

M. Guizot annonce qu'il vient d'apprendre que M. le duc de Mortemart a été nommé ministre des affaires étrangères et président du conseil des ministres.

M. le Président dit qu'il résulte de renseignements certains que les troupes sont plongées dans le plus profond découragement.

M. Milleret propose de nommer à l'instant même une commission qui se chargerait de la rédaction d'un *moniteur* pour faire savoir aux départements ce qui s'est passé dans la capitale depuis trois jours et pour les engager à armer les gardes nationales.

M. Dupin aîné répond que des instructions ont été, à ce sujet, données à la Commission municipale, qui a dû prendre des mesures promptes et efficaces.

M. le baron Louis. — La question des départements, quoique fort importante, n'est que secondaire; ce qu'il est bien plus important de décider, c'est la question de savoir si nous saisirons ou si nous ne saisirons pas le pouvoir? Devons-nous ou ne devons-nous pas prendre possession des ministères? Je viens de recevoir une lettre de la Commission municipale qui me demande si, conformément à l'invitation qu'elle m'avait adressée, j'ai pris possession de l'administration des finances.

M. Dupin aîné. — L'administration provisoire que vous avez instituée pourvoira à tout.

M. Bertin de Vaux. — On ne peut se soustraire à la question que vient de poser M. le baron Louis. Il a reçu la mission de prendre possession des finances, que doit-il faire?

M. le général FABVIER est introduit et dit que le besoin d'une prompte organisation se fait partout sentir. Un grand nombre d'officiers de la garde royale sont rentrés dans Paris en habit bourgeois. Demain on peut être attaqué de nouveau. Il est urgent de régulariser les moyens de défense.

LE PRÉSIDENT. — Toutes les mesures d'organisation et de sûreté regardent la Commission municipale. Le général Gérard, avec plusieurs autres généraux, s'est chargé d'assurer les moyens de défense.

Après la sortie de M. le général Fabvier, M. le président fait observer qu'il est indispensable d'inviter la Commission municipale à prendre toutes les mesures nécessaires pour assurer des vivres aux troupes qui ont embrassé la cause nationale. Il annonce que de bonnes nouvelles sont arrivées de l'état-major; qu'il s'y trouve une grande quantité de poudres, et qu'elles seront livrées à la première réquisition.

M. DE LAMETH pense qu'il est urgent de s'occuper de la constitution des mairies provisoires.

Un membre répond que des mesures ont été prises à ce sujet. La Commission municipale a écrit aux douze maires de Paris. S'ils ne consentent pas à exercer leurs fonctions, la Commission y pourvoira.

M. LE PRÉSIDENT dit qu'il a lieu de croire que les douze maires, enverront ce soir leur démission.

M. BERTIN DE VAUX demande si l'on est maître

de l'administration des postes, et il fait observer que la question posée par M. le baron Louis est inévitable. S'emparera-t-on ou non des ministères?

M. le Président. — Nous avons institué une Commission purement municipale, mais dont les pouvoirs embrassent nécessairement toutes les parties de l'administration que le gouvernement avait abandonnées. Quarante millions se trouvaient dans les caisses, la Commission a pensé qu'il était urgent de les placer sous la protection d'une autorité quelconque. Elle a confié la garde des finances non pas à un ministre, mais à un commissaire. Elle n'a pas cru pouvoir mettre la fortune publique dans des mains plus sûres et plus habiles que celles de M. le baron Louis. Elle a fait en l'absence du gouvernement ce qu'aurait fait un maire de Paris, s'il n'y en avait qu'un dans la capitale.

M. d'Argout, pair de France, est introduit; il vient de St.-Cloud. M. de Sémonville a eu une conférence avec le Roi, et lui a adressé les plus énergiques représentations. Le résultat de cette conférence a été le renvoi des ministres et le rapport des ordonnances. Le Roi a nommé M. de Mortemart, président du conseil, et M. le général Gérard, ministre de la guerre. M. de Sémonville et M. d'Argout ont été chargés d'en apporter la nouvelle à Paris. Ils se sont d'abord présentés à l'Hôtel-de-Ville, et ayant appris qu'une réunion de députés avait lieu chez M. Laffitte, M. d'Argout s'est empressé de s'y rendre.

M. le Président demande si cette communication est officielle, et fait observer qu'après les événements dont la capitale vient d'être le théâtre, la défiance est naturelle et légitime. Il demande en outre si la convocation des Chambres a lieu pour le 3 août.

M. D'Argout répond que la date n'a point été précisée, mais qu'elle est fort prochaine.

Plusieurs personnes étrangères se trouvaient en ce moment au sein de la réunion. MM. les députés ayant manifesté l'intention de délibérer seuls, le secrétaire rédacteur a cru devoir se retirer en même temps que les citoyens qui étaient présents. Il n'a pas non plus assisté à la discussion qui a eu lieu chez M. Laffitte dans la matinée du lendemain. L'ordre exprès avait été donné de n'admettre que des députés.

PREMIÈRE RÉUNION DES DÉPUTÉS

AU PALAIS DE LA CHAMBRE.

Séance du vendredi 30 juillet 1830.

Présidence de M. Laffitte.

Dans la réunion du matin chez M. Laffitte, il avait été décidé que MM. les députés s'assembleraient à midi au palais de la Chambre.

A l'heure indiquée, ils étaient tous réunis au nombre de trente ou de trente-cinq. M. Laffitte, que de vives souffrances empêchaient de marcher, s'était fait transporter en chaise-à-porteurs, les barricades élevées de toutes parts ayant rendu impossible la circulation des voitures.

Parmi les députés présents, on remarque M. Hyde de Neuville, qui seul siége sur les bancs de la droite.

Pressé par tous ses collègues d'exercer les fonctions de président, M. Laffitte monte au fauteuil.

La séance est ouverte à midi et demi.

M. BÉRARD demande la parole. — Messieurs, dit-il, en rentrant chez moi j'ai rencontré M. d'Argout, M. de Forbin-Janson et M. le duc de Mortemart. Ils se rendaient chez M. Laffitte, où ils croyaient trouver les députés encore réunis. Je les ai engagés à me suivre ici, mais M. de Mortemart était accablé de fatigue; il s'est retiré pour aller voir M. de Sémonville. J'ai lieu de croire qu'il se présentera devant vous. Je dois ajouter que nous nous sommes entretenus de la situation des choses. J'ai dit à ces messieurs que tout ce qu'ils regardaient comme possible était impraticable. M. de Mortemart m'a répondu qu'il avait un blanc-seing; que le Roi consentait à tout. Je lui ai fait observer qu'il y avait désormais une barrière infranchissable entre le Roi et la nation; mais que du reste je n'avais ni le droit ni la volonté de m'opposer aux communications qu'il pouvait être chargé de faire.

M. SALVERTE demande si l'on recevra ou si l'on ne recevra pas M. le duc de Mortemart.

M. LE PRÉSIDENT dit qu'avant tout il convient d'entendre les nouveaux renseignements que M. le général Gérard paraît avoir à donner.

M. le général SÉBASTIANI. — Si M. le duc de Mortemart se présente, nous devons le recevoir. Il s'agit de graves et immenses intérêts; il faut examiner quel sera le parti le plus sage et le plus utile à suivre. Pour choisir, il faut connaître sa situation. Nous devons d'ailleurs à M. de Mortemart de l'écouter lorsqu'il demande à être entendu. Je ne doute pas que la réunion ne consente à l'admettre.

Un député (dont le nom a échappé au secrétaire rédacteur) dit: Pour choisir, il faut avoir le droit d'opter; or, il y a une chose sur laquelle ce droit ne nous appartient pas. Je ne pense pas que nous puissions reconnaître les pouvoirs de M. de Mortemart.

M. Mauguin. — Je demande que la discussion sur ce point soit ajournée : nous n'avons rien d'officiel sur M. le duc de Mortemart, sur son intention de se présenter. Quand il se fera annoncer ici, nous examinerons ce qu'il conviendra de faire. Jusquelà nous devons nous livrer à d'autres discussions.

M. le général Sébastiani. — Tout ce que vous pouvez avoir d'officiel vous l'avez ; c'est de la bouche même de l'un de vos membres que vous avez entendu la demande faite par M. le duc de Mortemart d'être admis en votre présence. Pourquoi le faire attendre ? Pourquoi du moins ne pas discuter dès à présent, si vous l'admettrez ou si vous ne l'admettrez point ?

M. Mauguin. — Si M. de Mortemart était présent, je demanderais qu'il fût entendu; mais dans un moment où les minutes brûlent, où nous sommes menacés de nouvelles attaques, où, peut-être, la perte du pays est imminente, nous ne pouvons pas dépendre du bon plaisir de M. de Mortemart. Je persiste à demander l'ajournement.

M. Bérard. — J'appuie la proposition de M. Mauguin. J'ai vu ce matin M. de Mortemart; il m'a annoncé ce qu'il avait l'intention de faire, mais cependant ce n'était qu'une communication privée, et je ne veux, à cet égard, assumer sur moi aucun genre de responsabilité. Je pense comme M. Mauguin, que d'immenses intérêts doivent nous préoccuper ; ainsi, par exemple, j'appelle votre attention sur les administrations publiques qui sont toutes abandonnées. Il est nécessaire, urgent, dans l'intérêt du pays, qu'il soit pris des mesures pour faire marcher toutes les parties de l'administration.

M. le Président. — Ainsi il est bien entendu, qu'en attendant M. de Mortemart, vous vous occuperez de la chose publique. La discussion est ouverte sur la proposition de M. Bérard.

M. Mauguin. — Le mouvement à imprimer aux différentes administrations dépend de la solution des questions premières; des mesures conservatrices et provisoires ont été prises; les finances, les postes, l'intérieur, la police sont surveillés par la garde nationale. L'administration des commis a cessé. Décidez maintenant.

M. le Président. — La Commission municipale est un véritable gouvernement : elle en exerce du moins les attributions; mais il faut aller plus loin. Dans des circonstances aussi graves, la réunion des députés ne doit reculer devant aucune responsabilité. Il y a des fonds au trésor qui se trouvent entre les mains de l'ancienne autorité, il faut que des dispositions efficaces et promptes soient adoptées. Nous devons demander à M. le baron Louis s'il ne regarde pas comme suffisante l'autorisation qu'il a reçue de la Commission municipale.

M. le baron Louis. — Tant qu'il n'y a pas de trésor, le ministère n'a rien à payer.

M. le général Gérard est introduit. Invité par M. le Président à prendre la parole, il dit : Des renseignements positifs m'ont appris que dix ou douze mille hommes stationnaient du côté de Sèvres; mais ils ne sont nullement disposés à se battre. Le matin à Boulogne, le duc d'Angoulême a passé la revue des troupes, il les a haranguées; mais elles ont accueilli d'une manière fort peu équivoque les propositions de revenir sur Paris; elles n'en veulent décidément plus : la cavalerie montrait des dispositions plus hostiles; mais peu importe, on ne pourrait tout au plus que s'emparer des Tuileries : la défense de la capitale est maintenant assurée. Le Roi est encore à Saint-Cloud, je tiens ces détails d'une personne en qui j'ai toute confiance et que j'ai envoyée sur les lieux.

M. Bérard. — M. d'Argout, arrivé ce matin, a dit en effet que le Roi était à Saint-Cloud; il a ajouté que si l'on se portait sur ce point, des flots de sang seraient répandus.

M. Mauguin. — Du rapport de M. le général Gérard il résulte que nous ne pouvons trop nous hâter; il faut ou traiter ou combattre, mais de suite, sans hésitation, sans délai.

M. de Corcelles. — J'étais avant-hier au Havre; aussitôt qu'on y apprit les nouvelles de Paris, on s'est assemblé. Le journal du Havre a protesté contre les ordonnances. La gendarmerie est accourue, mais, en même temps qu'elle, la population, qui a improvisé des barricades pour neutraliser l'action des troupes : en présence des citoyens, les soldats se sont rappelés qu'ils étaient citoyens eux-mêmes; ils se sont refusés à l'emploi de la force, en disant : Non, ce ne sont point des Algériens. Le maire est survenu; mais ses efforts et ses harangues ont été inutiles; d'un commun accord les troupes et les citoyens se sont retirés, aucun conflit ne s'est engagé. Je suis arrivé hier à Rouen à 4 heures : dès la veille, la garde nationale était maîtresse de la ville; les chefs de l'administration étaient en fuite, des autorités provisoires avaient été établies. Sur l'ordre d'un colonel, la troupe s'était retirée dans les casernes; au moment où j'arrivais, on battait la générale. M. de Clermont-Tonnerre venait d'entrer dans la ville. Les citoyens faisaient des dispositions pour s'emparer de l'arsenal et des poudres; et ils avaient résolu d'envoyer un détachement au secours de Paris, par Elbeuf.

M. LE PRÉSIDENT. — J'ai appris par un message que Rouen était dans l'incertitude sur ce qui se passe à Paris. Deux commissaires sont accourus en poste, et ont annoncé que toutes les villes environnantes avaient offert des troupes de volontaires pour venir au secours de la capitale. Il paraît même que ces troupes étaient organisées et qu'elles sont en marche. J'ai pris sur moi de désigner un jeune homme pour accompagner ces commissaires et aller rendre compte à Rouen des événements dont Paris a été le théâtre. L'arrivée d'une députation beaucoup plus nombreuse a été annoncée pour demain; elle est, dit-on, suivie de forces considérables.

M. le baron Louis. — D'après ce dont nous sommes convenus, il faut faire savoir à Messieurs les pairs que nous sommes assemblés.

M. le Président ordonne au secrétaire-rédacteur, M. Louis Lagarde, de rédiger un message d'avertissement pour le grand-référendaire.

M. de Schonen rappelle l'attention de l'assemblée sur la nécessité de s'occuper des affaires.

M. Salverte.— Soit qu'on veuille traiter ou combattre, il faut nommer un gouvernement provisoire : pour que les troupes viennent à nous, il faut leur tendre une main ferme; il faut leur présenter les choses comme faites d'avance; il faut, dès à présent, proclamer que les citoyens sont rentrés dans leurs droits, qu'ils ont la nomination des maires.

M. Bérard. — J'ai déja proposé des mesures pour que toutes les parties de l'administration soient organisées. La Commission municipale a d'immenses devoirs à remplir. Je demande que sous le titre de *gouvernement provisoire*, une commission de cinq membres soit chargée de mettre en ordre toutes les parties de l'administration.

M. Mauguin. — Il faut une décision immédiate.

M. Persil. — Une opinion a déja été émise; elle est l'expression du vœu général, c'est qu'il faut un gouvernement positif, on vous le demande du dehors. Je dois rappeler à la réunion la décision qu'elle a prise en instituant une commission municipale provisoire.

M. Méchin. — Toutes les mesures nécessaires ont été prises.

M. Mauguin. — La Chambre vous donne-t-elle les pouvoirs nécessaires ?

M. le Président rappelle ce qui a été fait pour la Commission provisoire et la nature des pouvoirs qui lui ont été conférés : elle a été chargée de veiller à la sûreté, à l'approvisionnement de la ville, à la conservation du trésor et des intérêts publics, et à l'organisation des moyens de défense. Il paraît, ajoute M. le Président, qu'il n'a pas été donné de pouvoirs suffisants à M. le baron Louis.

M. Mauguin. — Nous avons recommandé à M. le baron Louis de s'occuper non seulement de la garde des finances, mais de toutes les administrations dépendantes ; quand nous retournerons à la Commission, nous nous empresserons d'expédier les arrêtés et les pouvoirs dont M. le baron Louis peut avoir besoin; on lui conférera tous les pouvoirs de ministre, sous le nom de commissaire.

M. le Président. — On a proposé de changer le titre de la Commission et d'en renouveler les membres ; la question est de savoir si vous voulez un gouvernement provisoire.

M. le général Lobau. — Je désire, et crois que mes collègues désirent comme moi, que la Commission conserve le titre de Commission municipale; mais nous voudrions que les membres en fussent changés, ou du moins qu'elle pût s'en adjoindre de nouveaux.

M. le Président.—Il a déjà été décidé que la Commission aurait la faculté de s'adjoindre de nouveaux membres ; je me crois autorisé à conclure de ce qui a été dit, que la volonté générale est de conserver à la Commission municipale le titre qui lui a été donné, en lui conférant tous les pouvoirs d'un gouvernement provisoire.

M. le Président, invité à résumer les attributions conférées à la Commission et tout à l'heure énumérées par lui, fait faire par le secrétaire, M. Denis Lagarde, une rédaction qui est soumise à la réunion, approuvée par elle et dont voici la teneur :

« La réunion actuelle des députés confirme l'exis-
« tence et les pouvoirs de la Commission provisoire
« instituée sous le nom de commission municipale.

« Cette Commission reste composée des mêmes
« membres.

« Ils auront la faculté de s'adjoindre les collègues
« dont le concours leur paraîtrait nécessaire.

« En l'absence de tout gouvernement dans la
« capitale, la Commission est chargée de veiller à la
« sûreté, à l'approvisionnement de la ville, à la con-
« servation du trésor et des intérêts publics.

« Elle est en outre autorisée à prendre provisoire-
« ment toutes les mesures nécessaires pour assurer
« la marche et l'expédition des affaires, dans toutes
« les parties de l'administration, et pour organiser
« les moyens de défense. »

M. Hyde de Neuville propose de former une commission de cinq ou six membres qui officieusement se réuniraient à un nombre égal de commissaires nommés par les pairs de France, afin d'examiner en commun ce qu'il convient de faire pour concilier tous les intérêts, et, l'orateur aime à le penser, toutes les consciences.

M. Salverte fait observer que par cette proposition, on semblerait attribuer et reconnaître à la Chambre des pairs une prééminence d'autorité qu'elle n'a point dans des circonstances et au milieu d'événements qui ont prononcé d'une manière décisive sur les pouvoirs préexistants. (Cette opinion est appuyée fortement par M. Bérard.)

La proposition de nommer cinq commissaires chargés d'aller conférer avec autant de pairs de France, est mise aux voix et adoptée.

M. le général Gérard annonce que vingt pièces de canon, escortées de 1500 Rouennais, viennent d'arriver, et qu'on les a placées sur les hauteurs de Montmartre. (*Vive sensation.*)

On procède à un scrutin pour la nomination des cinq commissaires; le dépouillement donne les résultats suivants :

> MM. Augustin Périer... 34 voix.
> Sébastiani.......... 33
> Guizot............ 32
> Benjamin Delessert. 31
> Hyde de Neuville.. 28
> Dupin aîné........ 18
> Salverte.......... 9

Benjamin Constant. 9
Marchal........ 9
Bérard.......... 9

Messieurs Augustin Périer, Sébastiani, Guizot, Benjamin Delessert et Hyde de Neuville sont proclamés commissaires et quittent l'assemblée pour se rendre au palais du Luxembourg.

Quelques autres députés se disposent à sortir de la salle.

M. Bérard déclare aussitôt qu'il s'oppose à la levée de la séance. Il ne nous est pas possible, dit-il, de sortir de cette enceinte, sans avoir pris une délibération qui puisse calmer la multitude. Nous devons au public des mesures propres à le rassurer.

Un membre propose de déclarer la permanence. Cette proposition est adoptée.

M. le comte de Sussy est introduit; s'adressant à l'assemblée, il dit : « Messieurs, en l'absence de M. le chancelier, quelques pairs, en petit nombre, étaient réunis chez moi. M. le duc de Mortemart nous a remis la lettre ci-jointe adressée à M. le général Gérard ou à M. Casimir Périer, que je demande la permission de vous communiquer. »

M. de Sussy donne lecture de cette lettre, qui est à peu près ainsi conçue : « Monsieur, parti de « Saint-Cloud dans la nuit, je cherche vaine-« ment à vous rencontrer; veuillez me dire où je « pourrai vous voir. Je vous prie de donner connais-

« sance des ordonnances dont je suis porteur de-
« puis hier. »

M. de Sussy ajoute que ces ordonnances ne sont point imprimées, et qu'on réclame l'intervention de M. le général Gérard pour les faire imprimer.

M. Benjamin Constant. — Entendons la lecture de ces ordonnances.

M. Bérard. — Je ne puis m'empêcher de signaler un manque de franchise; M. de Mortemart, qui se rendait ce matin chez M. Laffitte, lorsque je l'ai rencontré, m'a formellement dit qu'il viendrait ici.

Invité par la réunion à donner communication des ordonnances, M. de Sussy lit ces ordonnances, dont voici à peu près la teneur :

1re ORDONNANCE.

CHARLES, par la grace de Dieu, Roi de France et de Navarre..

A tous ceux qui ces présentes verront, salut.

Sur le rapport de notre président du conseil, nous avons ordonné et ordonnons ce qui suit :

Les ordonnances du 25 juillet sont et demeurent rapportées.

IIe ORDONNANCE.

CHARLES, etc.

Les Chambres sont convoquées pour le 3 août.

IIIᵉ ORDONNANCE.

CHARLES, ETC.

Sur le rapport de notre garde-des-sceaux, notre cousin, le duc de Mortemart, est nommé ministre des affaires étrangères, président de notre conseil.

IVᵉ ORDONNANCE.

CHARLES, ETC.

M. le général Gérard, membre de la Chambre des députés, est nommé ministre secrétaire-d'état au département de la guerre.

Vᵉ ORDONNANCE.

CHARLES, ETC.

M. Casimir Périer, membre de la Chambre des députés, est nommé ministre secrétaire-d'état au département des finances.

En notre palais de Saint-Cloud, le 27 juillet de l'an de grace, etc.

CHARLES.

De Chantelauze.

Cette lecture est suivie d'une assez vive agitation. M. le Président, à qui ces ordonnances sont présentées par M. de Sussy, refuse de s'en charger.

M. de Sussy quitte l'assemblée.

M. le Président donne lecture d'une lettre dans laquelle M. le général Lafayette dit que le peuple s'attend à voir la Chambre des députés s'occuper, dès le 30 août au moins, des grands intérêts de l'état. Il annonce ensuite que M. le général Gérard a été informé, par le maire de Montrouge, que le duc de Chartres venait d'être arrêté dans une auberge. Des ordres ont été donnés pour qu'il fût immédiatement relâché, attendu qu'on n'a pas le droit de le retenir plus que tout autre citoyen.

M. LE PRÉSIDENT lit une autre lettre écrite par un citoyen, et qui a pour objet de faire sentir combien il est important que le peuple apprenne ce qui se passe à la Chambre.

M. LE PRÉSIDENT fait observer qu'il n'y a pas de séance publique, parce qu'il n'y a pas de Chambre, mais bien une simple réunion de députés.

M. Odilon-Barrot est introduit en costume d'officier de la garde nationale; il demande à être entendu, et dit : « Messieurs, je ne suis chargé d'au« cune explication particulière; mais ayant reçu les « épanchements de l'homme à qui était réservée la « gloire de présider deux fois à notre régénération « politique, épanchements conformes à ses principes « et à son caractère, j'ai cru devoir vous soumettre « quelques observations. Le général Lafayette est « préoccupé d'une crainte, c'est que la population « de Paris ne soit pas unanime sur ce qui sera dé« cidé sans l'intervention des Chambres. Il craint « que si l'on proclamait *a priori* un chef qui ferait « des concessions plus ou moins larges, on ne ren« trât dans les théories du droit divin. Le général « pense que pour faire cesser tout dissentiment, et

« donner à la révolution ce caractère d'unanimité
« qui seul peut en assurer la force et la durée; il
« pense, dis-je, qu'avant de prendre un parti déci-
« sif, il faudrait commencer par stipuler, en assem-
« blée générale, les conditions désirées par le peu-
« ple, et déférer la couronne en même temps qu'on
« proclamerait les garanties stipulées. C'est à vous,
« Messieurs, de juger dans votre sagesse ce qu'il
« convient de faire. Si quelque chose peut nous con-
« soler de la perte de ceux de nos amis qui ont suc-
« combé les armes à la main pour la défense de la
« liberté, c'est l'imposante unanimité avec laquelle
« se sera opérée notre glorieuse révolution. »

M. Labbey de Pompières. — Messieurs, vous avez connaissance des ordonnances de Saint-Cloud. Vous l'avez entendu; on se croit encore Roi. On vous ajourne au 3 août; on veut gagner du temps, parce qu'on attend des troupes. Je pense, Messieurs, que nous devons user de nos droits, et nous déclarer dès aujourd'hui les députés de la France.

Un membre fait observer qu'il conviendrait d'attendre le retour des cinq commissaires envoyés à la Chambre des pairs.

M. Benjamin Constant. — Nous savons d'avance ce que la Chambre des pairs vous dira. Elle acceptera purement et simplement la révocation des ordonnances. Quant à moi, je ne me prononce pas positivement sur la question de dynastie. Je dirai seulement qu'il serait trop commode pour un Roi de faire mitrailler son peuple et d'en être quitte pour dire ensuite : Il n'y a rien de fait. Rendez-nous les dix mille citoyens que vos satellites ont égorgés. Ce à quoi j'attache de l'importance, ce n'est point au renvoi des ministres dont nous saurons bien faire justice, mais à l'organisation des gardes nationales.

M. de Laborde.—Nous perdrons beaucoup de temps si nous discutons s'il convient d'accepter ce qui était.

M. Dupin aîné. — Paris est dans un état violent, héroïque, mais qui ne peut pas durer. Qui oserait assurer que dans sept jours vous pourrez maintenir la population ? Les rues sont encombrées de barricades, la circulation est devenue impossible. La stagnation des eaux peut devenir une cause active d'insalubrité, et d'ailleurs les séditions peuvent éclater, les partis se former; il n'y a pas un moment à perdre. Il faut qu'aujourd'hui même quelque chose soit décidé sur l'état de la France. Il faut à tout prix sortir du vague et de l'incertitude dans laquelle on se traîne péniblement. Vous êtes sans gouvernement, il vous en faut un.

M. Salverte, — Vous devez une réponse précise au général Lafayette.

M. le Président. — Il y a je ne sais quoi d'embarrassé et d'équivoque dans ce qui se passe autour de nous. On ne se conduit pas nettement. Mais je pense aussi qu'il faut une délibération immédiate.

M. Kératry. — Si vous ne décidez rien aujourd'hui, je ne reviens pas demain. (*Marques générales d'impatience.*)

Après avoir pris ordre de l'assemblée, M. le Président invite le secrétaire-rédacteur à se rendre à cheval à la Chambre des pairs, et lui prescrit de dire aux cinq commissaires qu'ils sont attendus par la réunion, et qu'on les prie de revenir à l'instant même.

Au retour de MM. les commissaires, M. le général Sébastiani demande la parole au nom de ses collègues, et, au milieu d'un profond silence, il s'exprime en ces termes : « Messieurs, nous nous sommes
« rendus au palais du Luxembourg, chez M. le
« grand-référendaire ; nous y avons trouvé une réu-
« nion de pairs plus nombreuse que nous ne l'a-
« vions espéré. Ils étaient vingt ou vingt-cinq. M. le
« duc de Mortemart était présent. Là, nous avons
« exposé tout ce qu'a cru devoir faire la Chambre
« des députés. Nous avons insisté sur la nécessité
« d'adopter promptement des combinaisons qui, en
« assurant à la France les garanties sur lesquelles
« elle a le droit de compter, puissent ramener l'or-
« dre, la sécurité et la confiance publique. Une
« longue discussion s'est engagée, mais nous avons
« rencontré chez MM. les pairs une grande affinité
« d'opinions et de sentiments. Chacun a apporté
« dans la discussion le désir sincère de rétablir
« l'ordre et le calme. M. le duc de Mortemart s'est
« surtout fait remarquer par la pureté et la noblesse
« de ses intentions. Il est impossible de se mieux dé-
« pouiller de la position personnelle dans laquelle
« il se trouve, pour entrer avec nous dans l'examen
« des moyens propres à assurer la liberté et la paix.

« Toutes les combinaisons, toutes les difficultés
« ont été envisagées. Nous avons fait sentir que de
« toutes les mesures, la plus indispensable, la plus
« urgente, était la réunion des Chambres, mais
« qu'elle ne pouvait s'opérer avec le chef que les
« derniers événements ont placé dans une position
« si fâcheuse. Nous avons cherché une solution :
« la réunion des pairs l'a trouvée, comme nous,
« dans une invitation adressée à M. le duc d'Or-
« léans de se rendre à Paris, pour y exercer les
« fonctions de Lieutenant-général du royaume. Nous
« espérons que cette mesure aura votre assenti-
« ment. »

De toutes parts : Aux voix ! Aux voix !

M. le Président. — Je vais mettre la proposition aux voix. La réunion entend-elle déclarer que les députés actuellement rassemblés ne reconnaissent d'autre moyen de rétablir l'ordre et la paix que d'appeler M. le duc d'Orléans au rang de Lieutenant-général du royaume.

MM. les députés se prononcent pour l'affirmative, à l'exception de trois opposants, que le secrétaire-rédacteur ne se rappelle pas d'une manière assez certaine pour pouvoir les désigner.

M. Vassal. — Je pense que nous devons en outre demander que les couleurs nationales remplacent le drapeau blanc.

M. de Corcelles. — Il importe de savoir si le Lieutenant-général est appelé sans conditions, ou si l'on ajoutera un article additionnel à la Charte.

M. Benjamin Constant. — J'ai voté avec bonheur la proposition que nous venons d'adopter. J'ai la conviction intime que les stipulations demandées par M. de Corcelles sont complétement inutiles. Oui, le Prince que vous investissez de la lieutenance-générale sera, comme il l'a toujours été, fidèle à la cause de la liberté. J'en crois Jemmapes et Valmy. Cependant, pour rassurer toutes les consciences, il serait utile, j'en conviens, qu'on indiquât les garanties réclamées par la nation ; telles que l'organisation des gardes nationales, les élections municipales et départementales, le jury pour la presse, etc. Par là, la Chambre fera une chose louable : elle honorera davantage le Prince dont elle invoque l'intervention ; elle se placera elle-même plus haut dans l'opinion nationale. (*Nombreuses marques d'assentiment.*)

MM. Benjamin Constant et Sébastiani sont chargés de rédiger immédiatement la déclaration qui devra être portée à M. le duc d'Orléans.

Cette déclaration, dont M. le Président ne tarde pas à donner lecture, est ainsi conçue :

« La réunion des députés actuellement à Paris « a pensé qu'il était urgent de prier S. A. R. Mon- « seigneur le duc d'Orléans de se rendre dans la ca- « pitale pour y exercer les fonctions de Lieutenant- « général du royaume et de lui exprimer le vœu de « conserver les couleurs nationales. Elle a de plus « senti la nécessité de s'occuper sans relâche d'assurer « à la France, dans la prochaine session des Chambres, « toutes les garanties indispensables pour la pleine « et entière exécution de la Charte. »

M. Kératry. — Il faudrait stipuler le renvoi des troupes étrangères.

M. de Corcelles. — Je demande que le duc d'Orléans soit prié d'accepter les fonctions de Lieutenant-général pour concourir avec l'assemblée.

M. Labbey de Pompières. — Dites que vous lui confiez l'exercice du pouvoir jusqu'à ce que les Chambres aient fait une constitution.

M. Bertin de Vaux. — C'est au cri de *vive la Charte* que la population a combattu et triomphé; la Charte ne saurait être remise en question.

M. de Laborde. — Il y a de graves dangers à embarrasser la déclaration de questions au moins inopportunes. Je désire qu'il y soit seulement ajouté que M. le duc d'Orléans est appelé pour donner à la France les garanties qu'elle réclame.

M. Lefebvre. — Je suis aussi du nombre de ceux qui croient à l'attachement de la France pour la Charte. J'ai l'honneur de proposer l'addition suivante : « Les Chambres, dans leur prochaine session, reviseront, s'il y a lieu, la Charte constitutionnelle. »

M. Benj. Constant. — Je dois dire qu'en parcourant les rues de Paris, j'ai partout entendu le cri de *vive la Charte!* la Charte est universellement voulue. Ajoutez seulement : « les Chambres, dans leur prochaine session, s'occuperont à instituer toutes les garanties jugées nécessaires. »

Aucune de ces propositions n'a de suite.

M. le Président pense que la déclaration doit être faite au nom des Députés réunis dans la capitale, et que les noms de ceux qui l'auront votée devront y être consignés.

M. Salverte. — Les signatures sont indispensables.

M. Odier. — Je ne partage pas cette opinion, et je m'appuie sur un antécédent qui date d'avant-hier. La Commission municipale, qui est un véritable pouvoir exécutif, a été constituée sans acte revêtu de signatures.

M. Bérard. — Je puis citer un précédent contraire. Notre protestation contre les ordonnances du 25 juillet a été revêtue de nos noms. J'insiste expressément pour que la déclaration porte nos signatures.

M. Benjamin Delessert. — Lorsqu'il s'agit d'un acte d'une aussi haute importance, il est impossible de se passer de signatures. Ceux qui ne voudront pas signer seront parfaitement libres de s'abstenir.

M. Kératry. — Que les noms des membres présents soient mis en tête de l'acte, on n'aura point de signatures à donner.

M. le Président. — Si vous mettez les noms sans signatures, la déclaration n'aura aucun caractère d'authenticité ; les signatures sont indispensables.

M. de Lameth. — Dans l'intérêt de mes collègues, je m'oppose à ce que les signatures soient données. J'ai traversé tous nos orages politiques et j'ai pu apprécier le danger des signatures. Elles ont mille inconvénients sans avoir aucun avantage.

M. de Corcelles. — C'est précisément parce qu'il

peut y avoir du danger que nous demandons à signer.

La question des signatures est mise aux voix et résolue affirmativement.

M. Villemain déclare qu'en descendant dans sa conscience, il n'y trouve pas la conviction que le droit de changer une dynastie lui ait été confié par ses commettants.

M. le général Sébastiani fait observer que la question du changement de dynastie est étrangère à l'acte que la réunion vient de voter; que l'intention des commissaires n'a pas été de la soulever; qu'il n'y a point lieu, quant à présent, de la traiter; qu'on ne s'est occupé que des moyens de faire cesser le désordre et le carnage.

M. le Président interroge l'assemblée sur la manière dont devra être présentée la pièce sur laquelle la réunion vient de délibérer.

Il est décidé qu'une commission, composée de douze membres tirés au sort, se transportera auprès de M. le duc d'Orléans pour lui remettre la déclaration de l'assemblée.

Le tirage au sort ayant eu lieu, les noms suivants sont sortis de l'urne : Sébastiani, B. Delessert, Mathieu Dumas, Gallot, Dugas-Montbel, Duchaffaud, Bérard, Charles Dupin, Keratry, Augustin Périer, Auguste St.-Aignan.

La déclaration est soumise à la signature de MM. les membres présents : mais les signatures n'ayant été apposées que sur une seule copie, qu'on immédiatement emportée les membres commis, il est impossible au secrétaire-rédacteur de reproduire les noms des membres qui ont adhéré à la déclaration.

La séance est levée à 6 heures.

La réunion s'ajourne au lendemain.

RÉUNION

DE MESSIEURS LES DÉPUTÉS.

31 *juillet* 1830.

MM. les Députés se sont assemblés à une heure sous la présidence de M. Laffitte. Ils étaient en beaucoup plus grand nombre qu'hier. L'objet principal de cette réunion était le rapport de la commission chargée d'aller porter à S. A. R. le duc d'Orléans la déclaration arrêtée dans la dernière séance.

M. LE PRÉSIDENT est invité par ses collègues à lire la proclamation rédigée ce matin par le Prince. Cette lecture provoque dans l'assemblée d'unanimes acclamations.

La réunion ordonne que cette proclamation sera imprimée à dix mille exemplaires par l'ancienne imprimerie royale, qui a pris le titre d'Imprimerie du gouvernement.

D'après le vœu exprimé par les membres de la réunion, M. le Président invite MM. Guizot, Villemain, Bérard et Benj. Constant, à prendre place au bureau pour y remplir les fonctions de secrétaires.

M. le général Sébastiani prend la parole au nom de la commission qui a porté à M. le duc d'Orléans le message d'hier.

Messieurs, dit l'orateur, la députation dont j'avais l'honneur de faire partie s'est rendue hier au Palais-Royal. Son A. R. était absente ; nous avons pris la liberté de lui écrire une lettre pour lui transmettre la délibération de votre réunion. M. le duc d'Orléans s'est empressé de se rendre à Paris ; il y est arrivé hier soir à 11 heures. La députation en a été instruite ce matin, et s'est réunie de nouveau à 9 heures. Nous avons été admis en présence du duc ; les paroles que nous avons recueillies de sa bouche respiraient l'amour de l'ordre et des lois, le désir ardent d'éviter à la France les fléaux de la guerre civile et de la guerre étrangère, la ferme intention d'assurer les libertés au pays, et, comme son Altesse l'a dit elle-même dans sa proclamation si pleine de netteté et de franchise, la volonté de faire enfin une vérité de cette Charte qui ne fut que trop long-temps un mensonge. (*Très bien! très bien!*)

M. le général Sébastiani ajoute que M. le duc d'Orléans a déclaré qu'il allait s'occuper sans délai des mesures les plus urgentes, et surtout de la convocation immédiate des Chambres.

M. le Président présente quelques observations. Il importe d'examiner, dit-il, si dans la situation où se trouve la capitale, et pour calmer les inquiétudes qui pourraient provenir de la divergence des esprits, il ne conviendrait pas qu'un écrit quelconque, soit sous le titre d'adresse, ou bien sous celui de proclamation, émanât de cette réunion afin d'apprendre et d'expliquer à la capitale et à la France ce que les députés ont cru devoir faire dans l'intérêt de la chose publique, soit à Paris, soit dans les départements. Nous avons tous été surpris par des événements qu'il ne nous était pas donné de prévoir. Nous nous croyions sous l'empire de la Charte. Forts de l'opinion publique, nous attendions le 3 août. Vous le savez, nos lettres closes nous ont été remises en même temps que les ordonnances du 26. Ces ordonnances ont détruit la Charte; au règne des lois, elles ont substitué la guerre civile. De là les catastrophes et les prodiges dont Paris a été le théâtre. Ne vous paraît-il pas convenable de dire à la France ce que vous avez cru devoir faire dans ces solennelles circonstances? Il ne s'agissait plus pour vous de légalité; vous n'aviez plus à remplir vos devoirs ordinaires de députés. Il s'agissait de sauver la patrie, de sauver les propriétés publiques et privées. Je ne rappellerai point ici les mesures que vous avez prises et qui ont assuré le salut du pays, mais je pense qu'il convient d'en faire l'historique, et de tout exposer avec précision et netteté. En expliquant votre conduite et vos actes, vous recueillerez les actions de graces et les bénédictions publiques. (*Très-bien! très-bien! Assentiment unanime.*)

Sur la proposition de M. Benjamin Delessert, ce

travail est confié aux membres provisoires du bureau.

M. Labbey de Pompières demande qu'il soit déclaré dans la proclamation que Paris a sauvé, reconquis la liberté; que jamais peuple ne se montra si courageux, si dévoué à la patrie, et que le premier besoin de ses députés est de lui rendre hommage et de lui témoigner leur reconnaissance. (*Marques unanimes d'assentiment.*)

M. Guizot, membre du bureau provisoire, fait observer qu'il serait presque impossible d'insérer l'exposé des faits dans une proclamation; que cette proclamation doit être simple, brève, mais expressive; et qu'ensuite viendra un récit historique, qui se distribuera après la proclamation. (*Approuvé.*)

M. Salverte désire que ce manifeste indique d'une manière explicite et forte les garanties que le peuple a le droit d'attendre.

M. de Corcelles insiste sur la nécessité de ces stipulations; elles lui paraissent nécessaires pour calmer l'effervescence des esprits, qui lui paraît se manifester par des symptômes alarmants.

M. Benjamin Constant partage l'opinion du préopinant. Du reste, l'inquiétude qu'il a remarquée dans les esprits lui semble facile à dissiper; il a parcouru les rues de la capitale, partout il a trouvé une population pleine d'enthousiasme et d'énergie, mais éclairée, pleine de confiance dans la sagesse et le patriotisme de ses députés. Elle veut des garanties; elle les veut fortement; mais elle ne demande point autre chose. L'orateur ajoute qu'il a cru devoir faire l'énumération des garanties qu'il croit indispensables. Le bureau d'abord, et la réunion ensuite, en seront juges.

M. Villemain. — En les énonçant nous commenterons ce mot de la proclamation du duc d'Orléans « la Charte sera une vérité. »

M. Salverte pense que la déclaration de la Chambre de 1815 serait un texte satisfaisant, et auquel on pourrait n'apporter que de très-légères modifications.

M. Augustin Périer fait observer que ce n'est point ici l'occasion de s'engager dans une discussion de principes qui serait interminable. En qualité de secrétaire provisoire, M. Benjamin Constant pourra communiquer ses vues à ses collaborateurs, et faire traduire ses idées dans la proclamation même.

M. le Président dit que la discussion s'ouvrira naturellement par le rapport des secrétaires, lorsqu'ils soumettront à la réunion leur projet de proclamation. Il ajoute une simple observation qui lui paraît fort importante. Parmi les nombreux messages qui lui sont adressés, il en a reçu ce matin même deux, dont il croit devoir entretenir ses collègues. L'un et l'autre avaient pour objet d'appeler la plus sérieuse attention des députés sur les actes qui pouvaient émaner de la réunion, sur la nécessité de calmer une effervescence dangereuse elle-même, mais que l'orateur considère, dès à présent, comme vaincue et dissipée, parce qu'il ne doute pas de l'efficacité de la déclaration que les députés vont faire. (*Marques d'assentiment.*)

La séance est quelque temps suspendue pendant que M. Guizot, Villemain, Bérard et Benjamin Constant, en qualité de secrétaires, rédigent le travail dont la réunion les a chargés.

Au moment où la séance est reprise, M. le président communique à l'assemblée les informations qui lui sont transmises au sujet de la proclamation du duc d'Orléans. D'après ces renseignements, une vive agitation se manifeste dans le public. On présume que ces inquiétudes sont dues à l'omission de la date de la proclamation et à celle du contreseing par la Commission municipale.

Il est urgent, dit M. Persil, de faire prévenir le lieutenant-général du royaume, qu'on l'invite à parcourir la capitale avec une députation de la Chambre, ou bien qu'on fasse contre-signer la proclamation par le général Lafayette.

M. Jacqueminot. — Le premier expédient est le plus prompt et le plus sûr; invitons Son Altesse à monter immédiatement à cheval, et à se montrer au peuple.

M. de Laborde pense qu'on s'est exagéré l'effervescence et l'inquiétude des esprits. Dans son opinion il suffirait qu'après la séance les députés se rendissent au Palais-Royal. (*De toutes parts:* Allons de suite! Allons-y tous!)

M. Bernard croit que M. de Laborde a été mal

informé; les plus vives alarmes agitent les esprits ; les bruits les plus inquiétants circulent, surtout autour de l'Hôtel-de-Ville. (*Voix nombreuses :* Partons! Partons!)

M. LE PRÉSIDENT. — Messieurs, point de précipitation dans d'aussi graves circonstances. (*Le calme se rétablit.*)

M. ÉTIENNE fait ressortir avec force l'absolue nécessité d'une démarche éclatante et immédiate.

M. CHARLES DUPIN pense qu'après avoir été au Palais-Royal, MM. les députés pourront se rendre à l'Hôtel-de-Ville; leur présence et leurs exhortations suffiront pour faire taire tous les dissentiments et dissiper toutes les inquiétudes.

M. Benjamin Delessert fait observer que MM. les membres du bureau ont terminé leur travail et que la proclamation qu'ils ont rédigée est sans doute de nature à exercer la plus heureuse influence sur les esprits. (*Vive sensation ; de toutes parts :* Écoutons le rapport!)

M. GUIZOT monte à la tribune, et lit d'une voix ferme et sonore le projet de proclamation, dont la teneur suit :

« Français,

« La France est libre ; le pouvoir absolu levait son
« drapeau, l'héroïque population de Paris l'a abattu.
« Paris attaqué a fait triompher par les armes la
« cause sacrée qui venait de triompher en vain dans
« les élections. Un pouvoir usurpateur de nos droits,

« perturbateur de notre repos, menaçait à la fois la
« liberté et l'ordre. Nous rentrons en possession de
« l'ordre et de la liberté. Plus de craintes pour les
« droits acquis, plus de barrière entre nous et les
« droits qui nous manquent encore.

« Un gouvernement qui, sans délai, nous garan-
« tisse ces biens, est aujourd'hui le premier besoin
« de la patrie. Français, ceux de vos députés qui se
« trouvent déja à Paris se sont réunis ; et, en atten-
« dant l'intervention régulière des Chambres, ils ont
« invité un Français qui n'a jamais combattu que
« pour la France, M. le duc d'Orléans, à exercer les
« fonctions de Lieutenant-général du royaume. C'est
« à leurs yeux le plus sûr moyen d'accomplir promp-
« tement par la paix le succès de la plus légitime
« défense.

« Le duc d'Orléans est dévoué à la cause natio-
« nale et constitutionnelle ; il en a toujours défendu
« les intérêts et professé les principes. Il respectera
« nos droits, car il tiendra de nous les siens. Nous
« nous assurerons par des lois toutes les garanties
« nécessaires pour rendre la liberté forte et durable.

« Le rétablissement de la garde nationale avec
« l'intervention des gardes nationaux dans le choix
« des officiers.

« L'intervention des citoyens dans la formation
« des administrations départementales et munici-
« pales.

« Le jury pour les délits de la presse.

« La responsabilité légalement organisée des mi-

M. Benjamin Constant. — C'est ainsi que je suis venu.

M. le Président. — Eh bien! soit. J'ouvrirai la marche et M. Benjamin Constant la fermera. (*Rires et approbation.*)

MM. les députés quittent en foule la salle.

La séance est levée.

P. S. Nous ne saurions décrire les transports d'allégresse qui ont accueilli MM. les députés sur leur passage. C'est à travers une haie d'hommages et d'applaudissements qu'ils sont arrivés au Palais-Royal.

Le Prince les a reçus avec une cordialité qui l'associe noblement à la popularité de nos représentants. C'était comme une réunion de famille dans laquelle allait se conclure un glorieux contrat de mariage entre un peuple libre et un Prince ami des libertés publiques.

M. Laffitte a, comme président, donné lecture de la proclamation ; la manière dont il a été accueilli par le Prince a ajouté encore à la joie que causait à tous les assistants un langage digne de l'assemblée dont il exprimait la pensée et du peuple héroïque que cette assemblée représente. Le Prince, en écoutant cette proclamation, semblait la ponctuer lui-même par les signes d'assentiment et de vive sympathie qu'il donnait à toutes les garanties stipulées pour les droits de la nation, pour le maintien et le développement de ses libertés. Ses paroles, ses gestes et sa physionomie disaient qu'il s'associait avec bonheur et avec orgueil à la régénération de l'ordre constitutionnel.

Après cette lecture, le Prince, qui se disposait à se rendre seul à cheval à l'Hôtel-de-Ville, a invité MM. les députés à lui servir de cortége; il voulait s'entourer des amis du peuple.

Les expressions nous manquent pour peindre l'enthousiasme qui de toutes parts a éclaté sur le passage du Prince et des députés. L'air retentissait sans cesse d'acclamations qui exprimaient toutes les joies d'un peuple jaloux de sa liberté et héureux de recueillir le fruit de ses héroïques efforts. Au sein même de l'Hôtel-de-Ville ces acclamations ont redoublé lorsque M. Laffitte a fait recommencer par M. Viennet la lecture de la proclamation. Cette journée couronne dignement celles qui ont mis dans un jour si éclatant toutes les vertus de la population parisienne.

RÉUNION DES DÉPUTÉS,

AU PALAIS DE LA CHAMBRE, LE 1ᵉʳ AOUT 1830.

M. Laffitte, président.

La séance est ouverte à deux heures.

M. LE PRÉSIDENT fait observer qu'il n'y a rien à l'ordre du jour, si ce n'est la narration des événements dont la capitale a été le théâtre et dont plusieurs membres ont jugé utile de tracer le tableau à la France. Je crois que la commission, chargée de la rédaction du manifeste adopté hier par la réunion, avait également mission de rédiger cette notice.

M. Étienne. — C'est aux journaux qu'il appartient de rendre compte de ces événements ; c'est là de l'histoire, elle rentre dans le domaine de la liberté de la presse.

M. de Corcelles demande quand et comment les députés se réuniront ; il fait observer qu'il serait dangereux de laisser à cet égard l'esprit public dans l'incertitude.

M. le Président. — Je ne puis rien affirmer à ce sujet ; mais je crois pourtant savoir que l'ouverture de la session sera faite après-demain par le Lieutenant-général lui-même dans la Chambre des députés. On ne portera point de costume, parce que la nation ayant repris ses couleurs, les fleurs de lis cessent naturellement de faire partie des armes de France. Il reste à savoir s'il ne serait pas convenable d'adopter une sorte d'uniformité de vêtements.

M. le général Sébastiani pense qu'il suffit que chacun ait un costume décent. Il rappelle ce qui se passe en Angleterre, où, le jour de l'ouverture du parlement, les pairs et les membres de la Chambre des communes se présentent devant le Roi dans le costume qui leur convient.

M. le Président. — On ne saurait assimiler nos usages à ceux de l'Angleterre, les situations ne sont pas les mêmes. De l'autre côté du détroit, les communes se rendent à la barre de la Chambre haute; ici désormais, et j'applaudis à cette innovation, la Chambre des députés, au lieu d'aller au Luxembourg, recevra dans sa salle MM. les pairs. Je persiste à croire que dans une aussi grande solennité, l'uniformité de costumes est au moins convenable.

Après une courte discussion dénuée d'intérêt, MM. les députés décident qu'il n'y aura point de costume obligé.

Une députation de 25 membres, chargée de recevoir le Lieutenant-général, sera tirée au sort dans la réunion préparatoire, qui, selon l'usage, aura lieu demain sous la présidence du doyen d'âge.

La séance est levée.

FIN DES PIÈCES JUSTIFICATIVES.

N° 7.

La chambre des députés prenant en considération la proposition faite qui résulte des ordonnances des 26, 27, 28. Le Juillet dernier et pars-suivans, et de la délibération générale de la Chambre,

Vu l'acte d'abdication de S. M. le roi Charles X, en date du 2 août dernier, et les renonciations de S. A. royale Louis Antoine d'auphin, du même jour;

Considérant en outre que S. M. le roi Charles X, S. A. R. Louis Antoine d'auphin, et tous les membres de la branche aînée de la maison-royale, sortent en ce moment du territoire français,

Déclare que le trône est vacant et qu'il est indispensablement besoin d'y pourvoir.

La chambre des députés déclare en outre, que selon le vœu et dans l'intérêt du peuple français les articles 6, 14, 15, 16, 17, 19, 20, 21, 26, 27, 28, 30, 31, 33, 36, 37, 38, 39, 40, 41, 45, 47, 56, 63, 74 de la charte constitutionnelle doivent être modifiés ainsi qu'il suit, savoir:

Art. 6.
Supprimé.

Art. 14.
Le Roi est le chef suprême de l'état, il commande la force de terre et de mer, déclare la guerre, fait les traités de paix, d'alliance et de commerce, nomme à tous les emplois d'administration publique, et fait les règlemens et ordonnances nécessaires pour l'exécution des lois, le tout sous la responsabilité de ses ministres.

Art. 15.
La puissance législative s'exerce collectivement par le roi, la chambre des Pairs et la chambre des députés.

Art. 16. 17.
La proposition des lois appartient au roi, à la chambre des Pairs et à la chambre des députés.

Néanmoins toute loi d'impôt doit être votée d'abord par la chambre des députés.

Art. 19.
Supprimé.

Art. 20.
Supprimé.

art. 21.

Supprimé.

art. 26.

Toute assemblée de la chambre des Pairs qui serait tenue hors du temps de la session de la chambre des députés est illicite et nulle de plein droit, sauf le seul cas où elle est réunie comme cour de justice, et alors elle ne peut exercer que des fonctions judiciaires.

art. 27.

~~La nomination des pairs appartient au roi. Ils sont héréditaires. Le droit des pairs ne peut exister sans concours des députés~~

art. 28.

Les pairs ont entrée dans la chambre et voix délibérative à 25 ans.

art. 30.

Les princes du sang sont pairs par droit de naissance. Ils siègent immédiatement après le président.

art. 31.

Supprimé.

art. 32.

Les séances de la chambre des Pairs sont publiques, mais la demande de 5 membres suffit pour qu'elle se forme en comité secret.

art. 36.

Supprimé

art. 37.

Les députés sont élus pour cinq ans.

art. 38.

Aucun député ne peut être admis dans la chambre s'il n'est âgé de   ans, et s'il ne paye une contribution directe de 1,000. f.

art. 40.

Nul n'est électeur s'il a moins de 25 ans et s'il ne paye une contribution directe de 300 f.

Dans les arrondissemens où le nombre des électeurs ne s'élèverait pas à à 100 le nombre sera complété par les plus imposés au dessous de 300 f.

Art. 41
Les présidents des collèges électoraux sont nommés par les électeurs

Art. 42
Le président de la chambre des Députés est élu par la chambre
Il est élu pour toute la durée de la législature.

Art. 46
Supprimé

Art. 47
Supprimé (voir les art. 16 et 17.)

Art. 16
Supprimé.

Art. [?]
Supprimé. Il ne pourra en conséquence être créé de commissions et tribunaux extraordinaires

Art. [?]
Le roi et les successeurs jureront à leur avènement d'observer fidèlement la présente charte constitutionnelle.

La chambre des Députés déclare en outre qu'il est nécessaire de pourvoir successivement et par des lois séparées à :

1° l'extension du jury aux délits correctionnels et notamment aux délits de la presse.
2° la responsabilité des ministres et des agents secondaires du pouvoir.
3° la réélection des députés promus à des fonctions publiques.
4° au vote annuel du contingent de l'armée.
5° à l'organisation des gardes nationales.
6° au code militaire.
7° à l'administration départementale et municipale.

P.r L'instruction publique

Moyennant l'acceptation de la [déclaration ci-dessus?] déposé ce matin, la chambre des députés déclare enfin que l'intérêt universel et pressant du peuple français appelle au trône S.A.R. Louis Philippe d'Orléans, Duc d'Orléans, lieutenant général du royaume et les descendans à perpétuité, le mâle en tout par ordre de primogéniture, à l'exclusion perpétuelle des femmes et de leur descendant.

En conséquence S.A.R. Louis Philippe d'Orléans, Duc d'Orléans, lieutenant général du royaume sera invité à accepter et à jurer les clauses et engagemens ci dessus énoncés, l'observation de la charte constitutionnelle et les modifications indiquées et à prendre le titre de Roi des Français.

publique.

De ces dispositions et prop. t. enfin que l'intérêt universel et pressant du Roy S. M. Louis Philippe d'Orléans, Duc d'Orléans, et de ses enfants à perpétuité se mêle en ma l'exclusion perpétuelle des femmes et de leur

Louis Philippe d'Orléans, Duc d'Orléans, henceforth à accepter et à jurer les clauses et engagements de la charte constitutionnelle et ses modifications de Roi des Français

www.ingramcontent.com/pod-product-compliance
Lightning Source LLC
Chambersburg PA
CBHW051409230426
43669CB00011B/1820